U0514062

北山四先生全書

黄靈庚　李聖華　主編

北山四先生全書外編

金曉剛／編

上海古籍出版社

浙江文化研究工程重大項目成果

中共金華市委宣傳部重大文化研究工程項目成果

首都師範大學中國詩歌研究中心成果

浙江師範大學江南文化研究中心成果

浙江省越文化傳承與創新研究中心成果

二〇二一年國家古籍整理出版資助項目

二〇二〇年國家社科基金一般項目「北山學派理學思想研究」

（批准號：20BZX076）階段性成果

浙江省文化研究工程指導委員會

主　任：袁家軍

副主任：黄建發　王　綱　劉　捷　彭佳學　陳奕君
劉小濤　成岳沖　任少波

成　員：胡慶國　朱衛江　陳　重　來穎杰　盛世豪
徐明華　孟　剛　毛宏芳　尹學群　吴偉斌
褚子育　張　燕　俞世裕　郭華巍　鮑洪俊
高世名　蔡袁强　蔣國俊　陳　偉　盛閲春
朱重烈　高　屹　何中偉　李躍旗　胡海峰
陳　浩

浙江文化研究工程成果文庫總序

有人將文化比作一條來自老祖宗而又流向未來的河，這是説文化的傳統，通過縱向傳承和横向傳遞，生生不息地影響和引領着人們的生存與發展；有人説文化是人類的思想、智慧、信仰、情感和生活的載體、方式和方法，這是將文化作爲人們代代相傳的生活方式的整體。我們説，文化爲群體生活提供規範、方式與環境，文化通過傳承爲社會進步發揮基礎作用，文化會促進或制約經濟乃至整個社會的發展。文化的力量，已經深深熔鑄在民族的生命力、創造力和凝聚力之中。

在人類文化演化的進程中，各種文化都在其内部生成衆多的元素、層次與類型，由此決定了文化的多樣性與複雜性。

中國文化的博大精深，來源於其内部生成的多姿多彩；中國文化的歷久彌新，取決於其變遷過程中各種元素、層次、類型在内容和結構上通過碰撞、解構、融合而産生的革故鼎新的强大動力。

中國土地廣袤、疆域遼闊，不同區域間因自然環境、經濟環境、社會環境等諸多方面的差異，建構了不同的區域文化。區域文化如同百川歸海，共同匯聚成中國文化的大傳統，這種大傳統如同春風化雨，滲透於各種區域文化之中。在這個過程中，區域文化如同清溪山泉潺潺不息，在中國文化的共同價值取向下，以自己的獨特個性支撑着、引領着本地經濟社會的發展。

從區域文化入手，對一地文化的歷史與現狀展開全面、系統、扎實、有序的研究，一方面可以藉此梳理和弘揚當地的歷史傳統和文化資源，繁榮和豐富當代的先進文化建設活動，規劃和指導未來的文化發展藍圖，增强文化軟實力，爲全面建設小康社會、加快推進社會主義現代化提供思想保證、精神動力、智力支持和輿論力量；另一方面，這也是深入瞭解中國文化、研究中國文化、發展中國文化、創新中國文化的重要途徑之一。如今，區域文化研究日益受到各地重視，成爲我國文化研究走向深入的一個重要標誌。我們今天實施浙江文化研究工程，其目的和意義也在於此。

千百年來，浙江人民積澱和傳承了一個底蘊深厚的文化傳統。這種文化傳統的獨特性，正在於它令人驚嘆的富於創造力的智慧和力量。

浙江文化中富於創造力的基因，早早地出現在其歷史的源頭。在浙江新石器時代最爲著名的跨湖橋、河姆渡、馬家浜和良渚的考古文化中，浙江先民們都以不同凡響的作爲，在中華民族的文明之源留下了創造和進步的印記。

浙江人民在與時俱進的歷史軌迹上一路走來，秉承富於創造力的文化傳統，這深深地融匯在一代代浙江人民的血液中，體現在浙江人民的行爲上，也在浙江歷史上衆多傑出人物身上得到充分展示。從大禹的因勢利導、敬業治水，到勾踐的卧薪嘗膽、勵精圖治；從錢氏的保境安民、納土歸宋，到胡則的爲官一任、造福一方；從岳飛、于謙的精忠報國、清白一生，到方孝孺、張蒼水的剛正不阿、以身殉國；從沈括的博學多識、精研深究，到竺可楨的科學救國、求是一生；無論是陳亮、葉適的經世致用，還是黄宗羲的工商皆本；無論是王充、王陽明的批判、自覺，還是龔自珍、蔡元培的開明、開放，等等，都展示了浙江深厚的文化底蘊，凝聚了浙江人民求真務實的創造精神。

代代相傳的文化創造的作爲和精神，從觀念、態度、行爲方式和價值取向上，孕育、形成和發展了淵源有自的浙江地域文化傳統和與時俱進的浙江文化精神，她滋育着浙江的生命力、催生着浙江的凝聚力、激發着浙江的創造力、培植着浙江的競爭力，激勵着浙江人民永不自滿、永不停息，在各個不同的歷史時期不斷地超越自我、創業奮進。

悠久深厚、意韻豐富的浙江文化傳統，是歷史賜予我們的寶貴財富，也是我們開拓未來的豐富資源和不竭動力。黨的十六大以來推進浙江新發展的實踐，使我們越來越深刻地認識到，與國家實施改革開放大政方針相伴隨的浙江經濟社會持續快速健康發展的深層原因，就在於浙江深厚的文化底蘊和文化傳統與當今時代精神的有機結合，就在於發展先進生産力與發展先進文化的有機結合。今後一個時期浙江能否在全面建設小康社會、加快社會主義現代化建設進程中繼續走在前列，很大程度上取決於我們對文化力量的深刻認識、對發展先進文化的高度自覺和對加快建設文化大省的工作力度。我們應該看到，文化的力量最終可以轉化爲物質的力量，文化的軟實力最終可以轉化爲經濟的硬實力。文化要素是綜合競爭力的核心要素，文化資源是經濟社會發展的重要資源，文化素質是領導者和勞動者的首要素質。因此，研究浙江文化的歷史與現狀，增强文化軟實力，爲浙江的現代化建設服務，是浙江人民的共同事業，也是浙江各級黨委、政府的重要使命和責任。

二〇〇五年七月召開的中共浙江省委十一届八次全會，作出《關於加快建設文化大省的決定》，提出要從增强先進文化凝聚力、解放和發展生産力、增强社會公共服務能力入手，大力實施文明素質工程、文化精品工程、文化研究工程、文化保護工程、文化産業促進工程、文化陣地工程、文化傳播工程、文化人才工程等「八項工程」，實施科教興國和人才强國戰略，加快建設教育、科技、衛生、體育等「四個强省」。作爲文化建設「八項工程」之一的文化研究工程，其任務就是系統研究浙江文化的歷史成就和當代發展，深入挖掘浙江文化底蘊、研究浙江現象、總結浙江經驗、指導浙江未來的發展。

浙江文化研究工程將重點研究「今、古、人、文」四個方面，即圍遶浙江當代發展問題研究、浙江歷史文化專題研究、浙江名人研究、浙江歷史文獻整理四大板塊，開展系統研究，出版系列叢書。在研究内容上，深入挖掘浙江文化底蘊，系統梳理和分析浙江歷史文化的内部結構、變化規律和地域特色，堅持和發展浙江精神；研究浙江文化與其他地域文化的異同，釐清浙江文化在中國文化中的地位和相互影響的關係；圍遶浙江生動的當代實踐，深入解讀浙江現象，總結浙江經驗，指導浙江發展。在研究力量上，通過課題組織、出版資助、重點研究基地建設、加强省内外大院名校合作、整合各地各部門力量等途徑，形成上下聯動、學界互動的整體合力。在成果運用上，注重研究成果的學術價值和應用價值，充分發揮其認識世界、傳承文明、創新理論、咨政育人、服務社會的重要作用。

我們希望通過實施浙江文化研究工程，努力用浙江歷史教育浙江人民、用浙江文化熏陶浙江人民、用浙江精神鼓舞浙江人民、用浙江經驗引領浙江人民，進一步激發浙江人民的無窮智慧和偉大創造能力，推動浙江實現又快又好發展。

今天，我們踏着來自歷史的河流，受着一方百姓的期許，理應負起使命，至誠奉獻，讓我們的文化綿延不絶，讓我們的創造生生不息。

二〇〇六年五月三十日於杭州

浙江文化研究工程成果文庫序言

袁家軍

浙江是中華文明的發祥地之一，歷史悠久、人文薈萃，素稱「文物之邦」「人文淵藪」，從河姆渡的陶竈炊烟到良渚的文明星火，從吴越争霸的千古傳奇到宋韵文化的風雅氣度，從革命紅船的揚帆起航到建國初期的篳路藍縷，從改革開放的敢爲人先到新時代的變革創新，都留下了彌足珍貴的歷史文化財富。縱覽浙江發展的歷史，文化是軟實力，也是硬實力，是支撑力，也是變革力，爲浙江幹在實處、走在前列、勇立潮頭提供了獨特的精神激勵和智力支持。

二〇〇三年，習近平總書記在浙江工作時作出「八八戰略」重大決策部署，明確提出要進一步發揮浙江的人文優勢，積極推進科教興省、人才强省，加快建設文化大省。二〇〇五年七月，習近平同志主持召開省委十一届八次全會，親自擘畫加快建設文化大省的宏偉藍圖。在習近平同志的親自謀劃、親自布局下，浙江形成了文化建設「3＋8＋4」的總體框架思路，即全面把握增强先進文化的凝聚力、解放和發展文化生産力、提高社會公共服務力等「三個着力點」，啓動實施文明素質工程、文化精品工程、文化研究工程、文化保護工程、文化産業促進工程、文化陣地工程、文化傳播工程、文化人才工程等「八項工程」，加快建設教育、科技、衛生、體育等「四個强省」，構建起浙江文化建設的「四梁八柱」。這些年來，我們按照習近平總書記當年作出的戰略部署，堅持一張藍圖繪到底、一任接着一任幹，不斷推進以文鑄魂、以文育德、以文圖强、以文傳道、以文興業、以文惠民、以文塑韵，走出了一條具有中國特色、時代特徵、浙江特點的文化發展之路。

文化研究工程是浙江文化建設最具標誌性的成果之一。隨着第一期和第二期文化研究工程的成功實施，産生了一批重點研究項目和重大研究成果，培育了一批具有浙江特色和全國影響的優勢學科，打造了一批高水平的學術團隊和在全國有影響力的學術名師、學科骨幹。二〇一五年結束的第一批浙江文化研究工程共立研究項目八百十一項，出版學術著作千餘部。二〇一七年三月啓動的第二期浙江文化研究工程，已開展了五十二個系列研究，立重大課題六十五項、重點課題二百八十四項，出版學術著作一千多部。特別是形成了《宋畫全集》等中國歷代繪畫大系、《共和國命運的抉擇與思考——毛澤東在浙江的七百八十五個日日夜夜》等領袖與浙江研究系列、《紅船逐浪：浙江「站起來」的革命歷程與精神傳承》等「浙一百年」研究系列、《浙江通史》《南宋史研究》等浙江歷史專題史研究系列、《良渚文化研究》等浙江史前文化研究系列、《儒學正脈——王守仁傳》等浙江歷史名人研究系列、《吕祖謙全集》等浙江文獻集成系列。可以説，浙江文化研究工程，賡續了浙江悠久深厚的文化血脈，挖掘了浙江深層次的文化基因，提升了浙江的文化軟實力，彰顯了浙江在海内外的學術影響力，爲浙江當代發展提供了堅實的理論支撑和智力支持，爲堅定文化自信提供了浙江素材。

當前，浙江已經踏上了實現第二個百年奮斗目標的新征程，正在奮力打造「重要窗口」，争創社會主義現代化先行省，高質量發展建設共同富裕示範區。文化工作在浙江高質量發展建設共同富裕示範區中具有决定性作用，是關鍵變量；展現共同富裕美好社會的圖景，文化是最富魅力、最吸引人、最具辨識度的標識。我們要發揮文化鑄魂塑形賦能功能，爲高質量發展建設共同富裕示範區注入强大文化力量，特别是要堅持把深化文化研究工程作爲打造新時代文化高地的重要抓手，努力使其成爲研究闡釋習近平新時代中國特色社會主義思想的重要陣地、傳承創新浙江優秀傳統文化革命文化社會主義先進文化的重要平臺、構建中國特色哲學社會科學的重要載體、推廣展示浙江文化獨特魅力的重要窗口。

新時代浙江文化研究工程將延續「今、古、人、文」主題，重點突出當代發展研究、歷史文化研究、「新時代浙學」建構，努力把浙江的歷史與未來貫通起來，使浙學品牌更加彰顯、浙江文化形象更加鮮明、中國特色哲學社會科學的浙江元素更加豐富。新時代浙江文化研究工程將堅守「紅色根脈」，更加注重深入挖掘浙江紅色資源，持續深化「習近平新時代中國特色社會主義思想在浙江的探索與實踐」課題研究，努力讓浙江成爲踐行創新理論的標杆之地、傳播中華文明的思想之窗；擦亮以宋韵文化爲代表的浙江歷史文化金名片，從思想、制度、經濟、社會、百姓生活、文學藝術、建築、宗教等方面全方位立體化系統性研究闡述宋韵文化，努力讓千年宋韵更好地在新時代「流動」起來、「傳承」下去；科學解讀浙江歷史文化的豐富内涵和時代價值，更加注重學術成果的創造性轉化，探索拓展浙學成果推廣與普及的機制、形式、載體、平臺，努力讓浙學成果成爲有世界影響的東方思想標識；充分動員省内外高水平專家學者參與工程研究，堅持以項目引育高端社科人才，努力打造一支走在全國前列的哲學社會科學領軍人才隊伍；系統推進文化研究數智創新，努力提升社科研究的科學化水平，提供更多高質量文化成果供給。

偉大的時代，需要偉大作品、偉大精神、偉大力量。期待新時代浙江文化研究工程有更多的優秀成果問世，以浙江文化之窗更好地展現中華文化的生命力、影響力、凝聚力、創造力，爲忠實踐行「八八戰略」、奮力打造「重要窗口」，争創社會主義現代化先行省，高質量發展建設共同富裕示範區，提供强大思想保證、輿論支持、精神動力和文化條件。

目録

目録

史傳

方志

總序

南宋乾淳間，吕祖謙東萊之學、陳亮永康之學、唐仲友説齋之學同時並起，金華之學彬彬稱盛。吕祖謙尤著，與朱熹、張栻并稱「東南三賢」，又與朱熹、陸九淵并稱「朱陸吕三大家」。祖謙惜早逝，麗澤門人無大力者繼之，永康、説齋之學亦無紹傳。嘉定而後，何基、王柏振起。何基（一一八八—一二六九），字子恭，金華人。親炙於朱熹高弟子黄榦，居北山之陽，學者稱北山先生。門人王柏（一一九七—一二七九），字會之，一字仲會，號長嘯，改號魯齋，金華人。家學源於朱、吕，而己則師於何基。何、王轉承朱子之統，王柏又私淑東萊。王柏門人金履祥（一二三二—一三〇三），字吉父，號次農，蘭溪人。從學王柏，并得何基指授。宋、元易代，以遺民終，隱居講學，許謙、柳貫諸子從學。許謙（一二六九—一三三七），字益之，號白雲山人，東陽人。年三十一師履祥，爲元世大儒。後世推許何、王、金、許，并稱「金華四賢」「金華四先生」「金華四子」「何王金許四君子」，又稱「北山四先生」。

四先生爲講學家之流，名相并稱始於元末，流行於明初。杜本《吴先生墓誌銘》：「浙之東州有數君子，爲海内所師表。蓋自朱子之學一再傳，而何、王、金、許實能自外利榮，蹈履純固，反身克己，體驗精切，故其育德成仁，顯有端緒。」①黄溍《吴正傳文集序》：「初，紫陽朱子之門人高弟曰勉齋黄氏，自黄氏四傳，曰北山何氏、魯齋王氏、仁山金氏、白雲許氏，皆婺人。」②宋濂《故丹谿先生朱公石表辭》：「而考亭之傳，又唯金華之四賢續其世胤之正。」③張以寧《甑山存稿序》：「婺爲郡儒先東萊吕成公之里也。近何、王、金、許氏，得勉齋黄公之傳於徽國朱文公者，以經學教於鄉。」④蘇伯衡《洗心亭記》：「伯圭，何文定公、王文憲公、金文安公、許文懿公里中子，而四賢實以朱文公之學相授受。」⑤鄭楷《翰林學士承旨宋公行狀》：「初，宋南渡後，新安朱文公、東萊吕成公並時而作，皆以斯道爲己任。婺實吕氏倡道之邦，而其學不大傳。朱氏一再傳，爲何基氏、王柏氏，又傳之金履祥氏、許謙氏，皆婺人，而其傳遂爲朱學之世適。」⑥以上爲元末明初諸家并提四家之説。導江張翥爲王柏高弟子，「以其道顯於

---

① 吴師道《禮部集》附録，文淵閣《四庫全書》本。
② 黄溍《金華黄先生文集》卷十八，元刻本。
③ 宋濂《宋學士文集》卷十九，明天順五年黄譽刻本。
④ 張以寧《翠屏文集》卷三，明成化間刻本。
⑤ 蘇伯衡《蘇平仲文集》卷八，《四部叢刊》景明正統刻本。
⑥ 程敏政《明文衡》卷六十二，《四部叢刊》景明本。

北方」①，柳貫與許謙同學於履祥，元時又有黃溍、吴萊、吴師道、胡長孺并著聞，何以不入「四賢」之目？以上所引諸説已明言之：一則四先生於呂學既衰之後，上接紫陽之傳，以講學明道爲己任，非一般詞章文士；二則四先生遞相師承，非嫡傳不入；三則皆不肯仕，高蹈遠引，以經學教於鄉；四則學行著述堪爲師表，足傳道脈。元末明初學者多稱説「何王金許」、「金華四賢」，盛明而後始多稱「金華四先生」。「北山四先生」之稱，則始於全祖望修補《宋元學案》，改《金華學案》爲《北山四先生學案》。蓋以北山一脈起於何基，何基居金華北山下，取以自號，王柏、金履祥亦居北山之下，隱於斯，遊於斯，講學於斯。北山秀奇，得四先生名益彰，北山有靈，亦莫大幸焉。

在中國學術史上，四先生成就雖不足與朱、陸、呂三大家相提并論，但皆不愧一代學者。且其上承朱、呂，下啓明清理學及浙學一脈，有功於浙學與宋元明清儒學匪淺，學術貢獻不下於王陽明、黃宗羲諸大家。

① 吴師道《敬鄉録》卷十四，明抄本。

一、朱子世適，兼取東萊

四先生爲朱子嫡脈，除何基「確守師説」外，餘三家承朱子之學，繼朱子之志，鑒取東萊之學，兼容并包，已構成朱學之變。即浙學而言，由此復興，雖與東萊、永康、永嘉所引領浙學初興有異，但亦是浙學之「新變」。全祖望《北山四先生學案序録》稱金履祥爲「浙學之中興」，卓有見解。

（一）傳朱一脈

金華爲東萊講學之邦，何基、王柏奮起於吕學衰没之際，承朱學之統，亦自有故。

按王柏《何北山先生行狀》，何基早歲從鄉先生陳震習舉子業，已能潛心義理。弱冠隨父伯慧宦遊臨川，適黄榦爲令，伯慧令二子何南、何基師事之。黄榦首教以「爲學須先辨得真實心地，刻苦工夫」，臨别告以「但讀熟《四書》，使胸次浹洽，道理自見」。何基「終身服習，不敢頃刻忘也。一室危坐，萬卷横陳，存此心於端莊静一之中，窮此理於研精覃思之際。每於聖賢微詞奥義疑而未釋者，必平其心，易其氣，舒徐容與，不忘不助，待其自然貫通，未嘗参以己意。不立異以爲高，不狥人而少變。蓋其思之也精，是以守之也固。充其知而反於身者，莫不踐其實」①。

雖説何基開金華朱學之門，但居鄉里未嘗開門授徒，聞名而來學者，亦未嘗爲立題目、作話頭。王柏從學何基，及金履祥從學王柏、許謙問師履祥，皆有偶然性。王柏身出望族，少慕諸葛亮之爲人，年逾三十，與友人汪開之同讀《四書》，取《論孟集義》求朱子去取之意，以黄榦《四書通釋》尚闕答問，乃約爲《語録精要》以足之，題曰《通旨》。間從朱子門人楊與立、劉炎、陳文蔚問朱門傳授之端，與立告何基得朱氏之傳，即往從學②。何基授以「立志居敬」之旨，舉胡宏之言曰：「立志以定其本，居敬以持其志。志立乎事物之表，敬行乎事物之内。」③王柏自是發憤讀書，來學者必先教之讀《大學》。

金履祥年十八試中待補太學生，有能文聲。旋自悔，屏舉子業，研解《尚書》。與同郡王相爲友，知向濂洛之學。聞何基得朱子之傳，欲往從之無由。年二十三，由王相之介，得從王柏受業。初見，問爲學之方，即教以「立志居敬」，問讀書之目，則曰「自《四書》始」。未幾，由王柏之介進於何基之門，自是講貫益密，造詣益精，講求禔躬搆物，如何、王所訓「存敬畏心，

① 何基《何北山先生遺集》卷四，《金華叢書》本。
② 金履祥《仁山文集》卷三，明萬曆二十七年刻本。
③ 王柏《復吴太清書》，《魯齋集》卷八，明崇禎刻本。

尋恰好處」，「真實心地，刻苦工夫」。柳貫《故宋迪功郎史館編校仁山先生金公行狀》云：「二先生鄉丈人行，皆自以爲得之之晚，而深啓密證，左引右掖，期底于道。雖孫明復之於石守道，胡翼之之於徐仲車，不是過也。然文定之所示曰『省察克治』，文憲之所示曰『涵養充拓』，語雖甚簡，而先生服之終身，嘗若有所未盡焉者。」①

大德五年，履祥年七十，講道蘭江之上，許謙始來就學，年已三十一。明年，履祥設教金華呂祖謙祠下，許謙從之卒業。履祥告曰：「吾儒之學，理一而分殊。理不患其不一，所難者分殊耳。」許謙由是致辨於分之殊，而要歸於理之一。屏居八華山，率衆講學，教人「以五性人倫爲本，以開明心術變化氣質爲先，以爲己爲立心之要，以分辨義利爲處事之制」②。吴師道《祭許徵君益之文》云：「烏乎紫陽！朱子之傳，其在吾鄉，曰何與王。傳之仁山，以及於公，其道彌光。仁山之門，公晚始到。獨超等夷，遠詣深造。」③

---

① 柳貫《柳待制文集》卷二十，《四部叢刊》景元至正本。
② 黄溍《白雲許先生墓誌銘》，《金華黄先生文集》卷三十二。
③ 吴師道《吴禮部文集》卷二十，《金華叢書》本。

（二）兼采吕學

何、王崛起於吕學衰落之際，傳朱子之學。然生於東萊講學之鄉，麗澤之潤已入士人肌理。故自王柏以下，返本溯源，遂成學朱爲主、參諸吕學之格局。此一變化自王柏始。

王柏家學出於吕氏。按葉由庚《王魯齋先生壙誌》，王柏祖師愈從楊時受《易》《論語》，後與朱、張、吕遊。父瀚與其叔季執經問難於考亭、麗澤之門，世其家學。王柏早孤，抱志宏偉，三十而後「始知家學授受之原，慨然捐去俗學以求道」。既師何基，發憤奮厲，「研窮愈刻深，則義理愈呈露；涵養愈細密，則趣味愈無窮」①。金履祥《魯齋先生文集目後題》追溯魯齋家學云：「初，公之大父焕章公與朱、張、吕三先生爲友，父仙都公早從麗澤，又以通家子登滄洲之門。公天資超卓，未及接聞淵源之論而早孤。年長以壯，謂科舉之學不足爲也，而更爲文章偶儷之文；又以偶儷之文不足爲也，而從學於古文、詩律之學，工力所到，隨習輒精。今存於《長嘯醉語》者，蓋存而未盡去也，公意不謂然。因閲家書，而得師友淵源之緒，間從搗堂先生劉公、船山先生楊公、克齋先生陳公考問朱門傳授之端。而於楊公得聞北山何子恭父之名，於是尋訪盤溪之上，盡棄

① 王柏《魯齋王文憲公文集》附録，《金華叢書》本。

所學而學焉。」①所言王柏既見何基，「盡棄所學」，非謂盡棄家學，而指前之所好。吴師道《仙都公所與子書》亦載：「魯齋先生之學，世有自來矣。先生大父崇政講書直焕章閣致仕，諱師愈，師事龜山楊公，後又從朱、張、吕三公遊，朱子誌墓稱其有本有文者也。父朝奉郎、主管仙都觀，諱瀚，執經朱、吕之門，克世其學。此其所與子書，莫非《小學》書、《少儀外傳》之旨也。」②

東萊之學，與朱、陸有同有異。概言之，東萊主於經史不分，《五經》、史學皆擅；近接北宋理學之緒，遠采漢儒考據訓詁，并重義理、考據；博收廣覽，以文獻見長，講求通貫；重於用實，揆古用今。吕祖謙與陳亮等人好讀史，學問「博雜」，朱熹深有不滿，指爲「浙學」風習。然東萊之學自成一系。王柏嘗爲履祥作《三君子贊》，分贊「東南三賢」朱熹、張栻、吕祖謙，《吕成公》云：「片言妙契，氣質盡磨。八世文獻，一身中和。手織雲漢，心衡今古。鼎峙東南，乾淳鄒魯。」③於東萊評價高矣。然王、金諸子終不明言取則東萊，而標榜傳朱一脈。葉由庚《壙誌》、金履祥《後題》、吴師道《仙都公所與子書》追溯王柏家學出於吕氏，亦皆重於載述從何基接軌朱子一脈，而不言返本吕學。

① 金履祥《仁山先生文集》卷三。
② 吴師道《吴禮部文集》卷十七。
③ 金履祥《濂洛風雅》卷一，清雍正間金律刻本。

論四先生之學，當察其言，觀其行，亦必考其實跡，始可得真實全貌。王、金、許三家，於《五經》之好不減《四書》，既重性理探求，復事於訓詁考據；守朱子之説，而欲爲「忠臣」，以求是爲本；朱子不喜學者嗜讀史，三家未盡遵行；朱子不喜浙學「博雜」，三家貫通經史、諸子百家，喜輯録文獻；朱子不喜浙人好言事功，三家負經濟之略，而身在草萊，心存當世，欲出所學措諸政事。柳貫《金公行狀》稱履祥「先生夙有經世大志，而尤肆力于學，凡天文地形、禮樂刑法、田乘兵謀、陰陽律曆，靡不研究其微，以充極於用」。史學、考據乃東萊所長，朱子亦借助訓詁，并出其餘力研史，此史學、考據終爲其所短。王、金、許三家取朱子言性理之長，去其所短，兼師東萊，遂精於史學、考據。

王、金、許三家援漢儒訓詁考據以治《四書》《五經》，得力於東萊頗多。生於東萊講學舊邦，風氣霑熏，有其不自知者。尤可言者，四先生好「標抹點書」，殆傳東萊文獻之學。東萊標抹圈點之書，如《儀禮》《漢書》《史記》《資治通鑑》等，久爲士林所重。吕喬年稱其「一字一句，點畫皆有深意，而所得之精，多見於此」①。吴師道屢言四先生「標抹點書」，乃鑒用東萊之法。《請傳習許益之先生點書公文》：「當職生長金華，聞標抹點書之法始自東萊吕成公，至今故

① 吴師道《吴禮部文集》卷十八。

家所藏猶有《漢書》《資治通鑑》之類。」①《題程敬叔讀書工程後》：「蓋自東萊呂成公用工諸書，點正句讀，加以標抹，後儒因之，北山何先生基子恭、魯齋王先生柏會之俱用其法」，「金、張亦皆有所點書，其淵源有自來矣。」②章懋《楓山語録》云：「何最切實，王、金、許不免考索著述多些。」又，「東萊於香溪，四賢於東萊，皆無干涉」③。王、金、許「考索著述多些」，即三家重於文獻。然稱四先生與東萊「無干涉」，未盡合於實。東萊文獻之學冠於海内，四先生生長其鄉，著述相接，故論者曰：「吾婺固東南鄒魯也，中原文獻之傳甲於天下。」④全祖望稱王應麟承東萊文獻之學，爲「明招之大宗」。以文獻之傳而言，王、金、許何嘗不可稱「明招之大宗」？

四先生緣何不明言取徑東萊，今蠡測之，蓋有數因：一則重於師承，稱説師門，但言朱子，不言其他。二則東萊之學不能無弊，麗澤後學治經，輯討文獻，或疏於性理求索；四先生以明道爲先務，篤信朱子問學要義。三則朱子批評浙人「好功利」，四先生亦警醒，關注世用而不急功求利，不標舉東萊之學，或有此故。由此不難理解葉由庚《壙誌》所言：「證古難也，

① 吴師道《吴禮部文集》卷二十。
② 吴師道《吴禮部文集》卷十七。
③ 章懋《楓山語録》，文淵閣《四庫全書》本。
④ 張祖年《婺學志》集前序，清刻本。

復古尤難也；明道難也，任道尤難也。朱、張、吕三先生同生於一時，皆以承濂洛之統爲身任者也。張、吕不得其壽，僅及終身，經綸未展，論著靡竟。獨文公立朝之時少，居閑之日多，大肆其力於聖經賢傳，刊黜《詩》《書》之小序，紹復《易》《春秋》之元經，定著《論語》《孟子》《中庸》《大學》章句，以立萬世之法程。北山、魯齋二先生同生於一鄉，亦皆以續考亭之傳爲身任者也。」①

四先生之學，以朱學爲本，參諸東萊，朱、吕互爲表裏。海寧查慎行爲黄宗羲高弟子，《得樹樓雜鈔》卷一云：「魯齋上承吕、何之緒，下開金、許之傳，其功尤大。」②卓有識見。數百年來，學者罕直言四先生私淑東萊，而述及學統，或指出接緒朱、吕。成化三年，浙江按察司僉事辛訪奏請將宋儒何基等封爵從祀，下禮部尚書兼翰林學士陳文議：「昔者晦庵朱文公熹與東萊吕成公祖謙皆傳聖道，而金華郡儒者何基、王柏、金履祥、許謙師徒，累葉出於文公之後，以居于成公之鄉，其於斯道不爲不造其涯涘，然達淵源則未也；不爲不躡其徑庭，然造堂奥則未也。」③張祖年《八婺理學淵源序》云：「子朱子挺生有宋，疏洙泗，瀹濂洛，決横渠，排金

① 王柏《魯齋王文憲公文集》附録《壙誌》。
② 查慎行《得樹樓雜鈔》卷一，民國《適園叢書》本。
③ 姚夔《姚文敏公遺稿》卷十，明弘治間姚璽刻本。

谿，補苴罅漏，千古理學淵源，渾涵渟滀，稱會歸矣。維時吾婺東萊成公倡道東南，而子朱子、南軒宣公聲應氣求，互相往來」，「是麗澤一泓，固八婺理學淵源也，猗歟盛哉！三先生爲東南理學鼎峙，吾婺學者翕然宗之」，「而毅然卓見斯道者，未之有聞。幸北山先生父伯慧者，佐治臨川，欽勉齋黄氏學，命北山師事之，遂載紫陽的傳而歸。以授之魯齋，魯齋以授之仁山，仁山以授之白雲，踵武繩繩，機籥相印，而麗澤溶瀁灝瀚矣」①。胡宗楙謂趙宋南渡，婺學昌盛，鉤稽派別，可約分政學、理學、文學三派，其理學則自范浚以下，繼以東萊，復繼以四先生。《續金華叢書序》云：「一曰理學，香溪《心箴》，導其先河。東萊吕氏，麗澤講席。北山、魯齋，溯源揚波。仁山、白雲，一脈相嬗。莘莘學子，追蹤鄒魯。咸淳之際，於斯爲盛。」②當然，論者迄今仍多只認四先生爲朱子嫡傳。近歲，我們昌言「浙學復興」，强調四先生兼傳東萊之學，諸論始有所改觀。

（三）從「確守師説」到「要歸於是」

四先生中，何、王殁於宋，金履祥由宋入元，許謙則爲元世名儒。四先生尊德性，道問學，

---

① 張祖年《婺學志》集前序。

② 胡宗楙《夢選樓文鈔》卷上，民國二十五年刊本。

遞相師傳，百餘年間亦有前後變化。兼采吕學，即是自王柏後一大變化。另一顯著變化，即從「確守師説」到顧爲「朱子之忠臣」，篤於求是。

何基之學，立志以定本，恭敬以持志，力學以致知，篤守朱、黄之傳，虚心體察，不欲參以己意，不以立異爲高。王柏《何北山先生行狀》稱「思之也精」，「守之也固」。《啓蒙發揮後序》又説：「晚年纂輯朱子之緒論，羽翼朱子之成書，不敢自加一字，而條理粲然，羣疑盡釋。」①《同祭北山何先生》則云：「公獨屹然，堅守勿失」，「發揮師言，以會於歸」②。黄宗羲論云：「北山之宗旨，熟讀《四書》而已」，「北山確守師説，可謂有漢儒之風焉。」③

王柏問學，重視求於《四書集注》《周易本義》之内，然好探朱子發端而未竟之義，考訂索隱朱子所未及，視此爲繼朱子之志，較何基已有變化。葉由庚《壙誌》云：「先生學博而義精，心平而識遠，考訂羣書，如干將、莫邪，所向肯綮，迎刃自解。凡文公發其端而未竟，致其疑而未決，與夫諸儒先開明之所未及者，莫不該攝融會，權衡裁斷，以復經傳之舊」，「上自羲畫，下逮魯經，莫不索隱精訂，以還道經之舊，以承考亭之志，確乎其任道之勇也！」金履祥《祭魯齋

① 王柏《魯齋王文憲公文集》卷五，明崇禎間刻本。
② 王柏《魯齋王文憲公文集》卷十九。
③ 黄百家《金華學案》。

先生文》云：「論定諸經，決訛放淫。辯析羣言，折衷聖人。究其分殊，萬變俱融。會諸理一，天然有中。見其全體，靡所不具。」①

金履祥爲王柏所授，重於求是，不標新奇之論，亦不拘於一説，欲爲「朱子之忠臣」。《論孟集注考證跋》云：「文公《集注》，多因門人之問更定，其問所不及者，亦或未修，而事跡名數，文公亦以無甚緊要略之，今皆爲之修補。或疑此書不無微牾者，既是再考，豈能免此？但自我言之，則爲忠臣；自他人言之，則爲讒賊爾。此履祥將死真切之言，二三子其詳之！」②李桓《論孟集注考證序》云：「其於《集注》也，推其意之未發，佐其力之不及，以簡質之文，達精深之義，而名物度數、古今實事之詳，一皆表其所出。後儒之説，可以爲之羽翼者，間亦採摭而附入之。觀之時若不同，實則期乎至當，故先生嘗自謂朱子之忠臣。夫忠臣者，固不爲苟同，而其心豈欲背戾以求異哉？蓋將助之而已矣。斯則《考證》之修所以有補於《集注》者也。」③

許謙承履祥之傳，於先儒之説未嘗處不敢苟同，敷説義理，歸於平實，考據訓詁，「要歸於

① 金履祥《仁山文集》卷三。
② 金履祥《孟子集注考證》，《率祖堂叢書》本。
③ 陸心源《皕宋樓藏書志》卷十，清同治、光緒間刻《潛園總集》本。

是」。黄溍《白雲許先生墓誌銘》云：「先生於書無不觀，窮探聖微，蘄於必得，雖殘文羨語，皆不敢忽。有不可通，則不敢强。於先儒之説，有所未安，亦不敢苟同也。讀《四書章句集注》，有《叢説》二十卷。敷繹義理，惟務平實」，「讀《詩集傳》，有《名物鈔》八卷。正其音釋，考其名物度數，以補先儒之未備，仍存其逸義，旁採遠援，而以己意終之。讀《書集傳》，有《叢説》六卷。時有與蔡氏不能盡合者，每誦金先生之言曰：『自我言之，則爲忠臣；自他人言之，則爲讒賊。』要歸於是而已。」①

四先生之學，從何基「確守師説」，到金履祥、許謙「要歸於是」，乃其前後一大變化。四先生傳朱子之學，重於涵養功夫、踐履真實。何基常是一室危坐，存此心於端莊静一之中，研精覃思。履祥從學何、王，何基示曰「省察克治」，王柏示曰「涵養充拓」，履祥服之終身，常若有所未足。許謙習静，晚年尤以涵養本原爲務，講授之餘，齋居凝然。應典《八華精舍義田記》云：「迨其晚年，有謂：聖賢之學，心學也。後之學者雖知明諸心，非諸事，而涵養本原，弗究弗圖，則雖博極群書，修明勵行，而與聖賢之心猶背而馳也。」②

① 黄溍《金華黄先生文集》卷三十二。
② 党金衡纂修《道光東陽縣志》卷十，民國三年石印本。

（四）發揮表箋，漢宋互參

何基「確守師説」，毋主先入，毋師己意，虚心體察，述自得之意，名其著述曰「發揮」，所撰有《易學啓蒙發揮》《易大傳發揮》《大學發揮》《中庸發揮》《語孟發揮》《太極通書西銘發揮》。《近思録發揮》未詮定而殁，金履祥與同門汪蒙、俞卓續抄校訂，付其家藏之。柳貫《金公行狀》云：「凡文公語録、文集諸書，商確考訂之所及，取其已定之論，精切之語，彙敘而類次之，名爲《發揮》，已與諸書並傳於世矣。而若文公、成公所輯周、程、張子之微言曰《近思録》者，宜爲宋之一經，而顧未有爲之解者，亦隨文箋義，爲《近思録發揮》，未詮定而文定殁。」

自王柏以下，雖力戒先入之見，不標榜己意，然欲爲通儒，折衷羣言，出入經史百家，索隱朱子發端而未竟之義，考訂朱子所未及之書，故不苟同先儒之見，且倚重於訓詁考據，已不能不與何基有異。所著述於「標抹點書」「發揮」外，或名「考證」，或曰「精義」「衍義」「疏義」「指義」，或曰「表注」「叢説」。王柏考訂羣書，葉由庚《壙誌》稱「無一書一集不加標注，於《四書》《通鑑綱目》，精之又精。一言之題，一點之訂，辭不加費而義以著明，無非發本書之精髓，開後學之耳目」。又論其與何基異同云：「北山深潛沖澹，精體默融，志在尚行，訒於立言；魯齋通睿絶識，足以窮聖賢之精藴，雄詞偉論，足以發理象之微著。」履祥出入經史，天文地理、禮樂刑法、田乘兵謀、陰陽律曆無不究研。謂古書有注必有疏，作《論孟集注考證》，以爲朱子《集注》有疏，補所未備，增釋事物名數。注解《尚書》，推本父師之意，正句畫段，提其章旨，析其義理之微，考證文字之誤，表於四闌之外，曰《尚書表注》。柳貫《行狀》云：「研窮經義，以究窺聖賢心術之微；歷考傳注，以服襲儒先識鑒之確。無一理不致體驗，參伍錯綜，所以約其變；無一書不加點勘，鉛黄朱墨，所以發其凡。」許謙《上劉約齋書》云：「其爲學也，於書無所不讀，而融會於《四書》，貫穿於《六經》，窮理盡性，誨人不倦，治身接物，蓋無毫髮歉，可謂一世通儒。」①許謙追步王、金，欲爲一世通儒。黄溍《白雲許先生墓誌銘》云：「先生於天文地理、典章制度、食貨刑法、字學音韻、醫經數術，靡不該貫，一事一物，可爲傳聞多識之助者，必謹志之。至於釋老之言，亦皆洞究其蘊，謂學者孰不日闢異端，苟不深探其隱，而識其所以然，能辨其同異、别其是非也幾希。」許謙每念履祥所言欲爲「朱子之忠臣」、「要歸於是」，所著《詩集傳名物鈔》《讀書叢説》《讀四書叢説》，考訂索隱，以補先儒所未備，存其逸義，而終以己意。在王、金、許三家看來，其著述不離於孔孟遺意，惟求是求真，乃可繼朱子之志。

四先生著述，無論彙敘發揮，隨文箋義，抑或考證衍義、辨誤訂訛，都不離於言説義理。王、金、許三家治學，與何基有所不同。總體以觀，有三大特點：一是治《五經》而貫穿性理，治《四書》而倚重訓詁考據，《四書》《五經》融會貫通。一是以理學爲本，兼采漢學。漢、宋兼

① 許謙《許白雲先生文集》卷三，明成化二年陳相刻本。

采，本爲東萊所長，三家蓋以朱學爲主，兼采東萊。三是欲爲通儒之學，貫穿經史百家，重於世用，不避「博雜」之嫌，此亦與東萊之學相通。

二、四先生治《四書》《五經》及其史學、文學

四先生長於《四書》，自王柏以下，《五經》貫通，兼治史學，重於文獻。其治《四書》，義理闡説與訓詁考據并重；治《五經》，疑古考索，尚於求是，并重義理；研史則經史互參，會通朱、吕；詩文雖其餘事，不離於講學家風習，然發攄性靈，陶冶性情，文以載道，裨益教化，各具其致。以文章合於道，扶翼經義、世教，通於世用，故金、許傳人尚文風氣日盛。以下分作論述：

（一）《四書》學

朱子之學，萃於《四書集注》。門人黄榦得其傳，有《四書通論》。世推四先生爲朱子適傳，亦以其得朱門《四書》之傳也。

何基從學黄榦，黄榦臨别告以熟讀《四書》，道理自見。何基以此爲讀書爲學之要，教門人治學以《四書》爲主，以《朱子語録》爲輔。嘗曰：「學者讀書，先須以《四書》爲主，而用

《語録》以輔翼之」，「但當以《集注》之精嚴，折衷《語録》之疏密；以《語録》之詳明，發揮《集注》之曲折。」王柏《行狀》稱「此先生編書之規模也，他書亦本此意」。何基後又覺得《四書》「義理自足」，當深探本書，「截斷四邊」。王柏稱「此先生晚年精詣造約，終不失勉齋臨分之意」（《何北山先生行狀》）。

王柏得北山之教，深味其旨，教門人爲學亦以《四書》爲本。寶祐二年，履祥來學，問讀書之目，告以「自《四書》始」。是年冬，履祥作《讀語論管見》，凡有得於《集注》言意之外者則録之。王柏讀後，勸説當沉潛涵泳於《集注》之内，有所自得，不當固求言外之意，發爲新奇之論①。履祥終生沉潛涵泳不輟，作《論孟集注考證》。殁前一歲，即大德六年，在金華城中講學，以《大學》爲第一義，諸生執經問難，爲之毫分縷析，開示藴奥，因成《大學指義》一書。許謙聞履祥緒論，精研《四書》。黄溍《白雲許先生墓誌銘》稱其每戒學者曰：「聖賢之心盡在《四書》，而《四書》之義備於朱子。顧其立言，辭約意廣，讀者或得其粗，而不能悉究其義。或以一篇之致自異，而初不知未離其範圍。世之詆訾貿亂、務爲新奇者，其弊正坐此耳。始予三四讀，自以爲了然，已而不能無惑，久若有得，覺其意初不與己異，愈久而所得愈深，與己意合者，亦大異於初矣。童而習之，白首不知其要領者何限？其可以易心求之哉！」

① 王柏《金吉甫管見》，《魯齋王文憲公文集》卷九。

四先生闡説性理，遞相師承，治《四書》皆所擅長。何基有《大學發揮》《中庸發揮》《語孟發揮》，王柏有《論語通旨》《論語衍義》《魯經章句》《孟子通旨》《批點標注四書》，金履祥有《大學疏義》《中庸表注》《論語集注考證》《孟子集注考證》，許謙有《讀四書叢説》。從朱子《四書章句集注》《四書或問》，到黄榦《四書通釋》，再到四先生著述十餘種，可見四先生《四書》學淵源，亦可見朱學流傳及其盛行浙東之況。

何基《四書發揮》，取朱子已定之論，精切之説，以爲發揮，守師説甚固，研思亦精。王柏、金履祥、許謙三家，傳何基之學，復繼朱子之志，索隱微義，考證注疏，以爲羽翼。其索隱考證，倚於訓詁考據，以性理爲本，重於求是。許謙《論孟集注考證序》云：「先師之著是書，或隱栝其説，或演繹其簡妙，或攄其幽，發其粹，或補其古今名物之略，或引羣言以證之。大而道德性命之精微，細而訓詁名義之弗可知者，本隱以之顯，求易而得難。吁！盡在此矣。」吴師道《讀四書叢説序》稱《四書》自二程肇明其旨，至朱子集其大成，然一再傳之後，泯没畔涣，「其能的然久而不失傳授之正，則未有如於吾鄉諸先生也。蓋自北山取《語録》精義，以爲《發揮》，與《章句集注》相發明；魯齋爲標注點抹，提挈開示；仁山於《大學》有《疏義》《指義》，《論》《孟》有《考證》，《中庸》有《標抹》，又推所得於何、王者，與其已意併載之」，「今觀《叢説》之編，其於《章句集注》也，奥者白之，約者暢之，要者提之，異者通之，畫圖以形其妙，析段以顯其義。至於訓詁名物之缺，考証補而未備者，又詳著焉。其或異義微牾，則曰：『自我言之，則爲忠臣，自他人言之，則爲殘賊。金先生有是言也。』此可以見其志之所存矣」（《吴禮部文集》卷十七）。《四庫全書總目》著録《論孟集注考證》，《提要》云：「其書於朱子未定之説，但折衷歸一，於事蹟典故，考訂尤多。蓋《集注》以發明理道爲主，於此類率沿襲舊文，未遑詳核，故履祥拾遺補闕，以彌縫其隙，於朱子深爲有功」，「然其旁引曲證，不苟異，亦不苟同，視胡炳文輩拘墟迴護，知有注而不知有經者，則相去遠矣。」此可見四先生《四書》學及其「家法」之大端。

（二）《五經》學

朱子研《易》《詩》，并涉獵禮制，而東萊則《五經》貫通。何基於《五經》僅《易經》有撰著，仍題曰「發揮」。其治《四書》，雖與《五經》參讀，大抵「發揮師言，以會於歸」。自王柏以下，不惟尊德性，且好治經研史。王、金、許三家研討《五經》，既通於朱子經學，又通於東萊經學及文獻之學。概言之，一是崇義理而并事訓詁考據。二是好纂輯、音釋、標抹、考訂、表注，以翼經傳。三是好考證名物度數，補先儒之未備。四是不苟同，不苟異，「要歸於是」。前已言及，此更舉例以明之。

王柏於《五經》皆有撰述，著《讀書記》十卷、《讀詩記》十卷、《讀春秋記》八卷、《書附傳》四十卷、《詩可言》二十卷、《詩疑》二卷、《書疑》九卷、《涵古易説》一卷、《大象衍義》一卷、《左氏正傳》十卷等。葉由庚《壙誌》稱其嗜於索隱考訂，好「復經傳之舊」，「先生一更一定，皆有授證，一析一合，不添隻字，秩秩乎其舊經之完也，炳炳乎其本旨之明也」。并舉其大端如：於《易》，作《易圖》，推明《河圖》《洛書》先後。謂《河圖》爲先天後天之宗祖，逐位奇偶之交，後天爲統體奇偶之交。古之册書，作上下兩列，故《易》上下經非標先後。謂今之三百五篇非盡孔子之三百五篇，孔子所删，或有存於閭巷浮薄之口者，漢儒概謂古詩，取以補亡。乃定二《南》各十一篇，還兩兩相配之舊，退《何彼穠矣》《甘棠》歸之《王風》，而削去《野有死麕》。若風、雅、頌，亦必辨其正變，次其先後，謂鄭、衛淫詩，皆當在削。

世人或稱經以講解辯訂而明，釐析類合則陋，王柏則不以爲然，好參訂疑經。何基嘗告之：「治經當謹守精玩，不必多起疑端。有欲爲後學言者，謹之又謹可也。」①然王柏終勇於「任道」「求是」，《書疑序》云：「不幸秦火既焰，後世不得見先王之全經也。惟其不全，固不可得而不疑。所疑者，非疑先王之經也，疑伏生口傳之經也。讀書者往往因于訓詁，而不暇思經文之大體，間有疑者，又深避改經之嫌，寧曲説以求通，而不敢輕議以求是」，「聖人之經不可改，伏氏之言亦不可正乎？糾其繆而刊其贅，訂其雜而合其離，或庶幾乎得復聖人之舊，此

① 戴殿江《金華理學粹編》。

有識者之不容自已。」①

後世於王柏疑經，頗多争議。錢維城《王柏删詩辯》：「宋儒之狂妄無忌憚，未有如王柏之甚者也」，「朱子惟過於慎，故寧爲固而不敢流於穿鑿，而孰知一再傳之後，其徒之肆無忌憚，乃至於此也。」②成僎《詩説考略》卷二《王柏詩疑之舛亂》：「夫以孔子所不敢删者，而魯齋删之；以孔子所不敢變易者，而魯齋變易之。世儒猶以其淵源於朱子而不敢議，此竹垞所以嗤爲無是非之心也。」《四庫全書總目》著録《書疑》九卷，《提要》云：「然柏之學，名出朱子，實則師心，與朱子之謹嚴絶異」，「柏作是書，乃動以脱簡爲辭，臆爲移補」，「至於《堯典》《臯陶謨》《説命》《武成》《洪範》《多士》《多方》《立政》八篇，則純以意爲易置，一概托之於錯簡」，「是排斥漢儒不已，並集矢於經文矣，豈濂、洛、關、閩諸儒立言垂教之本旨哉？」托克托等修《宋史》，乃與其《詩疑》之説並特録於本傳，以爲美談，何其寡識之甚乎？」又著録《詩疑》二卷，《提要》云：「《書疑》雖頗有竄亂，尚未敢删削經文。此書則攻駁毛、鄭不已，並本經而攻駁之；攻駁本經不已，又並本經而删削之。」爲之辯護析論者亦多。如胡鳳丹《重刻王魯齋詩疑序》：「朱子所攻駁者《小序》耳，於本經未嘗輕置一議也。先生黜陟《風》《雅》，竄易篇次，非

① 王柏《魯齋王文憲公文集》卷五。
② 錢維城《茶山文鈔》卷八，清乾隆四十一年眉壽堂刻本。

惟排詆漢儒，且幾幾乎欲奪宣聖删定之權而伸其私説。其自信之堅，抑何過哉」，「是書設論新奇，雖不盡歸允當，而本其心所獨得，發爲議論，自成一家，俾世之讀其書者足以開拓心胸，增廣識見，引而伸之，觸類而長之，未始非卓犖觀書之一助也。」①皮錫瑞《論王柏書疑疑古文有見解特不應並疑今文》：「王氏失在並今文而疑之耳，疑古文不得謂其失也。」「王氏知古文之僞，不知今文之真。其並疑今文，在誤以宋儒之義理準古人之義理，以後世之文字繩古人之文字。」「《書疑》多本前人，亦非王氏獨創，特王氏於《尚書》篇篇獻疑，金履祥等從而和之，故其書在當時盛行，而受後世之掊擊最甚。平心而論，疑經改經，宋儒通弊，非止王氏，皆由不信經爲聖人手定。（注：王氏《詩疑》删鄭、衛詩，竄改《雅》《頌》，僭妄太甚，《書疑》猶可節取。）」②王柏以義理治《詩》《書》，索隱太過，不免其弊，後人盡黜之則未當，宜小心考求，平允論之。

金履祥承王柏疑經之緒，以爲秦火之後全經不存，漢儒拘於訓詁，輕於義理，循守師傳，曲説不免。亦自勇於「任道」「求是」。其考訂諸經，用力最多乃在《尚書》，有《尚書注》十二卷、《尚書表注》二卷。《尚書表注序》稱全書不得見，「考論不精，則失其事迹之實；字辭不

① 胡鳳丹《退補齋文存》卷一，清同治十二年退補齋鄂州刻本。

② 皮錫瑞《經學通論》，清光緒間思賢書局刻本。

辨，則失其所以言之意」，「夫古文比今文固多且正，但其出最後，經師私相傳授最久，其間豈無傳述附會」，「後之學者，守漢儒之專門，開元之俗字，長興之板本，果以爲一字不可刊之典乎？幸而天開斯文，周、程、張、朱子相望繼作，雖訓傳未備，而義理大明，聖賢之心傳可窺，帝王之作用易見」①。履祥鈎玄探賾，折衷群説，力求平心易氣，不爲浚深之求，無證臆決，考訂較王柏爲慎。《四庫全書總目》著録《尚書表注》二卷，《提要》云：「大抵攟摭舊説，折衷己意，與蔡沈《集傳》頗有異同。其徵引伏氏、孔氏文字同異，亦確有根原。」胡鳳丹《重刻尚書表注序》云：「故先生之功在注釋，而先生之志在表章。以視抱經硜硜索解於章句之末者，其相去爲何如耶？」陸心源《重刊金仁山先生尚書注序》云：「《尚書》則用功尤深，《表注》一書，爲一生精力所萃。是書即《表注》之權輿，訓釋詳明，頗多創解。」②

按柳貫《行狀》，履祥歿時，所注書僅僅脱稿，未及正定，悉以授門人許謙。許謙遵其遺志，讎校刻板以傳。許謙考訂諸經，用力尤勤者在《詩》《書》，撰《讀書叢説》六卷、《詩集傳名物鈔》八卷，長於正音釋、考證名物度數。讀《春秋三傳》，撰《温故管窺》。讀《三禮》，參互考訂，發明經義。句讀標抹《九經》《儀禮》《三傳》，注明大旨要解、錯簡衍文。吴師道《詩集傳名

① 金履祥《仁山文集》卷三。
② 金履祥《書經注》集前序，《十萬卷樓叢書》本。

物鈔序》云：「君念朱《傳》猶有未備者，旁搜博采，而多引王、金氏，附以己見，要皆精義微旨，前所未發。又以《小序》及鄭氏、歐陽氏《譜》世次多舛，一從朱子補定。正音釋，考名物度數，粲然畢具。其有功前儒，嘉惠後學，羽翼朱《傳》於無窮，豈小補而已哉！」（《吴禮部集》卷十五）《名物鈔》羽翼《詩集傳》，猶金履祥作《論孟集注考證》爲《集注》之疏。王柏重訂《詩經》篇目，《名物鈔》取用之，然未盡鑒採《詩疑》。蓋《名物鈔》於朱子《詩集傳》、王柏《詩疑》各有訂正。要之，折衷群説，能指明師説之不然。《四庫全書總目提要・詩集傳名物鈔》云：「研究諸經，亦多明古義。故是書所考名物音訓，頗有根據，足以補《集傳》之闕遺。惟王柏作《二南相配圖》」，「而謙篤守師説，列之卷中，猶未免門户之見」，「然書中實多採用陸德明《釋文》及孔穎達《正義》，亦未嘗株守一家」。許謙繼履祥作《讀書叢説》，大指類於《名物鈔》，以《書集傳》出於朱子門人蔡沈之手，尤當疏注辨明。《叢説》多有與《書集傳》意見不合者。張樞《讀書叢説序》云：「先生嘗誦金先生之言曰：『在我言之，則爲忠臣，在人言之，則爲殘賊。』要歸於是而已，豈不信哉！」《四庫全書總目提要・讀書叢説》云：「謙獨博核事實，不株守一家，故稱《叢説》」，「然宋末元初説經者多尚虚談，而謙於《詩》考名物，於《書》考典制，猶有先儒篤實之遺，是足貴也。」

（三）史學

歷來論四先生之學，大都明其傳朱子之統，講説性理。至於自王柏以下兼采東萊史學、文獻之學，研經兼通史，宗程朱兼取法於漢儒，則鮮有討論。

浙學興起之初，吕祖謙、陳亮諸子好讀史，朱熹指爲「博雜」，告誡門人讀書以《四書》爲本。何基謹守師説，問學欲求朱子之醇。王柏、金履祥、許謙欲爲一世通儒，出入經史百家，研史與治經相發明，雖與東萊經史不分、漢宋互參，重於文獻有所不同，但也多有相通之處。此一變化，一定程度上體現了王柏等人向浙學的回歸。

王柏標注《通鑑綱目》，著《續國語》四十卷、《擬道學志》二十卷、《江右淵源》五卷、《雜志》二卷、《地理考》二卷等書。金履祥著《通鑑前編》十八卷、《舉要》二卷。《尚書表注》經史互證，探求義理，綜概事跡，考正文字，《通鑑前編》亦取此義。司馬光作《資治通鑑》，周威烈王二十三年之前事未載，劉恕《外紀》紀前事，不本於經，而信百家之説。履祥以爲出《尚書》諸經者爲可考信，出子史雜書者多流俗傳聞、鄙陋之説，因撰《通鑑前編》，一以《尚書》爲主，下及《詩》《禮》《春秋》，旁采舊史諸子，表年繫事，考訂辨誤，斷自唐堯，以下接《資治通鑑》。履祥《通鑑前編序》兼言朱、吕，云：「朱子曰：『古史之體可見也，《書》《春秋》而已。《春秋》編年通紀，以見事之先後；《書》則每事別紀，以具事之始末。』」「今本之以經，翼之以史子傳記，附之以諸家之論。且考其繫年之故,解其辭事,辨其疑誤。如東萊呂氏《大事記》,而不敢盡倣其例。」朱子編《通鑑綱目》,裁剪《通鑑》,考訂嫌於疏淺。東萊邃於史,《大事紀》頗有史裁。如《四庫全書總目提要·大事紀》所云:「當時講學之家,惟祖謙博通史傳,不專言性命。《宋史》以此黜之,降置《儒林傳》中,然所學終有根柢」,「凡《史》《漢》同異,及《通鑑》得失,皆縷析而詳辨之。又於名物象數旁見側出者,並推闡貫通,夾注句下」。履祥頗取法《大事紀》,第不盡倣其例。即經史不分而言,履祥較王柏更近於東萊。《通鑑前編》一書,履祥生前未遑刊定,臨歿屬之許謙。天曆元年《通鑑前編》刻行,鄭允中采録進呈。《元史·金履祥傳》評云:「凡所引書,輒加訓釋,以裁正其義,多儒先所未發。」許謙著《觀史治忽幾微》。黄溍《白雲許先生墓誌銘》云:「倣史家年經國緯之法,起太皞氏,訖宋元祐元年秋九月尚書左僕射司馬光卒,備其世數,總其年歲,原其興亡,著其善惡。蓋以爲光卒,則宋之治不可復興。誠一代理亂之幾,故附於續經而書孔子卒之義,以致其意也。」

王、金、許三家研討經義,兼及治史,以史翼經,與東萊史學有相通處,然相較東萊經史并重、經史不分,仍有所不同。

(四)文學

宋代理學大興,儒者「大要尚道義而下詞章」,昌學古者「崇理致,黜崛奇而主平易,忌艱深而貴敷鬯」，又恐沿襲而少變，故「其詞紆餘而曲折」。後來學者「融之以訓詁，發之以論說，專務明乎理，是以其詞詳盡而周密。其於詩也亦然」①。朱、陸、呂爲講學大家，不廢詩文。四先生尊德性、道問學，詩文亦自可觀，各自有集。

總體來説，四先生文章扶翼經義、世教，文以載道，闡明義理，裨益教化，通於世用。詩發攄性靈，陶冶性情，既爲悟道之具，又得天機自然之趣，超然物表，不事雕琢藻繢，非激壯之音，亦無寒蹙之態。

王柏《何北山先生行狀》稱何基：「以其餘事言之，先生之文，温潤融暢；先生之詩，從容閒雅，皆自胸中流出，殊無雕琢辛苦之態。雖工於詞章者，反不足以闖其藩籬。」王柏早歲爲文章，縱心古文、詩律，有《長嘯醉語》。及師北山，乃棄所學，餘力所及，文集尚有七十五卷之多，又編《文章指南》十卷、《朝華集》十卷、《紫陽詩類》五卷等集。何基文章「温潤融暢」，詩歌「從容閒雅」，而王柏文章於温雅外，尚多雄偉之辭，詩於沖澹外，復好剛健之調。楊溥《魯齋集序》云：「金華王文憲公，天資高爽，學力精至，以其實見發爲文章，足以明道德。使其見用，足以建事功，而卒老於丘園，惜哉！若其詩歌，又其餘事也。」《四庫全書總目提要・魯齋集》云：「其詩文雖亦豪邁雄肆，然大旨乃一軌于理。」

① 張以寧《甑山存稿序》，《翠屏文集》卷三，明成化間刻本。

金履祥詩文自訂爲四集，又編集《濂洛風雅》七卷。唐良瑞《濂洛風雅序》云：「『詩者，志之所之也。』志有正有偏，有通有蔽，則詩有純有駁，有晦有明。故偏滯之詞，不若中正之發，而放曠悲愁之態，不若和平沖淡之音」，「然皆涵暢道德之中，歆動風雩之意，淡平者有淳厚之趣，而浩壯者有義理自然之勇」，「竊以爲今之詩，非風雅之體，而濂洛淵源諸公之詩，則固風雅之意也。」①履祥詩和平沖澹，不事字句工拙，不倚於奇崛跳踉、發揚蹈厲之辭。文則湛深經史，辭義高古，醇潔精深，非矜句飾字者可比。徐用檢《仁山金先生文集序》云：「愚惟先生之文，析微徹義，自成一家言；律詩取意而不泥律，古風宣而語勁，純如也。」

許謙與履祥相近，詩沖澹自然，文湛深經史，辭意深厚，然亦有變化，即詩歌理氣漸少，文頗有韓、柳、歐、蘇法度。黄溍《白雲許先生墓誌銘》云：「文主於理，詩尤得風人之旨。」《四庫全書總目提要·白雲集》云：「謙初從金履祥遊，講明朱子之學，不甚留意於詞藻，然其詩理趣之中頗含興象。五言古體，尤諧雅音，非《擊壤集》一派惟涉理路者比。文亦醇古，無宋人語録之氣，猶講學家之兼擅文章者也。」

四先生之學傳朱一脈，自王柏以下有變，詩文自王柏以下亦有一小變，至許謙及北山後學更有一大變，能文之士日衆，宋濂、王禕則其尤著者。文爲載道之器，道爲出治之本，文道

① 唐良瑞《濂洛風雅》集前序。

不相離，乃許謙及其門人所持重之義。許謙延祐二年《與趙伯器書》云：「道固無所不在，聖人修之以爲教，故後欲聞道者，必求諸經。然經非道也，而道以經存；傳注非經也，而經以傳顯。由傳注以求經，由經以知道，藴而爲德行，發之爲文章事業，皆不倍乎聖人，則所謂行道也。」①皇慶二年（一三一三），元仁宗詔復科舉，至是年始開科取士。許謙發爲此論，非爲科舉。王褘《宋景濂文集序》追溯金華文章源流，稱南渡後，吕祖謙、唐仲友、陳亮「其學術不同，其見於文章，亦各自成其家」，范浚、時少章「皆博極乎經史，爲文温潤縝練，復自成一家之言」，入元以後，柳貫、黄溍精文章，「羽翼乎聖學，而黼黻乎帝猷」，又有四先生傳朱學，理學遂以婺爲盛。因論云：「所貴文章之有補者，非以其明夫理乎？理之明，不由其學術之有素乎」，「然爲其學者，上而性命之微，下而訓詁之細，講説甚悉。其頗見於文章者，亦可以驗其學術之所在矣」②。《送胡先生序》又辯稱吕、唐、陳之學「雖不能苟同，然其爲道皆著於文也，其文皆所以載道也，文義、道學，曷有異乎哉」。金、許以道學名家，胡長孺、柳貫、黄溍、吴師道以文知名，「雖若門户異趨，而本其立言之要，道皆著於文，文皆載乎道，固未始有不同焉者」，「以故八十年間，踵武相望，悉爲世大儒，海内咸所宗師。夫何後生晚進，顧乃因其所不

① 許謙《許白雲先生文集》卷四。
② 王褘《王忠文公集》卷五，明嘉靖元年刻本。

同而疑其所爲同，言道學者以窮研訓詁爲極致，言文章者以修飭辭語爲能事，各立標榜，互相排抵，而不究夫統宗會元之歸，於是諸公之志日微，而學術之弊遂有不可勝言者矣」①。

黄百家纂《金華學案》，留意北山一脈前後變化，於宋濂傳後案云：「金華之學，自白雲一輩而下，多流而爲文人。夫文與道不相離，文顯而道薄耳。雖然，道之不亡也，猶幸有斯。」學案前又有案語：「而北山一派，魯齋、仁山、白雲既純然得朱子之學髓，而柳道傳、吴正傳以逮戴叔能、宋潛溪一輩，又得朱子之文瀾，蔚乎盛哉！」有一派學問，有一派文章。此説有其道理，但稱金華之學「多流而爲文人」，歸柳貫、宋濂等人文章爲「朱子之文瀾」，仍未盡然。自王柏以下，北山一脈文章已非僅朱子之文餘波。且北山一脈文道不相離，尚文別有意屬，許謙、王禕言之已明。全祖望承黄百家之説，《宋文憲公畫像記》更論云：「予嘗謂婺中之學，至白雲而所求於道者疑若稍淺，觀其所著，漸流於章句訓詁，未有深造自得之語，視仁山遠遜之，婺中學統之一變也。義烏諸公師之，遂成文章之士，則再變也。至公而漸流於佞佛者流，則三變也。猶幸方文正公爲公高弟，一振而有光於先河，幾幾乎可以復振徽公之緒。惜其以凶終，未見其止，而并不得其傳。」②其説亦未可盡信。金、許傳人多文章之士，亦躬行之士，文章

① 王禕《王忠文公集》卷七。
② 全祖望《鮚埼亭集外編》卷十九，清嘉慶十六年刻本。

明道經世，載出治之本。此乃一時風氣。迨孝孺以金華一脈好文而不免輕於明道，遂糾正其偏。此亦一時風氣。

三、四先生與「浙學之中興」

學術史發展變遷，是一種歷史存在，也是學術批評接受的結果。明人此一述朱，彼一述朱，審視宋元學術多於此下論其合與不合。清初學者著意區分漢、宋，兼采居主。乾嘉而後，宗漢流行，學者多不囿於述朱之説。近四百年來，有關四先生的認識，深受時代學術風尚影響。而清初以後，學者又頗沿《宋元學案》之論，以迄於今。以下略述四先生與浙學中興之關係及其學術史意義。

（一）從《金華學案》到《北山四先生學案》

清康熙間，黄宗羲以周汝登《聖學宗傳》、孫奇逢《理學宗傳》未粹，多所遺闕，撰《明儒學案》，繼而發凡《宋元學案》，子百家纂輯初稿。清道光間何紹基重刊本《宋元學案》卷八十二爲《北山四先生學案》，總目標云：「黄氏原本，全氏修定。」卷端録全祖望案語：「勉齋之傳，得金華而益昌。説者謂北山絶似和靖，魯齋絶似上蔡，而金文安公尤爲明體達用之儒，浙學之中興也。述《北山四先生學案》。」王梓材案：「是卷梨洲本稱《金華學案》，謝山《序録》始稱《北山四先生學案》。」自黄宗羲發凡起例，至何紹基刊百卷本，《宋元學案》成書歷時逾百五十年。書成於衆手，黄百家、楊開沅、顧諟、全祖望、黄璋、黄徵乂、王梓材、馮雲濠等各有補訂。《北山四先生學案》究何人所撰？檢黄璋、徵乂父子校補《宋元學案》稿本，知原出百家之手。稿本第十七册收《金華學案》不分卷，抄寫不避「胤」、「弘」；「玄」字凡三見，兩處不避，一處缺末筆。由是知寫於康熙間，即道光重刊本所標「黄氏原本」。然爲録副，非百家手稿。至於宗羲生前得見此否，則未可知。百家《金華學案》，祖望改題《北山四先生學案》。細作考證，《北山四先生學案》實馮雲濠、王梓材據《金華學案》另一録副本，參酌黄璋、徵乂校補本（黄直垕謄清稿），訂補成稿，而非據全氏修訂本增删而成。馮、王誤以爲所見《金華學案》録副即「梨洲原本」，亦即「謝山原稿」，《北山四先生學案》所標注全氏「修」、「補」大都未確。不過，二人發揮全氏校補《宋元學案》之義，博徵文獻，廣大其流，《北山四先生學案》遂成大觀。

從《金華學案》到《北山四先生學案》，不僅見後世如何認識評價四先生，亦可見學風轉移於學術史撰著之作用。

元末明初，黄溍、柳貫、吴萊、宋濂、王禕、蘇伯衡、鄭楷皆專視四先生爲朱學嫡傳。宋濂學於柳貫，爲金履祥再傳，念吕學之衰，思繼絶學。鄭楷《翰林學士承旨宋公行狀》載：「婺實吕氏倡道之邦，而其學不大傳」，「先生既間因許氏門人而究其説，獨念吕氏之傳且墜，奮然思繼其絶學。」①王禕《宋太史傳》傳述此語②。在諸子看來，「吕氏之傳且墜」終有未妥。

明人論四先生，大抵以述朱爲中心。章懋有志復興浙學，《楓山語録》稱「吾婺有三巨擔」，其一即「自何、王、金、許没，而道學不講」。戴殿泗《金華三擔録》載其語曰：「自朱子一傳爲黄勉齋，再傳爲何、王、金、許，而東萊吕公則親與朱子相麗澤者也。道學正宗，我金華實得之。」③周汝登《聖學宗傳》過於疏略，未登録黄榦、四先生。劉鱗長欲「以浙之先正，呼浙之後人」，編《浙學宗傳》，自楊時至陳龍正得四十一人。宋元十家，朱、陸、吕、何、許、金、王并在列。四先生與宋濂、劉基、方孝孺、吴沉等八人，皆見於《北山四先生學案》。自王守仁以下共十七人，皆陽明一脈。一部《浙學宗傳》，上半部爲東萊、北山之學，下半部爲陽明之學。鱗長《浙學宗傳序》云：「弔寶婺舊墟，撫然嘆曰：『於越東萊先生，與吾里二亭夫子，問道質疑，卒揆於正，教澤所漸，金華四賢，稱朱學世嫡焉，往事非邈也。』擊楫姚江，溯源良知，覺我明道

① 程敏政《明文衡》卷六十二。
② 王禕《王忠文公集》卷二十一。
③ 戴殿泗《風希堂文集》卷四，清道光八年九靈山房刻本。

學，於斯爲盛。」①

黄宗羲、百家《宋元學案》以朱、陸爲綱，論列南宋至元代之學，未及爲東萊立學案。《金華學案》附宗羲、百家案語數則，可見其論四先生及北山之學大概。卷首列百家案語，述作《金華學案》大旨，即以北山一派爲朱學嫡傳，故獨立一案。全祖望於樸學大興之際，傳浙東史學、東萊文獻，創爲《東萊學案》《深寧學案》，重提朱、陸、吕三家並立之説，修訂其他諸案。《北山四先生學案》雖非出於祖望修訂，然全氏《序録》提出一個重要命題，即金履祥「尤爲明體達用之儒，浙學之中興也」。黄璋、徵乂父子未盡解其意，校補《金華學案》，以校讎爲多。馮雲濠、王梓材能味謝山之旨，校補《北山四先生學案》，沿於全氏所言兩點，即「勉齋之傳，得金華而益昌」、「浙學之中興」，廣而大之，遍及南北學者。所顯現四先生一脈，非復金華學者之學，而爲宋末至明初學術之主流。《金華學案》改題《北山四先生學案》，蓋亦寓此意。

以上略述《北山四先生學案》由來。述四先生之學，不當非僅摘某作某説、某作某評而已。惟有明其源流，始可知其大體，考其通變。

① 劉麟長《浙學宗傳》，明末刻本。

（二）四先生與浙學中興之關係

以今論之，浙學中興有廣義、狹義之别。從狹義言，金履祥學問出入經史，明體達用，沿何、王上承朱、黄，又接麗澤遺緒。此殆全氏發爲此論之意。從廣義言，四先生繼東萊之後，重振東浙之學，北山一脈延亘至明初，蔚爲壯觀，足以標誌浙學中興。東萊、永康、永嘉開啓浙學風氣，朱、陸之學亦傳入，相與滲透，互爲離立，共成浙學源頭。浙學凡歷數變，就大者言，一變而爲北山之學，再變而爲陽明之學，三變而爲梨洲之學，四變而爲樸學浙派。全氏雖不言之，未必不有此看法。此就廣義略説四先生及北山一脈與浙學中興之關係。

其一，自何基爲始，朱學「得金華益昌」。金華本東萊講學之地，麗澤學人遍東南，以金華爲最多。東萊之學衰没，而有何、王崛起，金華成爲朱學興盛之地，此亦朱熹身前所未料及。其時金華傳朱者，尚有朱子門人楊與立，字子權，浦城人，知遂昌，因家於蘭溪，學者稱船山先生。著有《朱子語略》二十卷。又有何基兄何南，號南坡，亦師黄榦。然引朱學昌於金華，何基最爲有力。王柏以下，傳朱爲主，兼法東萊。四先生重新構建浙學一脈理學宗傳。金履祥《北山之高壽北山何先生》：「維何夫子，文公是祖。是師黄父，以振我緒」，「昔在理宗，維道之崇。既表程朱，亦躋吕張。謂爾夫子，纘程朱緒。」①所編《濂洛風雅》亦可見大端。集中收周敦頤、程顥、程頤、張載、邵雍、朱熹、張栻、吕祖謙、何基、王柏、王佖等人詩文。王崇炳《濂洛風雅序》：「《濂洛風雅》者，仁山先生以風雅譜婺學也。吾婺之學，宗文公，祖二程、濂溪。則其所自出也，以龜山爲程門嫡嗣，而吕、謝、游、尹則支；以勉齋爲朱門嫡嗣，而西山、北溪、撝堂則支。由黄而何而王，則世嫡相傳，直接濂洛。程門之詩以共祖收，朱門之詩以同宗收，非是族也，則皆不録，恐亂宗也。」②

其二，因四先生倡朱學，浙學播於江左，流及大江南北。查容《朱近修爲可堂文集序》：「宋南渡後，吕東萊接中原文獻之傳，倡道於婺，何、王、金、許遂爲紫陽之世嫡，慈湖楊氏又爲象山之宗子，而浙之理學始盛矣。」③朱學之傳幾遍大江之南，而金華、台州特盛。趙汝騰、蔡抗、楊棟官金華，嘆麗澤講席久空，延王柏主之。台州上蔡書院落成，台守趙星緯聘王柏主教席。王柏至則首講謝良佐居敬窮理之訓，推轂朱學播傳於台州。高弟子張𩒹僑寓江左，至元中行臺中丞吴曼慶延致江寧學宫講學，中州士大夫欲子弟習朱子《四書》，多遣從遊。金履祥

---

① 金履祥《仁山集》卷一。
② 王崇炳《濂洛風雅》集前序。
③ 沈粹芬、黄人編《國朝文匯》卷十七，宣統元年上海國學扶輪社石印本。

與門人許謙、柳貫各廣開講席，許謙及門弟子至逾千人。黄溍《白雲許先生墓誌銘》：「屏迹八華山中，學者翕然贏糧笥書而從之。居再歲，以兄子喪而歸，户屨尤多，遠而幽冀齊魯，近而荆揚吴越，皆百舍重趼而至。」

其三，《四書》學之盛，爲浙學中興之基石。東萊談義理，研《論》《孟》，未如朱熹用力勤且專。朱門弟子多撰《四書》之説，以爲羽翼。自何基承黄榦之教，治學以《四書》爲本始，《四書》遂爲北山一脈所擅。四先生撰著前已述之，其學侣、門人、後學纂述亦富有，葉由庚《論語慕遺》、倪公晦《學庸約説》、潘墀《論語語類》、孟夢恂《四書辨疑》、牟楷《四書疑義》、陳紹大《四書辨疑》、范祖幹《大學大庸發微》、葉儀《四書直説》、吕洙《大學辨疑》、吕溥《大學疑問》、戚崇僧《四書儀對》、蔣玄《中庸注》《四書箋惑》等皆是。《四書》學之盛，不惟推動浙學復興，亦成浙學傳承重要内容。

其四，《五經》貫通，兼治諸史，爲浙學復興之助。自王柏以下，北山一脈勤研《五經》，兼治諸史。王柏、汪開之、戚崇僧等人追溯家學，皆源出東萊。黄百家《金華學案》僅戚崇僧小傳言及「貞孝先生紹之孫也，家學出于吕氏」，馮、王校補《北山四先生學案》沿之，復增數則文字，述及北山學者家學源於吕氏：《文憲王魯齋先生柏》小傳下馮雲濠案云：「父瀚，東萊弟子。」《汪先生開之》小傳爲參酌《金華府志》新增，有云：「東萊弟子獨善之孫也。」《修職王成齋先生城》小傳爲參酌《王忠文公集》新增，有云：「其子瀚受業吕成公之門，其孫文憲公柏傳道于何文定，得于朱子門人黄文肅公。先生于文憲爲諸孫，又在弟子列，未嘗輒去左右。」既述朱子師傳，又述家學出於吕氏，蓋發揮全氏所言「浙學之中興」之意。《五經》及史學撰著，北山一脈著述頗豐。王柏、金履祥、許謙撰述前已述之，其學侶、門人、後學撰著如倪公晦《周易管窺》，倪公武《風雅質疑》，周敬孫《易象占》《尚書補遺》《春秋類例》，黄超然《周易通義》二十卷、《或問》五卷、《發例》三卷、《釋象》五卷，張翌《釋奠儀注》《喪服總數》《四經歸極》《闕里通載》及《孝經口義》一卷，張樞《三傳歸一》三十卷、《刊定三國志》六十五卷、《續後漢書》七十三卷、《林下竊議》一卷、《宋季逸事》，吴師道《春秋胡傳補説》、《易書詩雜説》八卷、《戰國策校注》十卷，孟夢恂《七政疑解》《漢唐會要》，楊剛中《易通微説》，牟楷《九書辯疑》《河洛圖書説》《春秋建正辯》《深衣刊誤》，范祖幹《讀書記》《讀詩記》《羣經指要》，唐懷德《六經問答》，胡翰《春秋集義》，戚崇僧《春秋纂例原旨》三卷、《昭穆圖》一卷、《歷代指掌圖》二卷，馬道貫《尚書疏義》六卷，戴良《春秋經義考》三十二卷、《七十子説》、《鄭氏家範》三卷，楊璲《注詩傳名物類考》，徐原《五經講義》，宋濂、王禕等纂《元史》，宋濂《浦陽人物記》《平漢録》《皇明聖政紀》，王禕《續大事記》七十七卷等皆是。北山一脈經學所擅，乃在《易》《詩》《春秋》，亦與東萊相近。其《五經》學成就與《四書》學相埒，史學次之。

（三）中興浙學之功及學術史貢獻

自四先生崛起，朱學與浙學交融於東浙，陸學復播於四明，朱、陸、吕三家並傳，其間會融、分立不一，肇開浙學新格局。以四先生爲代表的浙學中興，意味著朱學的繁榮及東萊之學的賡續。從浙學流變來看，吕祖謙、陳亮、葉適爲初興，四先生及北山後學爲中興，陽明一脈爲三興，其後更有蕺山、梨洲之四興，樸學浙派之五興。從婺學流變來看，吕祖謙、陳亮、唐仲友稱初興，四先生爲再興，柳貫、黄溍、吴師道、宋濂、王禕、方孝孺諸子爲三興，其後金華之學漸衰。自陽明而後，浙學中心移至紹興，金華學壇不復舊觀。

論四先生與浙學及理學之關係，以下諸説皆可鑒採：黄溍《吴正傳文集序》：「近世言理學者，婺爲最盛。」①方孝孺《文會疏》：「浙水之東七郡，金華乃文獻之淵林」，「自宋南渡，有吕東萊，繼以何、王、金、許，真知實踐，而承正學之傳。復生胡、柳、黄、吴，偉論雄辭，以鳴當代之盛，遂使山海之域，居然鄒魯之風。」②魏驥《重修麗澤書院記》：「四賢之學，其道蓋亦出於東萊派者也」，「竊念書院，昔人雖爲東萊之設，朱、張二先生亦嘗講道其地，人亦蒙其化者，曷

① 黄溍《金華黄先生文集》卷十八。
② 方孝孺《遜志齋集》卷八，明嘉靖四十年張可大刻本。

若於今書院論其道派，以朱、吕、張三先生之位設之居堂之中，而併何、王、金、許四先生之位設居其傍，爲配以享之。」①章鋆《重修崇文書院記》：「吾浙自唐陸宣公蔚爲大儒，至宋吕成公得中原文獻之傳，昌明正學，厥後何、王、金、許，逮明方正學、王陽明、劉蕺山，以及國朝陸清獻，其學者粹然一出於正，千百年來，流風尚在。」②張祖年《婺學志》亦具識見，其説可與《宋元學案》相參看。祖年作《婺學圖》，以范浚、吕祖謙、朱熹、張栻爲四宗，以「麗澤講學」爲婺學開宗。黄榦傳朱、吕、張之學，四先生即朱、吕、張之嫡脈。祖年之譜四先生，視閾較黄百家《金華學案》稍闊大。

四先生學術史貢獻，王禕《元儒林傳》言之詳且確矣，其論曰：「程氏之道，至朱氏而始明；朱氏之道，至金氏、許氏而益尊。用使百年以來，學者有所宗嚮，不爲異説所遷，而道術必出于一，可謂有功於斯道者矣。大抵儒者之功，莫大于爲經。經者，斯道之所載焉者也。金氏、許氏之爲經，其爲力至矣，其於斯道謂之有功，非有功于經，即其所以有功于斯道也。」③商輅《重建正學祠記》亦有見解：「三代以下，正學在《六經》，治道在人心，非有諸儒闡

① 魏驥《南齋先生魏文靖公摘稿》卷六，明弘治間刻本。
② 章鋆《望雲館文稿》，清光緒十四年刻本。
③ 王禕《王忠文公集》卷十四。

明之，則天下貿貿焉，又惡知孔孟之書爲正學之根柢，治道之軌範」，「四先生生東萊之鄉，出紫陽之後，觀感興起，探討服行，師友相成，所得多矣」，「夫正學具於《六經》，原於人心者，其體也；見於治道者，其用也。《六經》既明，則人心以正，治道以順，而正學之功，於斯至矣。然則四先生有功於《六經》，即有功於正學；有功於人心，即有功於治道。」①

世人於四先生之貢獻，仍不無異辭，如呂留良《程墨觀略論文》三則其二云：「程子曰：今之學有三，而異端不與焉，一訓詁，一文章，一儒者。余按：今不特儒者絶於天下，即文章、訓詁皆不可名學，獨存者異端耳。昔所謂文章，蘇、王之類也；訓詁，則鄭、孔之類也。今有其人乎？故曰不可名學也。而有自附於訓詁者，則講章是也。儒者正學，自朱子没，勉齋、漢卿僅足自守，不能發皇恢張。再傳盡失其旨，如何、王、金、許之徒，皆潛畔師説，不止吴澄一人也。自是講章之派，日繁月盛，而儒者之學遂亡，惟異端與講章觭互勝負而已。」②陸隴其《松陽鈔存》卷上引吕氏此説，論云：「愚謂吕氏惡禪學，而追咎於何、王、金、許以及明初諸儒，乃《春秋》責備賢者之義，亦拔本塞源之論也。然諸儒之拘牽附會，破碎支離，潛背師説者

① 商輅《商文毅公集》卷十，明萬曆三十年劉體元刻本。
② 吕留良《吕晚村先生文集》卷五，清雍正三年吕氏天蓋樓刻本。

誠有之，而其發明程朱之理以開示來學者，亦不少矣。」①姚椿《何王金許合論》辯説：「至謂四氏之説，或有潛畔其師者，雖陸氏亦有是言。夫毫釐秒忽之間，誠不可以不辨」，「自漢學盛行，競言訓詁，學使者試士，至以四先生之學爲背繆。夫四先生之學，愚誠不敢謂其與孔、孟、程、朱無絲毫之異，然言漢學者，不敢詆孔、孟，而無不詆程、朱。詆程、朱者，詆孔、孟之漸也。夫既以程、朱爲非，則其于四先生也何有？是視向者觝排之微辭，其相去益以遠矣。夫四家言行，各有所至，要皆力務私淑，以維朱子之緒，其居心不可謂不正，而立言不可謂不公。」②又引許謙《與趙伯器書》「由傳注以求經，由經以知道，藴而爲德行，發之爲文章事業」之説③，論云「四氏之學，大約盡於此言」④。所言庶幾允當矣。

① 陸隴其《松陽鈔存》卷上，清刻《陸子全書》本。
② 姚椿《晚學齋文集》卷一，清咸豐二年刻本。
③ 許謙《許白雲先生文集》卷三。
④ 姚椿《晚學齋文集》卷一。

四、四先生著述概況

宋元人著述體例，不當以今之標準來衡論。四先生解經，重於義理，自王柏以下，兼重訓詁考據，講求融會貫通。其解經之法，承朱、吕著述之統，諸如編次勘定、標抹點書、句讀段畫、表箋批注、節録音釋，皆以爲真學問，與經傳注疏之學相通。在王柏等人看來，經書篇目勘定次第、去取分合，意義甚而在撰文立説之上，「標抹點書」亦撰著之一體。故王柏《行狀》盛贊何基「無一書一集，不加標注」①，「無一書一集，不施朱抹，端直切要」②。葉由庚《壙誌》稱説王柏「無一書一集，不加標注」，「一言之題，一點之訂，辭不加費而義以著明」。柳貫《金公行狀》載金履祥「無一書不加點勘，鉛黄朱墨，所以發其凡」。黄溍《墓誌銘》謂許謙句讀《九經》《儀禮》《三傳》，鉛黄朱墨，明其宏綱要旨、錯簡衍文。因此，四先生「標抹點書」，當亦列入著述。四先生著述數量，以王柏最富，何基最少，金履祥、許謙數量大體相當。以下分作考述：

① 王柏《何北山先生遺集》卷四附録，《金華叢書》本。

② 王柏《何北山先生遺集》卷四附録。

（一）何基著述

葉由庚《壙誌》稱何基「志在尚行，訒於立言」。《金華叢書》本《何北山先生遺集》卷四録王柏《行狀》稱：「先生平時不著述，惟研究考亭之遺書」，編類《大學發揮》十四卷、《中庸發揮》八卷、《易大傳發揮》二卷、《易啓蒙發揮》二卷、《太極通書西銘發揮》三卷，「有力者皆已板」，又有《近思録發揮》未刊定，《語孟發揮》未脱稿，「《文集》一十卷，裒集未備也」。何基次子何鉉《北山先生文定公家傳》稱：「先生不甚爲文，亦不留稿，今所裒類《文集》，得三十卷。從先生遊者，惟魯齋王聘君剛明造詣，問答之書前後凡百數。」①《文定公壙記》又云：「《文集》三十卷，編未就。」②《宋史》本傳稱《文集》三十卷，吴師道《節録何、王二先生行實寄文史局諸公》則曰：「先生集三十卷，而與王公問辨者十八卷。」③王柏撰《行狀》，不見於明刻本《魯齋集》，亦罕見他集載及。《金華叢書》本作「《文集》一十卷」，其「一」字疑爲「三」字之誤。檢萬曆《金華府志》卷十六《人物》之《何基傳》，摘録王柏《行狀》，作「《文集》三十卷」。康熙《金華

① 《東陽何氏宗譜》卷二，清咸豐己未重修本。
② 《東陽何氏宗譜》卷二，清咸豐己未重修本。
③ 吴師道《吴禮部文集》卷二十。

縣志》卷七《雜志類》著録《北山集》三十卷，亦可證之。

何鉉《北山四先生文定公家傳》云：「其他諸經有標題者，皆未就緒，今不復見成書矣。」吴師道《節録何、王二先生行實寄文史局諸公》稱何基：「所標點諸書，存者皆可傳世垂則也。」①以上諸書外，何基尚有「標抹點書」數種：

《儀禮點本》，佚。吴師道《題儀禮點本後》：「北山何先生標點《儀禮》，其本用永嘉張淳所校定者。某從其曾孫景瞻借得之……夫以難讀之書，使按考注疏，切訂文義，以分句讀，非數月之功不可。今蒙先正之成而趣辦于半月之間，可謂易矣。……張淳校本，朱子猶有未滿。今先生間標一二，于字音圈法甚畧，或發一二字而餘不及，蓋使人必其自求之耳。今悉仍其舊，而不敢有所增也。」②

《四書點本》，存佚未詳。吴師道《請傳習許益之先生點書公文》：「何氏所點《四書》，今温州有板本。」又，《題程敬叔讀書工程後》：「北山師勉齋，魯齋師北山，其學則勉齋學也。二公所標點，不止於《四書》，而《四書》爲顯。」程端禮《程氏家塾讀書分年日程》卷一「自八歲入學之後」條言讀《四書》應至爛熟爲止，仍參看「何北山、王魯齋、張達善句讀、批抹、畫截、表

① 吴師道《吴禮部文集》卷二十。
② 吴師道《吴禮部文集》卷十八。

注、音考」①。

何基標抹其他經傳之書，俟再考證。其著述雖少，不計標抹之書，亦逾六十卷。

（二）王柏著述

王柏考訂羣書，經史子集，靡不涉獵，著述逾八百卷。王三錫《題文憲公集後》：「生平博覽群書，參微抉奥，往往發前人所未發，當時著述八百餘卷。」②馮如京《重刻魯齋遺集序》：「闡《六經》，羽翼聖傳，即天文地理，旁及稗史，靡不精究，著述不下八百餘卷。」③吴師道《節録何、王二先生行實寄文史局諸公》詳記王柏著述：「有《讀易記》《讀書記》《讀詩記》各十卷、《讀春秋記》八卷、《論語衍義》七卷、《太極圖衍義》一卷、《伊洛精義》一卷、《研機圖》一卷、《魯經章句》三十卷、《論語通旨》二十卷、《孟子通旨》七卷、《書附傳》四十卷、《左氏正傳》十卷、《續國語》四十卷、《闡學之書》四卷、《文章續古》三十五卷、《文章復古》七十卷、《濂洛文統》二百卷、《擬道學志》二十卷、《朱子指要》十卷、《詩可言》二十卷、《天文考》一卷、《地理

① 黄宗羲等《宋元學案》卷八十七。
② 王柏《魯齋王文憲公文集》。
③ 王柏《魯齋集》，清順治十一年馮如京刻本。

考》二卷、《墨林考》十六卷、《大爾雅》五卷、《六義字原》二卷、《正始之音》七卷、《帝王曆數》二卷、《江右淵源》五卷、《伊洛指南》八卷、《涵古圖書》一卷、《詩辨説》一卷、《書疑》九卷、《涵古易説》一卷、《大象衍義》一卷、《雜志》二卷、《周子》二卷、《發遣三昧》二十五卷、《文章指南》十卷、《朝華集》十卷、《紫陽詩類》五卷、《文集》七十五卷、《家乘》五十卷。又有親校刊刻諸書，無不精善。比年婺屢毀，散落已多。」所載諸書通計七百九十四卷，標抹諸經尚未記。

吴師道《敬鄉録》卷十四又云：「北山所著少，而有諸書發揮，傳布已久。魯齋所著甚多，比年燼於火，傳抄者僅存。」德祐二年以後，王柏著述大都散失。至元二十六年至二十七年間，金履祥募得諸稿，攜同門士各以類集，雜著卷帙少者用《朱子大全集》之例各附入，編爲《王文憲公文集》。履祥《魯齋先生文集目後題》：「今存於《長嘯醉語》者，蓋存而未盡去也」，「間因述所考編，以求訂證，謂之《就正編》。迨至端平甲午，學成德進，粹然一出於正。自是以來，一年一集，以自考其所進之淺深，所論之精粗。自甲午至癸卯，凡五卷，謂之《甲午稿》。其後類述倣此，《甲辰稿》二十五卷、《甲寅稿》二十五卷、《甲子稿》二十五卷。其雜著成編者，《論語衍義》七卷、《涵古圖書》一卷、《研幾圖》一卷、《詩辯説》二卷、《書疑》九卷、《涵古易説》一卷、《大象衍義》一卷、《太極衍義》一卷。其餘編集不在此數也。其程課、交際、出處、事爲、著述前後，則見於《日記》。履祥又嘗集公與北山先生來往問答之詞，爲《私淑編》」，「《就正編》

《大象衍義》，北山先生亦俱有答語，與履祥所集《私淑編》，當依《延平師友問答》之例，别爲一書。但《大象》乃公所拈出，謂爲夫子一經，故其《衍義》亦自入集。講義雖嘗刊於天台而未盡，間亦有再講者，今皆入集。」所述《長嘯醉語》《就正編》《日記》《上蔡書院講義》、履祥所輯王柏與何基往來問答之《私淑編》，皆不見於吴師道《節録何、王二先生行實寄文史局諸公》載記。《詩辯説》二卷，即《詩疑》二卷。《讀易記》十卷、《讀書記》十卷、《讀詩記》十卷不傳，今未詳《詩辯説》《書疑》諸書與之内容重複之況。

今人程元敏撰《王柏之生平與學術》，《自序》云：「王氏遺書，爲世人所習知者，不過《書疑》《詩疑》及《魯齋文集》而已。及檢書目，又得《研幾圖》與後人纂輯之《魯齋正學編》。復於《程氏讀書工程》中，見《正始之音》全文。而《詩準》《詩翼》，諸家目録誤題爲何、倪二氏所作者，亦因考之縣志而正其誤，於是總得七書。然去魯齋本傳所言八百卷之數尚遠。因更考其師友與元明人著作，復得魯齋佚詩文數百條。」①第二編《著述考》，按經、史、子、集詳考王柏著述，今録吴師道《節録行實》列目未書、金履祥《魯齋先生文集目後題》所未載及，鑒采程元敏考據，列之如下，并略作補證：

《易疑》，佚。王崇炳雍正七年序金履祥《大學疏義》：「魯齋博學弘文，著書滿車，今所存

① 程元敏《王柏之生平與學術》，華東師範大學出版社，二〇一一年，第五頁。

亦少，而《大學定本》《詩疑》《禮疑》《易疑》等編，曾於四明鄭南溪家見之。」①

《繫辭注》二卷，佚。《授經圖》卷四《諸儒著述》附歷代《三易》傳注，云：「《繫辭注》二卷，王柏。」然程元敏謂「殊可疑」。

《禹貢圖説》一卷，佚。見《聚樂堂藝文目録》《萬卷堂書目》《金華經籍志》《經義考》。

《詩考》，佚。康熙《金華縣志》著録。

《禮疑》，佚。王崇炳嘗於鄭性家見之。

《紫陽春秋發揮》四十卷，殘。見葉由庚《壙誌》引王柏題《春秋發揮》。

《春秋左傳注》二十卷，佚。《授經圖》卷十六《諸儒著述》附歷代《春秋》傳注著録。然程元敏謂「洵可疑」。

《大學疑》，殘。《晁氏寶文堂分類書目》著録。

《大學定本》，佚。王崇炳嘗於鄭性家見之。

《訂古中庸》二卷，佚。《經義考》著録。

《標抹點校四書集注》，佚。宋定國等《國史經籍志》載王柏「手校《四書集注》二十四册，抄本」。吴師道《題程敬叔讀書工程後》：「某頃年在宣城見人談《四書集注》批點本，亟

① 金履祥《大學疏義》，《金華叢書》本。

稱黄勉齋，因語之曰：『此書出吾金華，子知之乎？』其人咈然怒而不復問也。……四明程君敬叔著《讀書工程》以教學者，舉批點《四書》例，正魯齋所定，引列於編首者，而亦誤以爲勉齋，毋乃惑於傳聞而未之察歟？」程端禮《程氏家塾讀書分年日程》卷一言熟讀《四書》，仍參看「何北山、王魯齋、張達善句讀、批抹、畫截、表注、音考」，卷二《批點經書凡例》列《勉齋批點四書例》，即吴師道所言「正魯齋所定」。又，吴師道《請傳習許益之先生點書公文》：「王氏所點《四書》及《通鑑綱目》，傳布四方。」程元敏《著述考》既列此條，又列《批點標注四書》一條：「《批點標注四書》二卷，殘。」《批點標注四書》又見《經義考》《金華經籍志》著録。細察吴師道《題程敬叔讀書工程後》《請傳習許益之先生點書公文》，所標注《四書》，即《四書集注》。

《標抹點校資治通鑑綱目》五十九卷，佚。見葉由庚《壙誌》、吴師道《請傳習許益之先生點書公文》。

《朱子繫年録》，佚。見王柏《朱子繫年録跋》。

《重改庚午循環曆》，殘。見王柏《重改庚午循環曆序》。

《重改石笥清風録》十卷，殘。見王柏《重改石笥清風録序》。

《（魯齋）故友録》一卷，殘。王柏編，見萬曆《金華縣志》存《自序》。

《魯齋清風録》十五卷，殘。見王柏《魯齋清風録序》。

《考蘭》四卷，殘。見王柏《考蘭序》。

《陽秋小編》一卷，佚。見王柏《跋徐彦成考史》。

《天地萬物造化論》一卷，存。王柏撰，明周顒注。

《批注敬齋箴》十章，佚。朱熹箴，王柏批注。金履祥《濂洛風雅》卷一録《敬齋箴》，注云：「王魯齋嘗批注，又講于天台。」

《上蔡書院講義》一卷，殘。金履祥《魯齋先生文集目後題》：「《講義》雖嘗刊於天台而未盡。」吴師道《題程敬叔讀書工程後》篇末注：「魯齋亦有《類聚朱子讀書法》一段，在《上蔡書院講義》中。」

《天官考》十卷，佚。《世善堂書目》著録。

《雅藏録》，佚。見王柏《跋寛居帖》。

《朱子詩選》，佚。見王柏《朱子詩選跋》。

《朱子文選》，佚。見宋濂《題北山先生尺牘後》。

《雅歌集》，殘。見王柏《雅歌序》。

《五先生文粹》一卷，佚。《聚樂堂藝文目録》《萬卷堂書目》《千頃堂書目》著録。

《勉齋北溪文粹》，殘。王柏編，何基增定。見王柏《跋勉齋北溪文粹》。

《詩準》四卷、《詩翼》四卷，存。《四庫全書總目提要》：「舊本題宋何無適、倪希程同撰」，

「疑爲明人所僞托。觀其《岣嶁山碑》全用楊慎釋文，而《大戴禮・几銘》並用鍾惺《詩歸》之誤本，其作僞之迹顯然也。」程元敏考辨以爲臺圖藏明郝梁刻《詩準》四卷、《詩翼》四卷，爲王柏所編集，四庫館臣所見之本乃僞作①。又考何欽字無適，咸淳五年夏卒。倪普字君澤，改字希程，婺州人，淳祐十年進士，歷官刑部尚書、簽書樞密院事。今按：《詩準》《詩翼》，宋本尚存國圖。哈佛燕京圖書館藏明朱紱等編《名家詩法彙編》十卷，萬曆五年刻本（四册），卷九爲《詩準》，卷十爲《詩翼》，卷端皆題：「宋金華王柏選輯，明潛川徐珪校正，潛川談騄編次。」末附王柏淳祐三年《序》、楊成成化十六年《序》、嘉靖二年邵鋭《序》。王柏《序》：「友人何無適、倪希程前後相與編類，取之廣，擇之精，而又放黜唐律，法度益嚴。予因合之，前曰《詩準》，後曰《詩翼》。」是書殆王柏次定之力爲多，《詩準》《詩翼》當題何欽、倪普編類，王柏次定。

程元敏輯考《上蔡師説》《魯齋詩話》等，嫌於牽强，其他大都詳覈，多所發明。

（三）金履祥著述

金履祥著述，按徐袍《宋仁山金先生年譜》：寶祐二年，作《讀論語管見》；咸淳六年，自弱冠以後至是歲雜詩文三册，彙爲《昨非存稿》；德祐元年，自咸淳七年至是歲雜詩文二册，

① 程元敏《王柏之生平與學術》上册，第四二八頁。

自題《仁山新稿》；至元十七年，撰成《資治通鑑前編》，凡十八卷，《舉要》二卷；至元二十八年，自德祐二年至是年雜詩文二册，自題《仁山亂稿》；至元二十九年，是歲以後雜詩文題《仁山噫稿》；元貞二年，編次《濂洛風雅》成；大德六年，《大學指義》成。又有《大學疏義》，早年所作；《尚書表注》《尚書注》《論語集注考證》《孟子集注考證》，不知成於何年；編王柏與何基往來問答之詞爲《私淑編》。

以上通計之，凡十四種。標抹批注又有數種：

《樂記標注》，佚。柳貫《金公行狀》：履祥疑前儒《樂記》十一篇之説，反復玩繹，「則見所謂十一篇者，節目明整，了然可考，而《正義》所分，猶爲未盡，於是一加段畫，而旨義顯白，無復可疑」①。

《中庸標注》，佚。吴師道《讀四書叢説序》：「仁山於《大學》《論》《孟》有《考證》，《中庸》有《標抹》。」②章贇《仁山金文安公傳畧》：「若《大學疏義》《中庸標注》《論孟考證》，我成祖皆載入《大全》，固已萬世不磨矣。」③吴師道《題程敬叔讀書工程後》「金氏《尚書表注》《四書疏義考

① 柳貫《柳待制文集》卷二十。

② 吴師道《吴禮部文集》卷十一。

③ 金履祥《仁山先生金文安公文集》卷五，清雍正九年東藕堂刻本。

證》」注云：「金止有《大學疏義》《論孟考證》。」

《四書集注點本》，佚。吴師道《請傳習許益之先生點書公文》：「金氏、張氏所點，皆祖述何、王。」

《禮記批注》，存。江西省圖書館藏宋本《鄭注禮記》二十卷，顧廣圻《跋》：「此撫州公使庫刻本《禮記》，是南宋淳熙四年官書，於今日爲最古矣。」書中批注千餘條，黄靈庚先生考證謂履祥批注。今按：《禮記》卷四《王制第五》「凡四海之内，九州」以下數章，眉批：「履祥按：方百里，惟以田計。青、兖、徐、豫，山少田多，故疆界若狹。冀與雍，田少山多，故疆界其闊。」可與履祥《答趙知縣百里千乘説》相參證。履祥有《中庸標注》《大學指義》《大學疏義》《樂記標注》，其中《中庸》《大學》無批注，《樂記》僅間有夾批注明數字之音，則不可解。

《夏小正注》，存。國圖藏明刻本楊慎集解《夏小正解》一卷，卷端題：「戴氏德傳，王氏應麟集校，金氏履祥輯。」國圖藏清乾隆十年黄叔琳刻本《夏小正》一卷，卷端題：「戴德傳，金履祥注，濟陽張爾岐稷若輯定，北平黄叔琳崑圃增訂，海虞顧鎮備九參校。」二本所載履祥注，皆録自《通鑑前編》。

《仁山文集》，存。履祥詩文先後自訂爲四稿，集久散落。明正德間，董遵收拾散佚，刻爲《仁山先生文集》五卷，卷一至卷四爲履祥自作詩文，卷五爲附録。正德刻本不存，今傳明萬曆二十七年金應騶等校刻本、明抄本、舊抄本等，雖有三卷、四卷、五卷之異，然皆祖于正德本，僅有篇目多寡、附録增删之異。

（四）許謙著述

許謙著述，按黄溍《白雲先生墓誌銘》：《讀四書叢説》二十卷；《詩集傳名物鈔》八卷；《讀書叢説》六卷；《温故管窺》若干卷；《治忽幾微》若干卷。又有《三傳義例》《讀書記》「皆稿立而未完」；門人編《日聞雜記》「未及詮次」；有《自省編》，「晝之所爲，夜必書之，迨疾革，始絶筆」。載及書名者，以上凡九種。朱彝尊《經義考》卷一百九十四著録《春秋温故管闚》，云：「未見。陸元輔曰：先生於《春秋》有《温故管闚》，又著《三傳義例》。《義例》未成。」①錢大昕《元史藝文志》卷一著録《春秋温故管闚》《春秋三傳義疏》。《義疏》，當即《義例》。以上九種外，黄溍《墓誌銘》載及而未言書名，及所未載及者，又有十餘種：

《假借論》一卷，佚。焦竑《國史經籍志》卷二著録「許謙《假借論》一卷」②。《焦氏筆乘》卷六載及「許謙《假借論》」③。并見《千頃堂書目》《元史藝文志》著録。

① 朱彝尊《經義考》卷一百九十四，清乾隆二十年盧見曾續刻本。
② 焦竑《國史經籍志》卷二，明刻本。
③ 焦竑《焦氏筆乘》卷六，明萬曆三十四年謝與棟刻本。

《詩集傳音釋》二十卷，存。《經義考》卷一百十一著録《羅氏復詩集傳音釋》二十卷，存。云：「按：曹氏静惕堂有藏本，乃合白雲許氏《名物鈔》而音釋之。」①《鐵琴銅劍樓目録》卷三著録元刊本《詩集傳音釋》二十卷：「題東陽許謙名物鈔音釋，後學羅復纂輯。黄氏《千頃堂書目》始著於録，流傳頗少。《凡例》後有墨圖記云：『至正辛卯孟夏，雙桂書堂重刊。』猶元時舊帙也。其書全載集傳，俱雙行夾注，音釋即次集傳末，墨圍『音釋』二字以别之」，「蓋以《名物鈔》爲主，更采他説以附益之，與《凡例》所云正合。然此但摘録許書音釋，而其考訂名物則不具載，且音釋亦間有不録者。」②

《絳守居園池記注》一卷，存。《四庫全書總目提要》：「唐樊宗師撰，元趙仁舉、吴師道、許謙注」，「皇慶癸丑，吴師道病其疏漏，爲補二十二處，正六十處。延祐庚申，許謙仍以爲未盡，又補正四十一條。至順三年，師道因謙之本，又重加刊定，復爲之跋。二十年屢經竄易，尚未得爲定稿，蓋其字句皆不師古，不可訓詁考證，不過據其文義推測，鉤貫以求通。」

《四書集注點本》，佚。吴師道《請傳習許益之先生點書公文》：「乃金氏高弟，重點《四書章句集注》。」

---

① 朱彝尊《經義考》卷一百十一。

② 瞿鏞《鐵琴銅劍樓目録》卷三，清光緒間常熟瞿氏家塾刻本。

《儀禮經注點校》，佚。吴師道《儀禮經注點校記異後題》：「許君益之點抹是書，按據注疏，參以朱子所定，將使讀者不患其難。」①黄溍《白雲許先生墓誌銘》：「於《三禮》，則參伍考訂，求聖人制作之意，以翼成朱子之説」，「又嘗句讀《九經》《儀禮》《三傳》，而於其宏綱要旨，錯簡衍文，悉别以鉛黄朱墨，意有所明，則表見之。其後友人吴君師道得吕成公點校《儀禮》，視先生所定，不同者十有三條而已，其與先儒意見吻合如此。」

《九經點校》，佚。見上引黄溍《白雲許先生墓誌銘》。吴師道《請傳習許益之先生點書公文》稱許謙「重點《四書章句集注》，及以廖氏《九經》校本再加校點。他如《儀禮》、《春秋》《公》《穀》二『傳』並注，《易程氏傳》、朱氏《本義》，《詩朱氏傳》，《書蔡氏傳》，朱子《家禮》，皆有點本，分别句讀，訂定字音，考正謬訛，標釋段畫，辭不費而義明。用功積年，後出愈精，學士大夫咸所推服」。宋末廖瑩中刊《九經》，即《周易》《尚書》《毛詩》《禮記》《周禮》《左傳》《論語》《孝經》《孟子》，有《孝經》，無《儀禮》，有《論語》《孟子》，無《公羊傳》《穀梁傳》。故黄溍《墓誌銘》並舉《九經》《儀禮》《三傳》。許謙校點，除句讀外，尚訂定字音，考正訛謬，標釋段畫。

《三傳點校》，佚。見上引黄溍《白雲許先生墓誌銘》、吴師道《請傳習許益之先生點書公

① 吴師道《吴禮部文集》卷十五。

文》。許謙《春秋温故管闚》《春秋三傳義疏》并佚，與《三傳點校》殆各沿其例爲書。

《書蔡氏傳點校》，佚。許謙《回南臺都事鄭鵬南浼點書傳書》：「近辱蕭侯傳示教命，俾點《書傳》。舊不曾傳點善本前輩，方欲辭謝，又恐有辜盛意，遂以己意謾分句讀」，「圈之假借字樣，舊頗曾考求，往往與衆不合，今以異於衆者，具別紙上呈。標上舊題爲《蔡氏書傳》。謹按：古來傳注，必先題經名，然後曰某人注」，「乞命善書者易題曰《書蔡氏傳》，庶幾於義而安。」①又一書云：「某比辱指使點正《書傳》，不揣蕪陋，弗克辭謝，輒分句讀，汙染文籍。」②鄭雲翼字鵬南，延祐二年官南臺都事，延祐六年遷廣東道肅政廉訪使，泰定元年陞兵部尚書。許謙應雲翼之請點校蔡沈《書集傳》，吴師道《請傳習許益之先生點書公文》亦言及是書，今未見傳。

《易程氏傳點校》，佚。見上引吴師道《請傳習許益之先生點書公文》。其不名《程氏易傳》，《回南臺都事鄭鵬南浼點書傳書》已言之。

《易朱氏本義點校》，佚。見上引吴師道《請傳習許益之先生點書公文》。《易朱氏本義》，即《周易本義》。其不名《朱氏易本義》，《回南臺都事鄭鵬南浼點書傳書》已明之。

① 許謙《許白雲先生文集》卷三。
② 許謙《許白雲先生文集》卷四。

《詩朱氏傳點校》，佚。見上引吴師道《請傳習許益之先生點書公文》。《詩朱氏傳》，即《詩集傳》。其不名《朱氏詩傳》，《回南臺都事鄭鵬南浼點書傳書》已明之。

《家禮點校》，佚。見上引吴師道《請傳習許益之先生點書公文》。

《典禮》，佚。許鴻烈《八華山志》卷中《金仁山、許白雲立謚咨文》：「若《三傳義疏》《典禮》《讀書記》，皆未脱稿者也。」末署「元至正七年八月初九日」①。此又見於清宣統三年重修本《桐陽金華宗譜》卷一，題作《爲金、許二先生請謚咨文始末》。黄溍《墓誌銘》僅言「有《三傳義例》《讀書記》，皆稿立而未完」。《典禮》，疑爲《三傳典禮》。許謙熟於古今典禮政事，黄溍《墓誌銘》：「搢紳先生至於是邦，必即其家存問焉。或訪以典禮政事，先生觀其會通而爲之折衷，聞者無不厭服。」今難得其詳，俟再考證。

《八華講義》，佚。許謙《八華講義》：「講問辨析，有分寸之知，敢不傾竭爲諸君言？苟所不知，不敢穿鑿爲諸君誑。」②許謙講學八華山中，四方來學。《八華山志》卷中《道統志》收許謙題《八華講義》及所撰《八華學規》《童稚學規》《答門人問》。《八華講義》蓋爲講義之題，非止一篇題作，未刻行，久佚。明正德間陳綱重刻《許白雲先生文集》，改《八華講義》作《金華講義》。

① 許鴻烈《八華山志》卷中，民國戊寅重修本。
② 許謙《許白雲先生文集》卷四。

《歷代統系圖》，佚。戚崇僧《白雲歷代指掌圖説》：「白雲先生《歷代統系圖》，自帝堯元載甲辰，迄至元十三年丙子，總三千六百三十三年，取義已精，愚約爲《指掌》，以便觀玩。」末署「至正乙酉，金華戚崇僧述」①。崇僧爲許謙高弟子，字仲咸，金華人。著有《春秋纂例原指》三卷、《四書儀對》二卷、《歷代指掌圖》二卷等書。雍正《浙江通志》著録《歷代指掌圖》二卷，注云：「金華戚崇僧著，見黄溍《戚君墓誌》。」②《歷代指掌圖》二卷，今佚。按崇僧《序》，其書乃據許謙《歷代統系圖》「約爲《指掌》」。季振宜《季滄葦書目》著録「抄本《歷代統系圖》，一本」③，未詳即許謙之書否。

《許氏詩譜鈔》，存。吴騫《元東陽許氏詩譜鈔跋》：「元東陽許文懿公嘗以鄭、歐之譜世次容有未當，别纂《詩譜》，繫於《詩集傳名物鈔》」，「特所序諸國傳世曆年甚悉，有足資討覈者。爰爲輯訂，附於《詩譜補亡》之後。」④許謙不滿於鄭玄《詩譜》、歐陽修《詩譜》，以爲世次有所未當，别纂《詩譜》，附《詩集傳名物鈔》各卷之末，未單行。吴騫輯訂《詩譜補亡》，從《名物

① 《蓉麓戚氏宗譜》卷二，民國十九年庚午重修本。
② 雍正《浙江通志》卷二百四十三，清文淵閣《四庫全書》本。
③ 季振宜《季滄葦書目》，清嘉慶十年黄氏士禮居刻本。
④ 吴騫《愚谷文存》卷四，清嘉慶十二年刻本。

鈔》採録《許氏詩譜》一書，有拜經樓刻本。

《白雲集》，存。黄溍《白雲許先生墓誌銘》：「其藏於家者，有詩文若干卷。」不言集名。按《八華山志》，東陽許三畏字光大，自幼師事許謙，許謙殁，「乃萃其遺稿，手鈔家藏，待後以傳，賴以不墜」。明人李伸幼時得許謙殘編於祖妣王氏家，皆許氏手稿，明正統間編次《白雲集》四卷。成化二年，張瑄得金華陳相之助，刻行於世。正德間，金華陳綱重刻之，改題《白雲存稿》。

五、關於《全書》整理的幾點説明

四先生自王柏以下貫通經史，考訂羣書，著述弘富。據各類文獻著録可知，王柏著作逾八百卷，金履祥、許謙著作亦多。何基篤守師説，其書題作「發揮」者即有七種，《文集》三十卷裒集未備。惜四先生著述大都散佚，今存不足三十種，多爲精華。如何基著作，胡鳳丹編《何北山先生遺集》四卷，凡詩一卷、文一卷、《解釋朱子齋居感興詩》一卷、附録一卷，篇章寥寥。然四先生解經沿朱、吕之統，若考訂篇目、編類勘定、標抹點校、句讀段畫、批注音釋等，皆爲所重，以爲真學問，可羽翼經傳，有補聖賢之學。此次編纂四先生傳世著述，囊括四部，廣作蒐討，復作甄選，批注、次定之書，亦在收録範圍，冀得四先生著作大全。

前此已述「北山四先生」之目其來有自，故兹編四先生著述名曰《北山四先生全書》（以下簡稱《全書》)。《全書》分爲「何基卷」「王柏卷」「金履祥卷」「許謙卷」凡四編,别附《北山四先生全書外編》(以下簡稱《外編》)一册。收録内容如下:

何基卷:《何北山先生遺集》四卷。

王柏卷:《書疑》九卷;《詩疑》二卷;《研幾圖》一卷;《天地萬物造化論》一卷;《魯齋王文憲公文集》二十卷。

金履祥卷:《尚書注》十二卷;《尚書表注》二卷;《禮記批注》二十卷;《宋金仁山先生大學疏義》一卷;《論語集注考證》十卷;《孟子集注考證》七卷;《通鑑前編》十八卷、《舉要》二卷;《仁山先生文集》三卷;《濂洛風雅》七卷。

許謙卷:《讀書叢説》六卷;《讀四書叢説》八卷;《詩集傳名物鈔》八卷;附《詩集傳名物鈔音釋纂輯》二十卷;《許白雲先生文集》四卷;《絳守居園池記注》一卷。

《全書》并收四先生批注、編類之書,惜所得已尠,僅金履祥編《濂洛風雅》、許謙等人《絳守居園池記注》一卷而已。何基《解釋朱子齋居感興詩二十首》,胡鳳丹已編入《何北山先生遺集》。王柏《正始之音》不分卷,收入《魯齋王文憲公文集》附録。楊慎輯解《夏小正解》一卷、吴騫編訂《許氏詩譜鈔》一卷,分從《資治通鑑前編》《詩集傳名物鈔》中輯録,且有文字改易,雖單行於世,《全書》不重複收録。羅復纂輯《詩集傳音釋》二十卷,亦與《名物鈔》重複,且有改易,然今存《名物鈔》最早傳本爲明抄二種,《詩集傳音釋》存元正至雙桂書堂刊本,可相參證，故附收之。

又有四先生詩文佚篇、講學語録、零句斷章，散見他書。《全書》則廣考方志史料、經史典籍、宗譜家乘、别集總集，勾稽佚篇，以詩文爲主，録爲補遺，附於各集之後。《全書》補遺增至二百餘篇。大略《何北山先生遺集》增《補遺》二卷，凡詩文、語録各一卷，更補附録三卷。《魯齋王文憲公文集》增《補遺》、附録各一卷。《仁山先生文集》增《補遺》二卷、附録四卷。《許白雲先生文集》增《補遺》二卷、附《八華山志》一種、附録五卷。至於王柏、金履祥、許謙語録、雜著，可輯爲條目者尚有不少，因考校非短時可畢功，姑俟將來。

另外，整理者各竭其力，輯録年譜、碑傳志銘、序跋題贈等爲附録，凡一家之資料，分附各卷後，而四先生合評之資料則另編爲《外編》一册，綴於《全書》之末。

本次整理之特點，大體有以下四點：

一是内容全備，首次結集。本書所收四先生著述，盡量蒐羅完備，拾遺補缺，并附研究資料之集成。四先生著作已出整理本數種，《全宋詩》《全宋文》《全元詩》《全元文》各沿體例，收録四先生詩文。《全書》之整理或酌情鑒採前賢時哲已有成果，廣泛蒐討有價值校本，以成新編；或别覓良善底本、校本，新作董理；或未有整理本，首次進行校勘標點。至於蒐輯補遺、編類附録，用力頗勤。故《全書》編校之事可謂首創，求全、求備、求精，雖未臻其目標，然自有新意，覽者可察之。

二是底本、校本良善。在當前條件下，搜集購訪底本、參校本已較過去爲易，然亦非没有難度。先是用時幾近半年進行調查研究，甄選整理底本、參校本。如許謙《讀四書叢説》，今傳八卷本，有元刻本、清刻本及抄本多種。國圖藏元刻本八卷，《讀論語叢説》三卷原缺，常熟瞿氏以所得德清徐氏藏元刻本配之，遂爲合璧本。國圖藏清嘉慶間何元錫影抄元本與《宛委别藏》本《讀論語叢説》三卷，并據德清徐氏舊藏本影寫。臺北故宫博物院藏元刻本八卷殘帙，又藏舊抄本八卷，據元刻本寫録，顯非據於德清徐氏舊藏元本。浙圖藏明藍格抄本八卷，有清佚名校注。國圖藏瞿氏鐵琴銅劍樓影元抄本，據合璧本影抄。此外，又有國圖藏嘉慶間何元錫刻本、《經苑》本、《金華叢書》本。今訪得諸本，詳作考訂，乃以元刻八卷合璧本爲底本，參校殘元本五卷、舊抄本八卷、明藍格抄本八卷等本。

三是勾稽拾遺。以四先生著述多散佚，遍檢方志、宗譜、總集等，勾稽佚作，用力仍多在詩文，所得逾二百篇。如《魯齋集》輯佚詩六十六首、詞一闋、文十七篇。《仁山集》輯佚作四十三篇、附存疑六篇，約當本集三之一。《白雲集》輯佚文三十四篇（含殘篇二篇）、佚詩十四首及許謙之子許亨文二篇，約當本集四之一。

四是立足考據。在研究的基礎上進行校點整理，有關考證涉及版本源流、篇目真僞、文獻輯佚等方面。如《仁山文集》，傳世明抄本、舊抄本庶幾見正德本原貌，而抄寫多誤字，萬曆刻本經履祥裔孫校勘，訛誤爲少，勝於後來春暉堂、東藕堂及退補齋諸刻。東藕堂刻本有補葺之功，惜文字臆改居多，徒增歧説，非别有善本據依。《金華叢書》本、《四庫全書》本少有校讎之功，復多擅改之弊，實無足觀。故此次整理，以萬曆刻本爲底本，僅參校明抄本、舊抄本、春暉堂刻本、東藕堂刻本。又如輯佚，翻覽宗譜數千種，所得篇目亦豐。然據宗譜勾稽，可信度下方志一等。宗譜良莠不齊，時見攀附僞托之作，且編集校印多不精，故異姓之譜常見一人同篇，同宗之譜時見一篇分署多人。或一望而知假托，或詳考而始明真僞，採輯遂不得不慎。附録資料亦然，篇目真僞亦需考辨。如《芋園叢書》本《金氏尚書注》集前《金氏尚書注自序》末署「寶祐乙卯重陽日，蘭溪吉父金仁山書」，實宋人方岳之筆，見於《秋崖集》卷四十《滕和叔尚書大意序》，朱彝尊《經義考》作「方岳序」，不誤。《碧琳琅館叢書》本《金氏尚書注》集前亦録此僞作。《芋園叢書》本《金氏尚書注》又有王柏《金氏尚書注序》，并是僞托。《碧琳琅館叢書》本《金氏尚書注》又有《金氏尚書注跋》一篇，末署「歲在丁巳仲春望日，桐陽叔子金履祥書於桐山書軒」，實方時發之筆。署柳貫《書經周書注敘》及佚名《金氏尚書注跋》，皆係僞托。今人蔡根祥、許育龍等已證《芋園叢書》本、《碧琳琅館叢書》本《金氏尚書注》繫僞作。今鑒取相關成果，詳作考辨，盡量避免僞作羼入。

《全書》整理之議，始於二〇一四年。先是浙江師範大學與金華市政協合作編纂《吕祖謙全集》，歷時八年，成十六册，二〇〇八年由浙江古籍出版社印行。繼與金華市委宣傳部合作編纂《重修金華叢書》，歷時七年，彙輯二百册，二〇一三至二〇一四年由上海古籍出版社印行。其時我們以復興浙學爲己任，提倡從基礎文獻梳理與學術史建構兩方面對浙學展開研究，以爲四先生有功浙學匪小，整理四先生之書亟爲當前所需，遂於《重修金華叢書》首發式上，倡議整理《北山四先生全書》。經多方呼籲，金華市委宣傳部於二〇一七年聯合浙師大啓動《全書》編纂，委托我們負責組織團隊，開展整理工作。陳開勇、王錕、慈波、崔小敬、宋清秀教授，孫曉磊、鮑有爲、方媛、李鳳立、金曉剛博士先後參與進來。二〇二〇年，《全書》入選「浙江文化研究工程」重大項目。前後歷時四年，今夏終於完稿。各書整理者名氏已標册端，此不一一介紹。黄靈庚、李聖華擬定體例，通讀全稿，并各自承擔校勘任務。

《全書》整理出版，無疑是浙學研究史上一件盛事。我們參與其中，投入心力，可謂人生之幸事。在此衷心感謝金華市委宣傳部副部長曹一勤女士，浙師大副校長鍾依均教授，上海古籍出版社高克勤社長、奚彤雲編審、劉賽副編審給予大力支持，一編室黄亞卓、楊晶蕾編輯等人悉心校讀全稿，多所訂正，使得《全書》得以減少訛誤，在此一併表示謝意。

由於整理者學識水平所限，《全書》整理定會存在不妥及錯誤之處，祈盼讀者不吝指正。

黄靈庚　李聖華

二〇二一年九月二十日

凡例

一、《全書》所收四先生著述，在廣徵版本基礎上，考訂其源流、異同、得失、優劣，從而裁定底本與校本。金律刻《率祖堂叢書》本、胡鳳丹編《金華叢書》本及文淵閣《四庫全書》本（簡稱「庫本」），皆因擅自改易而慎爲取用。大體庫本在棄用之列；若其他版本難稱良善，始取《率祖堂叢書》本、《金華叢書》本用作底本，或作校補之用。

二、《全書》校勘、輯佚以及各書附録編集，皆留意考證，力求黜僞存真。因補遺之文托名僞作不乏見，且多得自宗譜家乘，慮其編纂校印良莠不齊，故採輯謹慎，以免濫入。

三、《全書》整理成於衆手，分册出版，整理者名氏標於册端。各册均由整理者撰寫前言或點校説明，以述明本册整理情況。底本卷端或標編次、校刊名氏，今均省去，於書前點校説明略載述之。

四、《全書》校勘大體遵循以下規則：一般底本不誤，他本誤者，不出校記。底本文字顯有謬誤，如訛、脱、衍、倒等，宜作改易，撰寫校記。偶有文字漫漶殘損者，用他本校補；無可補者，用缺字符□標識，并出校記。諱字回改，古人刻抄習見己、已、巳不分之類，徑用其正字。異體字、通假字、古今字，均不出校。虚字非關涉文意者，亦不出校。校記不徒列異文，間列考據，庶明其是非、高下。

編纂説明

一、本書所收何基、王柏、金履祥、許謙四先生資料，爲歷來文獻中總評四人的文字，兩人及以上的合評資料視情況酌情收入，人物單評的資料不在收録範圍。

二、所録文獻，一般節録與四先生直接相關者，或者上下文有裨理解四先生學術與思想的部分。

三、輯録資料大抵出自别集、史傳、方志、家譜，其中别集最多，今置於最前。又有朝鮮文獻中四先生的相關史料，附於全書最末。

四、所收録的資料順序，大抵以撰者生年爲序依次排列。至於方志之類，則以所纂年份爲準進行排列。

五、所録資料均已注明文獻出處，録文遵照底本，一般不作校勘，如遇明顯的錯訛則徑改正。

浙江師範大學人文學院　金曉剛

别集

李簡文序

唐元

余曩遊金陵，偶過太祝周君之廬，出示導江先生文一巨帙。其文家數浩博，亟讀不忍去手。人曰：「志行楊公，其門人也。」然志行文尚奇澀，似不相類，思欲讀之，不可再得。廣平李簡文侍其尊翁通守新安，日相往來，觀其意度閑雅，辭吐周慎，公庭無接武，惟知把玩書策，宛然一儒者氣象也。問所從遊，則曰：「濟寧尚聖功，吾師也。」聖功學於導江，導江學於魯齋，魯齋學於仁山，仁山學於北山，北山則勉齋先生高弟也。紫陽一脈，上貫洙泗，君其有所受哉！尊翁在郡三年，杜門卻掃，自處晏如。同僚臨事，群疑滿腹，取决於公之一言，如車指南，如矢破的，議者多之。公年將致政，即拂衣而去。歸裝蕭然，惟載書滿車而已。古稱：「黄金滿籯，不如教子一經。」公之志也，簡文勉旃。

（唐元《筠軒集》卷九，文淵閣《四庫全書》本）

吴先生墓誌銘

杜　本

浙之東州有數君子，爲海内所師表。蓋自朱子之學一再傳，而何、王、金、許，寔能自外利禜，蹈履純固，反身克己，體驗精切，故其育德成仁，顯有端緒。若白雲許先生、烏蜀柳先生皆已後先亡没，獨正傳吴君則同郡而合志，以正誼明道，扶樹世教而己任者也。朝廷方用之成均，庶其興起正學以作新斯人，而今又亡矣。

（吴師道《禮部集》附録，文淵閣《四庫全書》本）

吴正傳文集序

黄　溍

初，紫陽朱子之門人高弟曰勉齋黄氏，自黄氏四傳曰北山何氏、魯齋王氏、仁山金氏、白雲許氏，皆婺人。正傳，金氏里中子，不及受業其門，而耳濡目染其微辭奥義於遺編之中，間以質於許氏，而悉究其旨趣，是以近世言理學者，婺爲最盛。然自何氏以來，並高蹈遠引，遺禜弗居。

（《金華黄先生文集》卷十八《續稿十五》，元鈔本）

題程敬叔讀書日程後

吴師道

某頃年在宣城，見人談《四書集注》批點本，亟稱黄勉齋，因語之曰：「此書出吾金華，子知之乎？」其人咈然怒而不復問也。蓋自東萊吕成公用工諸書，點正句讀，加以標抹，後儒因之。北山何先生基子恭、魯齋王先生柏會之，俱用其法。北山師勉齋，魯齋師北山，其學則勉齋學也。二公所標點，不止於《四書》，而《四書》爲顯。魯齋自早歲迄晚年又不一令，視北山尤詳。學者所傳，多魯齋本也。仁山金履祥吉父並遊何、王之門。導江張𩔳達善則魯齋高弟，其學行於北方，故魯齋之名，因導江而益著。金、張亦皆有所點書，其淵源有自來矣。四明程君敬叔著《讀書日程》以教學者，舉批點《四書》例，正魯齋所定，引列於編首者，而亦誤以爲勉齋，毋乃惑於傳聞而未之察歟？竊觀程君叙所見書，如何某《四書發揮》，發揮不止於《四書》。王氏《正始音》、金氏《尚書表注》、《四書疏義考證》金止有《大學疏義》《論孟考證》，末記魯齋以天台陳茂卿《夙興夜寐箴》寄上蔡書堂諸生，並其手書，則於吾鄉諸公之學，尊信深至。凡其言論風旨，固所樂聞，而惜無以告之者。某晚生，知慕鄉學，痛緒論之浸微，惜遺書之多喪。比年尋訪考求，間獲一二。所恨未識程君，倘各出所有以相參訂，而求其用於心，則往者有知，亦忻於異世之有同於我者矣。故姑於是編之後，以致予意云。魯齋亦有《類聚朱子讀書法》一段，在《上蔡院講義》中。

（《禮部集》卷十七，文淵閣《四庫全書》本）

敬鄉録

吴師道

北山先生何基，字子恭，魯齋先生王柏，字會之，同金華人。魯齋師北山者也。二先生之學，上接紫陽之傳，以明道爲己任。當宋之季，北山屢召不起，魯齋亦不肯仕之。片言垂訓，明正精密，而標點諸書，尤極開示之切。北山所著少，而有諸書《發揮》，傳布已久。魯齋所著甚多，比年燼於火，傳抄者僅存。導江張𨕖，魯齋門人，以其道顯於北方。吾里金履祥俱登何、王之門，又會粹推明其旨，今亦行於時。學者知尊二先生，而淵源行實之詳，或未之悉，則亦未能深知也。二先生之文，皆關義理，非敢有所去取。今據金公所編《濂洛風雅》中諸詩，其文亦各採數篇，不能悉録，而以行狀、壙誌、誥詞、祭文之屬附於後，使世之士得以有考，而此不復詳叙云。《暮春感興》《春日閑居》《春晚郊行》《法清寺水珠呈杜季高》《寬兒輩》已上五詩，俱載《濂洛風雅》，兹不録。

（《敬鄉録》卷十四，文淵閣《四庫全書》本）

甑山存稿序

張以寧

儒學莫盛於前代之宋氏，大要尚道義而下詞章，而始以學古倡者，則已崇理致，黜崛奇而主平易，忌艱深而貴敷鬯，蘄以復古之作者。又恐沿襲而少變焉，是以其詞紆餘而曲折。及其後也，融之以訓詁，發之以論説，專務明乎理，是以其詞詳盡而周密，其於詩也亦然，蓋不爲秦漢以來之傑然者，而隱然爲宋氏一代之文矣。

婺爲郡儒先東萊呂成公之里也。近何、王、金、許氏，得勉齋黄公之傳於徽國朱文公者，以經學教於鄉。及學士黄公、待制柳公諸賢輩出，又以詞章仕於朝，而故太常博士古愚胡君實同一時，後先倡和，其源流之所自，蓋可睹矣。

（《翠屏集·翠屏文集》卷三，明成化刻本）

《胡仲子集》二則

胡翰

風水問答序

烏傷朱君彦修，故文懿先生之高弟弟子也。少讀書，從先生遊最久。……吾邦自何文定公得朱子之學於勉齋，四傳而爲文懿。君受業先生之門，計其平日之所討論，亦嘗有及於斯乎？

（《胡仲子集》卷四，文淵閣《四庫全書》本）

華川集序

吾鄉以學術稱者，在至元中則金公吉甫、胡公汲仲爲之倡。汲仲之後，則許公益之、柳公道傳、黄公晋卿、吴公正傳、胡公古愚卓立並起，而張公子長、陳公君采、王公叔善又皆彬彬和附於下。當南北混一，方地數萬里闢，物非可億計，而言文獻之緒者，以婺爲稱首。

（《胡仲子集》卷五，文淵閣《四庫全書》本）

滄螺集原序

宋　濂

僕嘗窺其成書一二，如魯齋王公、仁山金公、白雲許公諸鄉先正，義有未竟，理有未白，公一一析決，不啻親承曾、思之傳，洞矚千古之上。析之則理勝，闢之則辭嚴，動有據依，皆非臆説。

（孫作《滄螺集》卷首，《元四家集》據明末虞山毛氏汲古閣本影印）

《宋學士先生文集》二則

宋　濂

葉由庚傳

金華何基、王柏皆宗於熹學，次第相傳，遠有端緒。皆慕由庚造詣真切，相與貽書辨析，至無虚月。基疑周子《太極圖》，補《先天圖》之未備，其辭多云云。由庚則曰：「《太極圖》與《先天圖》實相表裏，固不待預見《先天圖》而暗與之合。《先天》有圖，其辭已具於《大傳・説卦》中，亦不待邵子别爲論議而後明。況《先天》乃伏羲所圖，無非法象自然之妙，《太極》乃周子自出心思，擬形畫象而爲之者。《先天圖》當作《先天圖》觀之，《太極圖》當作《太極圖》觀之，圖雖不同，而其理則未嘗不一也。若曰周子之爲圖，盡在於修之一言，使學者可以用功，謂之隨時立教，至是益備則可耳，切不可謂陰有以補《先天圖》之未備也。《先天圖》自太極生兩儀，加倍而爲四、八，以至於六十四。左自一陽而六陽，右自一陰而六陰，自然生生不窮，皆是天地本然之妙。《太極圖》止於四象，以爲火水木金，即其中以爲土，説至五行輒止。各有其義，未易優劣，正不必將《先天圖》比並參較也。」

柏以《論語》屬詞聯事集爲《魯經章句》，而以《大學》、《中庸》、《孟子》爲之傳，已整比成卷，質之由庚。由庚又曰：「記録之書，非經體也，移易固未爲不可，第《論語》乃孔子之微言，與他記録者實殊，非可以緒分類合也。南軒張子以程子之意類聚孔孟言仁，朱子猶恐長學者欲速好徑之心，滋入耳出口之弊，又況孔子之言誠有不可破壞者。以今第一卷首條『子温而厲，威而不猛，恭而安』類爲夫子出處，若入門人記孔子德容之盛，未爲不可。第二卷首條『堯曰』至『公則説』，乃弟子於終篇特記聖學之傳，以著明二十篇之大旨，與《孟子》篇終歷叙道統同一意，亦恐不但思古傷今而已也。今欲尊《四書》爲魯經，唯以孔子格言大訓與問答之語爲經，門人所自言及子思、孟子之書爲傳，則庶幾爾。夫欲尊之曰經者，以其大公至正爲萬世常行之道，不可下同諸子並稱，不必類合而經始尊也。」基、柏皆深服其言。……贊曰：婺傳朱熹之學而得其真者：何基則受經熹之高第弟子黄榦，而王柏則基之門人也。

至若徐僑，親承指授於熹，而由庚從僑遊者最久，又盡得其説焉。及僑既殁，由庚與基、柏遂以道學爲東南倡。評者謂基深潛冲澹，得學之醇；柏通睿絶識，得學之明；由庚精詳暢達，得學之通。

（《宋學士先生文集》卷八《雜傳九首》，天順五年黄譽刻本）

故丹谿先生朱公石表辭

天開文運，濂洛奮興，遠明九聖之緒，流者遏而止之，膠者釋而通之，一期闓廓其昏翳、挽回其精明而後已。至其相傳，唯考亭集厥大成；而考亭之傳，又唯金華之四賢續其世胤之正，如印印泥，不差毫末，此所以輝連景接而芳猷允著也。……濂洛有作，性學復明。考亭承之，集厥大成。化覃荆揚，以及閩粤。時雨方行，區萌畢達。世胤之正，實歸金華。綿延四葉，益燁其葩。

（《宋學士先生文集》卷十九，天順五年黄譽刻本）

戰國策校注序

陳祖仁

至正初，祖仁始登史館，而東陽吴君正傳，實爲國子博士。吴君之鄉，則有王文憲、何文定、金文安、許文懿諸先生。所著書，君悉取以訓諸生，匡末學。

（吴師道《戰國策校注》，文淵閣《四庫全書》本）

雲門精舍記

貝　瓊

青州之鎮山曰雲門，上有穴如門，廣可以通方軌，雲氣朝暮吐納其中，故以爲名，而起原張先生世居之。先生一號古邨，少學於天台孟長文，而長文之學則出於金文安公。蓋六經之道，漢唐諸儒不能通而一之，至宋朱文公集周、程諸説而大明焉。當是時，受業其門者非一，而高弟則有黄文肅公。黄文肅公傳之何文定公，何文定公傳之王文憲公，王文憲公傳之文安。先生私淑於百年之後，可謂純正而無弊者歟？繇是講道淮、楚之間，四方遠近翕然從之，皆稱古邨先生。

（《清江貝先生文集》卷十六，《四部叢刊》景清趙氏亦有生齋本）

送胡主簿詩序

戴　良

異時吾婺文獻，視他郡爲獨盛。自今觀之，以忠節行誼顯者，則有忠簡宗氏、節愍梅氏、默成潘氏、毅齋徐氏；以道學著者，則有東萊大愚二呂氏、北山何氏、魯齋王氏、仁山金氏；以文章家名者，則有香溪范氏、所性時氏、香山喻氏，而龍川陳氏、悅齋唐氏，則又以事功之學而致力焉。是數氏者，皆相望百載之内，相去百里之間，郴郴乎，鬱鬱乎，其鸞鳳之岐陽，驊騮之冀北歟？内附以來，故家喬木日就凋落，而百年耆舊無在者久之。白雲許氏稍以金氏之學鳴於時，而石塘胡氏伯仲亦以雄文俊行與許氏相先後。二氏之後，由文學入通朝籍者，是爲待制柳氏、學士黄氏、禮部吴氏、修撰張氏、太常胡氏、御史王氏，此蓋其卓卓者也。

余生也後，雖不及執弟子禮於許氏、胡氏之門，然自柳氏而下，皆得而師友之。十數年來，復將於此有所考問，而故老遺書多不存矣，不亦悲夫？

（《九靈山房集》卷十二《吴遊稿》，《四部叢刊》景明正統本）

《王忠文公集》三則

王　褘

宋景濂文集序

所貴文章之有補者，非以其明夫理乎？理之明，不由其學術之有素乎？然而古今文章作者衆矣，未易悉數也。姑自吾婺而論之，宋南渡後，東萊吕氏紹濂洛之統，以斯道自任，其學粹然一出於正。説齋唐氏則務爲經世之術，以明帝王爲治之要；龍川陳氏又修皇帝王霸之學，而以事功爲可爲。其學術不同，其見於文章，亦各自成其家。而香溪范氏、所性時氏先後又間出，皆博極乎經史，爲文温潤縝練，復自成一家之言。入國朝以來，則浦陽柳公、烏傷黄公並時而作。柳公之學，博而有要，其爲文也，閎肆而淵厚；黄公之學，精而能暢，其於文也，典實而周密。遂皆羽翼乎聖學，而黼黻乎帝猷。踵二公而作者爲吴正傳氏、張子長氏、吴立夫氏。吴氏深於經，張氏長於史，而立夫之學尤超卓，其文皆可謂善於馳騁者焉。然當吕氏、唐氏、陳氏之並起也，新安朱子方集聖賢之大成，爲道學之宗師，於三氏之學極有異同。其門人曰勉齋黄氏，實以其道傳之北山何氏，而魯齋王氏、仁山金氏、白雲許氏，以次相傳。自何氏而下，皆吾婺人，論者以爲朱氏之世適。故近時言理學者，婺爲最盛。然爲其學者，上而性命之微，下而訓詁之細，講説甚悉。其頗見於文章者，亦可以驗其學術之所在矣。

（《王忠文公集》卷五，文淵閣《四庫全書》本）

送胡先生序

尚論吾婺學術之懿，宋南渡以還，東萊吕成公、龍川陳文毅公、説齋大著唐公，同時並興。吕公以聖賢之學自任，上繼道統之重。唐公之學，蓋深究帝王經世之大誼。而陳公復明乎皇帝王霸之略，而有志於事功者也。即其所自立者觀之，雖不能苟同，然其爲道皆著於文也，其文皆所以載道也。文義、道學，曷有異乎哉？有元以來，仁山金文安公以其傳於北山何文定公、魯齋王文憲公者，傳之白雲許文懿公，實以道學名其家。而司丞永康胡公、待制浦陽柳公、侍講烏傷黄公以及禮部蘭溪吴公、翰林東陽張公，則以文章家知名。雖若門户異趨，而本其立言之要，道皆著於文，文皆載乎道，固未始有不同焉者。淵乎粹哉，皆可謂聖賢之爲學者矣。以故八十年間，踵武相望，悉爲世大儒，海内咸所宗師。夫何後生晚進，顧乃因其所不同而疑其所爲同，言道學者以窮研訓詁爲極致，言文章者以修飭辭語爲能事，各立標榜，互相排抵而不究夫統宗會元之歸，於是諸公之志日微，而學術之弊遂有不可勝言者矣。

（《王忠文公集》卷七，文淵閣《四庫全書》補配文津閣《四庫全書》本）

宋太史傳

初，宋南渡後，新安朱文公、東萊吕成公並時而作，皆以斯道爲己任。婺，實吕氏倡道之邦，而其學不大傳。朱氏一再傳爲何基氏、王柏氏，又傳之金履祥氏、許謙氏，皆婺人，而其傳遂爲朱學之世適。景濂既間因許氏門人而究其説，獨念吕氏之傳且墜，奮然思繼其絶學，每與人言而深慨之。識者又足以知其志之所存，蓋本於聖賢之學，其自任者益重矣。

（《王忠文公集》卷二十一，文淵閣《四庫全書》補配文津閣《四庫全書》本）

洗心亭記

蘇伯衡

伯圭，何文定公、王文憲公、金文安公、許文懿公里中子，而四賢實以朱文公之學相授受。伯圭夙既有聞，今出而仕，又適在陸文安公鄉郡。文安雖不可作，然而尊其所聞，行其所知，詎不有其人耶？伯圭嘗試就而詢焉，不有得於此，必有得於彼矣。其殆有以啓予者乎，而余言烏足徵哉？

（《蘇平仲集·蘇平仲文集》卷八，《四部叢刊》景正統本）

翰林學士承旨宋公行狀

鄭楷

初，宋南渡後，新安朱文公、東萊吕成公並時而作，皆以斯道爲已任。婺，實吕氏倡道之邦，而其學不大傳。朱氏一再傳爲何基氏、王柏氏，又傳之金履祥氏、許謙氏，皆婺人，而其傳遂爲朱學之世適。先生既間因許氏門人而究其説，獨念吕氏之傳且墜，奮然思繼其絶學。

（程敏政《明文衡》卷六十二，《四部叢刊》景明本）

《强齋集》二則

殷　奎

道學統緒圖記

道統之傳，本乎繼天立極之聖神，其來尚矣。邵傳羲學之語，出乎朱子，而草廬吴氏主之周子之道，繼乎孔、顔之統。程子之學接乎孟氏之傳，則導江張氏之言也，用敢據以爲圖？若乃張子之得於程子，朱子之集厥大成，而魯齋許公足以上承朱子之緒，亦天下之公言也。至於龜山、羅、李之傳，則因其微而别以小字。而考亭之宗，仍以勉齋、何、王、金、許諸賢引之於後焉。嗚呼，斯亦備矣！有志於道者，舍是其奚求哉？後學殷奎記。

（《强齋集》卷三，文淵閣《四庫全書》本）

道統論

天理之在人心，亘萬世而不可泯者，前聖、後聖，其揆一耳。甚矣，此心之靈也，莫大於天地，而此心之體同其大；莫妙於鬼神，而此心之用同其妙。上古聖神所以繼天而立極者，夫豈果有一物以繼之立之者哉？蓋此心即天地之心，而神會默契，與天合德，先天而不違，後天而奉時。其聲律身度，自有以爲天下後世之準則，若有以繼之立之耳。《易》之所載，自三皇始，而伏羲氏以前推而上之，厥初生民，必有繼天立極之聖神創制立法，爲後聖之矩度，然後後聖得有所宗，而聖聖相傳焉。此道統之所由始也。然其所傳之統，亦豈有親授密付之事哉？不過此心之理，古今同貫，先後相續，若有端緒，是以謂之統耳，而統果何在哉。

是故堯、舜、禹之「精一執中」者，此心也；商湯、周武之「建中建極」者，此心也；周公之「思兼三王」者，此心也；孔子之「祖述憲章」者，此心也；顏、曾、思、孟心，周孔之心者也；周、程、張、朱心，孔孟之心者也。周公而上，聖人得其位，統之在乎上者也；孔子而下，聖賢無其位，緒之在乎下者也。然統有上下，而心無古今，揆之一者，又豈有二致者哉？

雖然，周子之學，所以繼孟子之絶學於千五百年之下者，子朱子於文字之間屢言之矣，而《中庸》之序、明道之表，乃直以程子上接孟氏，而謂孟子以來一人而已，何哉？蓋程子之學固出於周子，而妙悟默契，自得於道者，蓋有不盡出於周子也。

説者以周、程所傳有顏、孟之分，豈有是哉？若夫子朱子以來，則勉齋黄氏、北山何氏、魯齋王氏、仁山金氏、白雲許氏，其緒之引於南者也。魯齋許氏、導江張氏，其緒之派於北者也。道統之傳，固不敢妄議，而斯文不絶如線之一脈。此理之具於吾心者，尚當於此而求之。

（《强齋集》卷六，文淵閣《四庫全書》本）

《滎陽外史集》二則

鄭　真

送泗州税課局副使金仲止考滿序

仲止世居金華。金華多山水，人才輩出。儒先君子若魯齋王公、仁山金公、白雲許公，皆以道學泝朱子之傳。若待制柳公、侍講黄公，今學士宋公、長史朱公，亦以文章大家冠冕後進。仲止生於其鄉，得其緒言餘論，故其入仕之初，不以爲卑且冗，而善於其職如此。

（《滎陽外史集》卷二十四，文淵閣《四庫全書》補配文津閣《四庫全書》本）

送何本道還金華序

本道爲名進士，在成均爲諸生冠，其於進退固知所自處矣。且吾聞之本道之五世祖文定公，以勉齋黄公高弟，上接考亭夫子之傳，有《易學啓揮》等書行於世。在宋茂陵時，屢徵不起，後以侍講召，亦不赴。其學傳之魯齋王公，魯齋傳之仁山金公，仁山傳之許文懿公，皆敝履軒冕，高風大節，與文定相望先後。況本道子孫之賢，寧不似而續之乎？雖然，德之深者澤必厚，實之大者聲必宏。何氏以道學傳至於今，天下學者知之，其立言行事之微，尚有未及盡知者。本道定省之暇，盻分而類別之，用以傳諸天下後世，使咸曰何氏尚有人焉，顧不韙歟？夫君子之所守者道而已，爵禄不與焉。然則本道之所任者，其在兹乎？予與本道爲同年，在鳳陽往來爲厚，於其行不能釋然於懷也，遂叙以識別云。

（《滎陽外史集》卷二十七，文淵閣《四庫全書》補配文津閣《四庫全書》本）

横洲書堂記

朱　同

自吾鄉晦庵夫子紹周、程道統之傳，時則有金華東萊吕先生道同德合，天不假年。厥後文定何公受業於晦庵高弟文肅黄公，以至文憲王公、仁山金公相繼而起，而許、柳、黄公前後相望，若景星卿雲，他郡所不敢企及。雖曰間氣所生，而父兄師友、鄉黨閭里之傳受，原委的的乎不可誣也。

（《覆瓿集》卷五，文淵閣《四庫全書》本）

文會疏

方孝孺

伏以道術之分九流，儒者實禮樂之宗主。浙水之東七郡，金華乃文獻之淵林。在天躔爲婺女之墟，於墳籍資賢人之聚。自宋南渡，有吕東萊，繼以何、王、金、許，真知實踐，而承正學之傳。復生胡、柳、黄、吴，偉論雄辭，以鳴當代之盛，遂使山海之域，居然鄒魯之風，天實啓之。

（《遜志齋集》卷八，《四部叢刊》景明本）

送朱叔仁之官序

程本立

宋之遷，道統之寄，南集於閩。及其衰也，又東南而寓金華，以迄於元。蓋自黄文肅公得朱子之傳，而北山何文定公又得黄公之傳，以授之王文憲公及金文安公、許文懿公。四公者皆金華人，故議者以金華之學爲朱氏世適，蓋實録也。初，許公在金華開門授徒，遠近來學者無慮數千百人，而鄉邑子弟，得以親承授受之的者最多。烏傷朱氏者，公夫人父母家也。朱氏兄弟子侄，登公之門而爲高弟者十數人。其最賢者，夫人之從子彦修，所謂丹溪朱先生者也。許公遠矣，門人鮮有存者，其遺説緒論，益以散落，獨朱氏子弟猶能守其家法以傳諸人。叔仁者，夫人同産子弟也，不及登公之門，而私淑其説於其父兄。……自乾道、淳熙以來，天下學者皆歸仰於朱子，以爲大宗。而其同時名儒，各自以其説名家者不一。於是陸象山兄弟以徑造頓悟之學興於大江之西，一時學者樂其簡便，靡然從之，不可勝數。雖其大旨歸趣不大異於朱子，而求其求端用力入道之方，卒不能合。其後朱子之書，雖家傳而人誦之，亦不過取其章句，以應主司之舉而已，不能皆如金華四君子之相傳者之爲親切篤實。其於兩公所見之殊，何望其能明辨而決其取捨哉？而江西士人，乃至今往往有能堅守陸公之説者，有識之士亦不過爲之喟然太息而已。

（《巽隱集》卷三，文淵閣《四庫全書》本）

金華縣重修廟學記

楊士奇

金華縣，附郡城之下，蓋吕成公、何文定、王魯齋諸君子之鄉。

（《東里文集》卷一，文淵閣《四庫全書》本）

重修麗澤書院記

魏驥

或曰：「百步之外，有曰四賢祠者亦廢，曷亦葺之？」公問曰：「四賢爲誰？」曰：「何北山、王魯齋、金仁山、許白雲也。」公曰：「四賢之學，其道蓋亦出於東萊派者也。葺其故祠，固所當然，但慮力有所不及。竊念書院，昔人雖爲東萊之設，朱、張二先生亦嘗講道其地，人亦蒙其化者，曷若於今書院論其道派，以朱、吕、張三先生之位設之，居堂之中，而並何、王、金、許四先生之位，設居其傍，爲配以享之，何若？」衆咸曰：「禮貴適宜，惟公之命是從。」……其道降及後世間，其傳之真，得之正，弘之以開後學者，無逾於宋之濂溪周子、明道伊川二程子、龜山楊氏、豫章羅氏、延平李氏、晦庵朱子、東萊吕氏、南軒張子者焉。況古有入學釋奠先聖先師之禮。兹金華之麗澤書院，以祀夫朱、吕、張三先生者，何、王、金、許四先生，俾承其學者，知有其自，非過也，宜也。

（《南齋先生魏文靖公摘稿》卷六，弘治十一年洪鍾刻本）

《商文毅公集》二則

商 輅

重修金華府志序

自是或稱金華，或稱東陽，或稱婺州。名以時易，地無異同，而郡之所爲望於東南者，以有文獻存焉。是故道爲出治之本，如吕成公，何、王、金、許四先生，著書立言，羽翼聖經，其道足以扶世教，正人心，此萬世之功也。文爲載道之器，如黄文獻公晉卿、宋潛溪先生景濂，學貫古今，職司帝制，其文足以黼黻大猷，藻飾鴻業，此天下之功也。

（《商文毅公集》卷六，萬曆三十年劉體元刻本）

重建正學祠記

正學祠在金華郡城東一里，郡守李嗣奉敕建，以祀先儒何文定公、王文憲公、金文安公、許文懿公。四先生，皆郡人。宋元間，此地有陶氏書院，四先生皆講道於此。後陶氏家日落，書院尋廢，其地爲有力者闢爲蔬圃。成化丙戌，李以郎官出守，首訪遺跡，意圖規復。適僉憲辛君訪按郡，守以其事白之，辛欣然曰：「表章先賢，風勵後學，吾輩職也。且四賢著述，有功聖經，固宜從祀孔子，況書院乎？」即具實以聞，詔從龜山楊氏之例，立祠鄉郡，春秋致祭，賜祠額曰「正學」云。守承命唯謹，謀諸同知牛盛輩，相與聚材鳩工，闢書院舊址，建立祠宇。爲屋若干，左右廂前門如數。宰牲有廚，齋宿有房，飾以丹漆，繚以垣墉，傑閣崢嶸，華扁炳煒。

經始於成化戊子秋九月，訖工於是歲冬十月，守卜日落成。於是郡邑僚屬、師生、耆老瞻拜之餘，皆嘖嘖稱嘆，百年文獻，至此一新，足以見聖天子崇儒重道之功，賢有司興廢舉墜之力，自是正學有傳，斯文增光，而邦人士亦永有所賴，其爲彝倫風化之助，豈淺淺哉？守以盛事不可無述，因走書求記。

惟正學在天地間，猶元氣也。元氣運而後歲功成，正學明而後治道著。三代以上，正學在聖賢，治道在天下，固無容言矣。三代以下，正學在六經，治道在人心，非有諸儒闡明之，則天下貿貿焉，又惡知孔孟之書爲正學之根抵，治道之軌範，而佛老之言爲正學之蓁蕪，治道之蝡也哉！

四先生生東萊之鄉，出紫陽之後，觀感興起，探討服行，師友相成，所得多矣。考之郡志，如文定力窮伊洛之源，文憲身任天下之重，文安履蹈篤實，文懿素性充濬，其操守同。文定有諸書《發揮》，文憲有《讀易》等記，文安有《論孟考證》，文懿有《四書叢説》，其著述同。夫正學具於《六經》，原於人心者，其體也；見於治道者，其用也。六經既明，則人心以正，治道以順，而正學之功，於斯至矣。然則四先生有功於六經，即有功於正學，有功於人心，即有功於治道。天下後世蓋有陰被其澤者，祠而祀之，豈非有司之先務哉？是舉也，宣上意，淑人心，厚彝倫，勵風俗，其功不亦大乎？

僉憲，河南人；郡守，廣東人，皆名進士，其相率爲此，誠知所重者。後之人繼是而葺飾之，斯文之傳爲不朽矣。予故爲之記以詒之。

（《商文毅公集》卷十，萬曆三十年劉體元刻本）

奏議

姚夔

禮部爲褒崇正學事，於禮科抄出禮部尚書兼翰林院學士陳文等題。該禮部手本開稱：浙江按察司僉事辛訪奏，要將宋儒何基等賜以封爵，俾之從祀，照例行翰林院議擬，徑自定奪施行。臣等議得：聖道之傳，本有待於後賢，然得其傳者難矣。儒署從祀孔廟，厥有公論，焉敢輕爲進止哉？當進而進之，固以重聖道；不當進而止之，亦以重聖道。

昔者晦庵朱文公熹與東萊呂成公祖謙皆傳聖道，而金華郡儒者何基、王柏、金履祥、許謙師徒累葉，出於文公之後，以居於成公之鄉，其於斯道，不爲不造其涯涘，然達淵源則未也；不爲不躡其徑庭，然造堂奥則未也。今欲攀援胡安國、蔡沈、真德秀、吴澄例以之從祀，夫曷敢焉？何也？《春秋》胡傳、《尚書》蔡傳，學校以育士，科目以取才，其用專矣。德秀所述者，以之進讀，以之勸講，《大學衍義》是也。澄所述者，於經皆羽翼之，諸子皆折衷之，《諸經纂言》是也。其功偉矣。何、王、金、許之所以爲書，其用恐未若是專，其功恐未若是偉，奚敢輕進之哉？

訪又曰：「何、王、金、許，朱子之世適。」夫作於朱子之先而賢賢相承，若朱子之曾祖禰者，楊中立、羅仲素、李愿中既不得以是之故而列從祀矣。出於朱子之後而賢賢相承，若朱子之孫曾玄者，何、王、金、許尚安得以是之故而列從祀焉？矧聖道猶天地，仰觀於天，水星微也，然以其從日，以其緯天，故得與於五星之列，他星有大於水者，不得以與；俯察於地，濟、瀆微也，然以其清入地，以其逝宗海，故得與於四瀆之列，他水有大於濟者，不得以與。由是言之，何、王、金、許不得攀胡、蔡、真、吴四子從祀之例，亦難加賜封爵，止可若龜山楊中立之例，立祠鄉郡，春秋祭祀，於理爲當。

臣等謹議如右，合無令禮部照例施行，未敢擅便。成化三年二月十五日，本部官於奉天門欽奉聖旨：「禮部知道。欽此。」欽遵抄出到部。案照先該浙江按察司僉事辛訪奏稱，宋儒何基等，各有功聖門，要乞賜爵從祀等因，已行翰林院議擬定奪去後。今本院官題稱：何、王、金、許難在從禮之列，止可照依龜山楊中立事例，立祠鄉郡，春秋祭祀，令本部照例施行一節。查得先該翰林院議奏，宋儒楊時係福建延平府人，可於故郡立祠廟，春秋擇日致祭等因。成化元年九月二十五日本部覆奏，節該奉聖旨：「是。楊時祠，額名道南，欽此。」欽遵已行該府立祠祭祀外。今何、王、金、許四賢，既翰林院議得合照楊龜山事例，立祠祭祀，合行本院定擬祠額，撰造祭文，行浙江布政司，轉行金華府，建立祠廟，每歲春秋，支給官錢，買辦祭儀，遣本府官致祭，未敢擅便具題。奉聖旨：「是，欽此。」欽遵行該翰林院遞出揭帖，欽賜祠額祭文到部，合行連送，仰付該司，類行浙江布政司，轉行該府，著落當該官吏欽遵，就郡建立祠宇，春秋備辦祭物，擇日遣本府掌印官致祭施行，毋得因而科擾不便。欽賜正學祠額，並祭文：

「維成化某年歲次某月某朔某日，金華府某官某，欽奉朝命，致祭於先儒何文定公、王文憲公、金文安公、許文懿公之神。緬維四賢，相承一緒。居東萊之鄉郡，接晦庵之源流。考德既同，享報宜並。用修常祀，以永斯文。尚享。」

（《姚文敏公遺稿》卷十，弘治三年姚璽刻本）

題元四學士像後

葉　盛

天之生才無間也，而氣運之推移動盪，或離或合，故地或時有不同。姑自宋元言之，二程、張、邵、司馬氏之在河、洛，龜山、仲素、延平以及吾朱夫子之在閩，許文正、劉靜修之卓然於北方，皆可數者。黄文肅公以朱夫子之學傳之何文定，由是而王文憲、金仁山、許白雲，逮夫黄、柳諸公，則皆出於金華。此我朝宋、王二閣老之所自來也。二程氏之學得諸濂溪，固荆、楚之産，荆楚人才，往往而有。若卷中所像吴、歐、虞、揭四學士，非後來荆、楚人才之尤著者乎？嗟夫！乾坤如許大，人才當輩出，朔質南文，蓋各以其盛言之耳。一道德而同風俗，寧不在於今日乎？然則進而淩煙麒麟，退則香山耆英，文三忠，詩四諫，贊六先生，誠不能無望於當世諸君子。此卷同年沈叔辨所藏，可以知其所好焉。

（《涇東小稿》卷九，弘治刻本）

送金華周知府序

丘　濬

金華，東南文獻邦也。自宋元訖於國初，儒學之盛，彬彬濟濟，踵武相望，一時稱文獻邦者歸焉，亦猶春秋時之有魯、鄒，東漢季之有汝、潁也。文獻之邦，非得儒者以治之，則弗克以稱厥任。大治周君子正，以膳部正郎拜知金華府事。行有日，宗人府儀賓王君求予言以贈行。君，安成彭文憲公之高第弟子也。以《春秋》經中庚辰進士第，歷官兩京，造次必於儒者。予喜其以儒者而臨文獻之邦，其必得夫治之之要而愜於士論也已。然予於此竊有疑焉，試舉以問之。

婺自宋南渡以還，吕成公、陳龍川、唐説齋同時並興，各以其學鳴於一時。自時厥後，北山何氏實得朱子之正傳，以授王魯齋，而金仁山、許白雲以次相傳。時則有若永康之胡、浦陽之柳、烏傷之黄、東陽之張、蘭溪之吴，皆以文章擅名天下。不特乎此，白麟溪之鄭累世同居，又以義聲藉藉著聞遠近。迨於國初，景濂先生佐我皇祖開一代文治。當是時，又有若王、許、吴、胡、蘇、戴諸公實佐佑之。鄭氏之彦，亦有若濟、若沂、若柏者焉。一時清才碩學，天下宗仰，何其盛也。

今距其時幾百年，聲名文物，宜其歷久而益盛。然近日婺郡之民風士習，回視於其前，殆若有不及焉者，何也？蓋必有其故矣。予求其故而不可得，謹因君之出守也，試一問之。君至郡，涖政之暇，試爲求其所以致此者，幸因風以見教。雖然，古之善爲治者，咸以正風俗、興人才爲當務之急。文翁化蜀，韓公化潮，皆非有所因也，尚能興起之，至今兩郡之人，百世猶有賴焉。況婺故文獻邦，前輩典刑，去今未遠，一旦作而興之，以復其百年之故處，夫豈難哉？君以爲何如？

（《瓊臺會稿》卷十二，文淵閣《四庫全書》補配文津閣《四庫全書》本）

明故中順大夫福建按察司副使辛公墓表

何喬新

金華舊有麗澤書院以祀呂成公，歲久寖圮。公命有司新其祠宇。又以何文定公基、王文憲公柏、金文安公履祥、許文懿公謙，承朱文公之正傳，奏請立祠鄉邦，春秋致祭，以風厲學者。

（《椒丘文集》卷三十一，文淵閣《四庫全書》本）

《桃溪淨稿》三則

謝鐸

謁四賢祠

再下四賢拜，永爲千載模。婺星晨啓浙，宋嫡世傳朱。正學名稱大，鄉祠禮數殊。獨慚登祔地，吾道半榛蕪。今祔以近時仕宦者。

（《桃溪淨稿》卷三十，正德十六年刻本）

金華鄉賢志序

金華郡故有麗澤書院，祀東萊吕成公，又有正學祠，以祀何、王、金、許四公。蓋成公上友朱子以及南軒張公，嘗相與講道於此者，而四公則又統承朱子之學，以次轉相授受者也。成公雖嘗從祀孔廟，而與此四公實皆婺産，蓋鄉賢之傑然者，故各特廟以祀。而其他若徐文清公諸賢，則未之及焉。

弘治丁巳，浙江參議衡山吴公某分守其地，謂是邦實兩浙文獻淵藪，而鄉賢之祠未備，誠爲缺典，乃白巡按御史吴公某，議以克合，遂屬其役於薛同知敬之。敬之度廢寺地之在郡城者，建爲祠。仍蒐輯諸賢之應祀者，曰大儒、曰名臣、曰忠臣、曰孝子、曰名儒，凡五十有二人。或以德行聞，或以勳烈著，或以文章名，皆疏其出處顛末以爲之志。志成，參議公以屬予序。予惟鄉賢有祠，上以發先哲之幽潛，下以示後進之趨向，庶幾廑一世以爲心者不至於無聞，曠百世而相感者不至於無據，此古者瞽宗之祭、西學之祀所由設也。

或疑學以至乎聖人之道，今郡邑之學通祀孔子，則學者之所謂學，宜亦無俟其他爲也。噫！抑知有所謂没身鑽仰而不足，一日感慨而有餘者乎？夫所謂一日之感慨者，非徒以其志行之卓、名跡之高而已，必其居相近而世相接，風聲之所漸被，目耳之所見聞，於是而感慨焉，興起焉，則所以作其惰而振其懦，將自有不期然而然者矣。視彼没身鑽仰若天之不可階而升者，其爲功之難易何如哉！

況大儒如成公者，遠泝洙泗，近接伊洛，其所謂學，固聖賢之學，而所謂德行、勳烈、文章，固其所有事也。苟學焉而不止，若沿河以至於海，雖孔子之道，亦將於是乎階矣。然則今日之尊崇而尸祝之者，亦豈徒曰修舉缺典而已哉。參議公又將取是志刊置祠中，俾邦人得以考論其世，庶幾其感慨之也益切，而興起之益深，非徒示趨向於對越駿奔之際而已。

噫！今之爲政者，僅取辦於法令、簿書之所急，已稱爲良有司，況能旌古厲俗、教化其民，若是其至者哉！是固不可以不書，書之亦以見是祠之所由立，而是志之所由成也。作《金華鄉賢志序》。

（《桃溪淨稿》卷五十一，正德十六年刻本）

題《伊洛淵源續録》後

昔宋太史公景濂有言，自晦庵文公紹伊洛之正統，號爲世適，益衍而彰，傳道而授業者，幾遍大江之南，而台與婺爲特盛。婺之學，實始於何文定公基，基得之黄文肅公榦，榦則得於文公者也。文定公一傳而爲王文憲公柏，再傳而爲金仁山履祥，又再傳而爲許白雲謙。台之學實始於南康石公子重，子重介南湖杜公曄與其季方山公知仁，以及訥齋趙公幾道，皆親登文公之門。由是二杜公一傳而爲丞相清獻公範，再傳而爲玉峰車公若水。玉峰則又締交於文憲王公，而壽雲黄公超然則又往來師友於其間者也。太史公又謂方公克勤之在吾台，其殆聞而知之者。然則希直公之親得於父子間者，亦可知矣。今是録於婺，止列何、王二公，於台亦不敢輒列清獻、玉峰諸公者，竊亦自附於多聞之缺而慎言之耳。

（《桃溪淨稿》卷七十七，正德十六年刻本）

耻庵記

吴寬

去年秋當大比，凡試京闈者幾三千人，而君以第六人薦。人之不若君者則多矣，君何爲而耻？及今年太學私試，君復在第一，時與試者亦數百人。人之不若君者亦多矣，君何爲而耻？豈真以聲聞之過情耶？則君之爲人，吾嘗知之。其問學充矣，而自視若虚，其文詞妙矣，而自處若拙，未嘗以矜能衒名也。然凡試士，其儕輒相謂曰：「彦超吾所知，今之試名氏前列者，非彦超而誰？」已而皆驗，則聲聞之不過情也亦審矣，君又何爲而耻？竊惑之。他日以告彦超，彦超曰：「豈謂是哉？雖然，亦是之謂也。夫自科舉之學興，而詞章之學廢；自詞章之學盛，而後聖賢之學微，其弊非一日矣。吾不暇遠引他郡。婺，吾土也。請以婺言何如？前乎此者，若王子充，若宋景濂，若胡仲申，若柳道傳，若黄晋卿，若吴立夫諸君子，其言卓然爲一世之所宗，吾尚能若其人矣乎。然此固以詞章之學言也。等而上之，若許白雲，若金仁山，若王魯齋，若何北山，若呂東萊諸君子，其道卓然爲百世之所宗，吾尚能若其人矣乎？固不若也。則吾爲鄉人者，何爲而不耻乎？夫聖賢之學，本也，學者之所先也；詞章之學，末也，學者學之而不汲汲焉者也。士而不爲聖賢之學已足耻，又況科舉之學，又詞章之末者乎？其學愈若人，則其耻愈甚。其聲聞之遠近，其耻之大小以之，吾獨何爲而不耻乎？」余聞其言而愧之，歎曰：「君可謂知耻者矣。然吾聞耻不若人者終若人，若人則無耻矣。」余固不知耻者，因君之言而耻焉，則君之教我者不既多乎？請以君之言爲記。

（《匏翁家藏集》卷三十一，景上海涵芬樓藏正德刊本）

送戚憲副致事序

楊守阯

弘治九年秋七月，貴州按察副使戚君時望入賀萬壽聖節，至京，既成禮，因上疏乞致仕。上未允，事下吏部。吏部以君治行素著，且年未至，力未衰，進用未艾，勉之復任。君求去益力，吏部不得已，爲之覆奏。得旨允之，君遂南還。其門人禮科給事中吴君仕偉暨諸鄉人屬予言以贈。

昔孔子嘗謂患得患失者爲鄙夫，又謂難進易退者爲君子，出處大節，可以知人。君舉於鄉，年踰四十而後登進士第，擢官大理，以久次而後出爲按察僉事，爲僉事又久而後轉爲副使。積勞而遷，循資而進，未嘗登壟乞墦，以徼幸於一得，其可謂之難進者非邪？今位躋四品，年登六袠，雖秉法持憲，洗冤澤物，功利已博，然素所藴蓄，蓋不啻此，而猶未大施也。在常情則惟恐失之，雖驅之而不去，杜之而復來，甚至鐘鳴漏盡，夜行不止。君乃汲汲求退，甚於求進，其視彼之賢不肖何如？君可謂古之君子矣。孟子有言：「君子居是國也，其君用之，則安富尊榮；其子弟從之，則孝弟忠信。」君蓋已用而未究其用者，今之歸也，其不爲鄉人子弟之幸哉？

異時吾浙文獻甲天下，而婺郡文獻又甲吾浙。蓋自吕成公得中原文獻之傳以淑其鄉人，而何、王、金、許諸公又得考亭之學以相承授。

迨於國初，宋潛溪先生與王忠文公諸先達，道德、文章、節義，猶爲天下望。自是以降，則稍替矣。吾友章君德懋、潘君栗夫，蓋嘗發憤於斯，欲興復故時文獻之舊。栗夫既以憲副卒官，弗竟其志；德懋以僉憲勇退，歸淑其鄉，猶未大振。君之歸，相與合志協力，使婺郡文獻之傳復盛於今，是所望也。請以是贈君，並以寄聲於德懋云。

（《碧川文選》卷二，嘉靖四年陸釴刻本）

楓山語録

章　懋

何、王、金、許得考亭真傳。

又曰四賢，何最切實，王、金、許不免考索著述多些。東萊於香溪，四賢於東萊，皆無干涉……吾婺有三巨擔：自何、王、金、許没，而道學不講；自忠簡、默成逝，而功業不彰；自吴、黄、柳、宋謝，而文章不振。後學可不勉哉？

（文淵閣《四庫全書》本）

《楓山集》四則

章　懋

與韓知府熹

吾鄉吕成公諸老先生，平生最執謙退，尊尚先輩，恐其心亦不肯安處於前輩之上。如孔廟從祀周、程、張、朱，亦列漢唐諸儒之下，若論其道德，豈可同哉？若必如誌中所列，則葉蓁爲葉由庚之父，鞏庭芝爲鞏豐之祖，將何以處之耶？愚意郡城中，東萊先生舊有麗澤書院之祀，而何、王、金、許又有四賢書院各專其祀，既足以尊其道德矣。其他諸賢亦有所長，不相上下，則以世代先後爲次而合祀之，庶幾彼此各盡，而人無不安矣。

「道德」一條，題目最大，非純乎聖賢之學者不足以當之，如吕東萊及何、王、金、許四先生者，固無庸議。其次則徐毅齋僑、楊船山與立、葉通齋由庚三先生，可以亞之。若更入他人，則似乎泛濫而不純矣。

（《楓山集》卷二，文淵閣《四庫全書》本）

重刊香溪范先生文集後序

獨念吾鄉聖賢之學，前此未之聞也，而濬其流者，自先生始。繼而後有東萊兄弟麗澤之講授，又其後何、王、金、許遂相繼以得考亭之統，道學之傳，於是爲盛，非先生之功而誰功？

（《楓山集》卷四，文淵閣《四庫全書》本）

鄉賢祠志後序

古人祭有道有德者於瞽宗，又謂鄉先生没而祭於社，則鄉賢之有祀尚矣。金華在故宋時，嘗祀梅節愍、宗忠簡、潘默成三賢於學宫，祀東萊吕成公於麗澤書院。至元則又有四賢書院，以祀何、王、金、許四先生。後遭兵燹，群祠皆廢。我朝成化初，浙東僉憲辛公訪謂：「東萊既從祀孔庭，而四賢講明道學，以續考亭之緒，其功尤大。」乃奏立正學之祠，然宗、潘諸公猶未及焉。

（《楓山集》卷四，文淵閣《四庫全書》本）

金華縣修學記

金華在昔，碩儒名公，彬彬輩出，號小鄒魯。道學若東萊兄弟，與何、王、金、許諸賢，其著述傳於後世。學行氣節若潘默成，勳業若鄭忠愍，讜言善政若王莊敏、煥章兄弟，若王忠簡、端明父子，皆聲實卓乎當時，非其學之爲己而清明在躬者，能若是乎？

（《楓山集》卷四，文淵閣《四庫全書》本）

送趙副使鶴之山西序

章　懋

近齋趙先生叔鳴，廣陵人也。學博而才贍，抱負不凡，以明經舉進士，爲尚書户部郎官。嘗佐大司徒經理財賦，足國裕民，聲稱翕然。及出守建昌，佐南安，亦以最聞。乃正德己巳，始來吾婺，以其郡劇而難治也，厲精庶務。凡前政之未便，與奸胥猾民之夤緣官府以謀利而病民者，皆剔而去之。凡舊俗之好鬭訟、崇戲劇、悦淫妓，與婚嫁侈費，而女生不育者，皆禁絶之。禜雩水旱，則反躬自責，而有禱輒應。寬恤災傷，則封章屢奏，而逋租是減。廣儲蓄以備賑貸，覈欺詭以正版籍，皆實政之及民者也。

謂金華爲文獻舊邦，號小鄒魯，而今不古若，乃選取諸邑髦士，肄業郡齋，躬爲講授而造就之。以東萊與何、王、金、許五先生倡明道學，則訪其遺書，集其遺文，刊示學者，使知所趍向。以宗忠簡、潘默成之忠清，世所尊仰，則表其里居，使人有所視效。又使諸生講行鄉射冠祭等禮，及肄習釋奠雅樂，皆所以興禮義、化民俗，欲復昔時文獻之盛也。越二載，政教始孚，而先生忽進位臺憲，奉璽書往董山西學校之政。出祖有日，郡諸生某輩荷教甚厚，咸惜其去而不可留也，乃集其治行之焯焯者二十餘事，分題賦詩，以頌其遺愛。又相率造予山中，丐言以贈其行。予觀先生□金華，以東萊五先生之道學教諸生，則所以爲教者得其道矣，即其已然而推其將然，尚奚假於予言哉？

夫山西即古之冀州，堯、舜、禹之故都皆在焉。三聖相授受，以精一執中爲修己治人之要道。三代聖王以及孔、曾、思、孟之所傳者，皆是道也。而程、朱大儒與吾金華五先生之所推明者，亦不外乎是道焉。舜命契爲司徒，敬敷五教，而皋陶明刑，以弼五教，使民皆協於中。故當時五典克從，九德咸事，至於比屋可封，人人士行，其人材之盛，風俗之美，卓冠千古，莫非是道作人之明效也。厥後隋之王通，剽竊其緒餘，以《中說》教授河汾，爲多士所宗。其門人房、杜、魏徵輩，柄用於唐，亦足以輔成貞觀之治。彼小用其道者且若是焉，而況有大於是者乎？聖天子柬命先生董教是邦，豈非有意於唐虞之治，欲自其故國而始耶？

教成一二，而風行天下，直易易耳。其所望於先生者，不亦重乎？先生往涖是邦，以三聖相傳之道啓迪後進，使其朝夕乾乾，進德修業，爲孔、顔之博文，曾子之格致，子思、孟子之明善，以求其精，爲孔、顔之約禮，曾子之誠正，子思、孟子之誠身，以致其一，而不徒爲科舉文字之學，則可以希賢希聖，而執中之道在是矣。先生以是倡之，則士生於三聖之故國者，寧不奮然而興起乎？異時教道有成，英材輩出，或爲皋、益而陳謨於上，或爲稷、契而宣力於下，致吾君於堯、舜，措斯世於唐、虞，庶幾不負所學，不負聖明之柬任矣。先生行哉，予竊有望焉。

（《楓山章先生集》卷七，《金華叢書》本）

《見素集》二則

林　俊

明文林郎錦衣經歷四雨林公墓表

侍郎澹軒公之再起林氏也，以敏特取大科，以純永收物望，被簡知而涉華要，經緯一機，章采無易。贈知縣拙庵公，猶澹軒也。梅竹、四雨之伯仲，猶則拙庵也。四雨秀眉玉色，神鑒整朗動人。年二十一，上第於鄉，蹶禮部之收者數四，始就吏部試。知縣金華，日綜民政，導人以禮。祠何、王、金、許四先生，處其祀事。

（《見素集》卷二十，文淵閣《四庫全書》補配文津閣《四庫全書》本）

楓山先生遺文序

文本諸心而根之於道。主張人文，鋪叙皇極，感人心而裨治化。後世抉奇搜博，以繢藻雕飾爲工，文云文云乎哉？太子太保尚書章文懿公楓山先生自魁禮部，系仕籍幾六十年，實歷不滿三載，甘貧守道，崇尚廉退。其忠實之操，質約渾古之風，固已高出人流，望在海之内外。經世大略，大可用天下，小可用於天下。而石藴淵藏，僅取司成之一遇，棄之壯盛，而收之衰憊之餘，斯有志所扼腕也。

然士有山斗，國有蓍龜以繫，獨天下之重，尊信大同焉。及請老勤復，武廟重違其意，加其官，竟許之。上在舊邸，熟先生名，作而即位，思有以致之。先生已望九之年，縟典殊恩，其不能拜矣。余愧屈數老，於先生尤注嚮，先生亦謬余與。時屬有所寄遺老之召，方幸過里門，接道論，而先生又殁矣。老淚遺容，幽明相對，余之無能已先生，猶先生之無能已於余也。既狀事行與立祠，門人董遵以遺文屬序。先生全集，諸子都憲君拯以梓行矣。是集，得意作也。先生專志《六經》，附博史子，意所詣極，將欲起婺學數百年後，會北山、魯齋、仁山、白雲之派，以上接晦庵、東萊之傳，次之亦力追道傳、晋卿、景濂、仲申數大家之逸響。其旨深，深可寓道；其詞正，正可寓心。其筆勢平典，文理簡潔，卒澤於道德仁義，粹如若湖海平流，風激水湧，以備盡文章變態，文云文云乎哉。

（《見素續集》卷八，文淵閣《四庫全書》本）

贈文林郎河南道監察御史唐公墓表

楊　廉

於維唐氏，世有偉人。有武有文，忠君愛民。至於二良，理學之純。師友仁山，著述尚存。數世逮公，鬱而未信。嚴以教子，錫命維新。何、王、金、許，浙儒之真。二良事金，延及後昆。冢嗣卓然，行知尊聞。方來多賢，蒸蒸如雲。過者必式，古直之墳。

（《楊文恪公文集》卷六十一，明刻本）

題金華正學編

趙　鶴

瀫溪之湓，婺女之墟，世有大儒曰東萊先生呂成公、北山先生何文定公、魯齋先生王文憲公、仁山先生金文安公、白雲先生許文懿公。成公乃與朱文公並時同志，首倡道學於婺。文定則親承文公高弟勉齋黄文肅公之業，傳諸文憲。文憲傳文安，文安傳文懿，稱金華四賢，爲朱學世適是已。方宋軌既南，文公起而任道，其學推擴延平、豫章、龜山，直遡程、周，以上接孟氏之絶。而成公同南軒張宣公又以所聞濂洛之説，與公質辯講磨，卒揆於正，一時學者翕然師尊之。世謂三公爲南宋斯文鼎峙，信哉！張、吕早世，文公晚以其道及書屬之文肅，再傳而有金華四賢之學。後懷孟魯齋許文正公私淑文公，臨川草廬吴文正公學宗朱、陸，皆仕於元而行其教學於四方，其視金華，則固爲朱學南北之派也。然許、吴仕元爲混一之初，又在帝王中州之域，故其爲學易顯，而爲教易明。四賢出偏安叔季之後，屬時艱棘，甘於儉避，而卒老不售。自今雖有稱説其學，亦蘇平仲所謂不過風承響接，而非灼然有知者。斯道顯晦，固不有時哉！道之顯晦，不足爲賢者軒輊。然自成公下迄文懿僅二百年，爲五鉅儒，赫然鼎立一郡之間，踵武相接，機籥相須。考亭一緒，益昌益熾，遺化所被，至於閭閻，皆右儒業而先禮教。海内目其郡，殆與鄒魯，將不其盛哉！

成公與許、吴二公舊列從祀。成化間，有以四賢請者，賜正學祠，准龜山例，祀於本郡。今龜山已秩從祀，而郡未及爲四賢再請，議者歉焉。侍御一山張先生按浙，屬鶴考述婺之文獻。鶴用是忘其蕪陋，遵文公《伊洛淵源録》稽訂五公言行，著爲此編。又倣王魯齋《五先生文粹》，取其文之關於道源教本者附諸後，用率諸生讀之，爲高山景行之則。且將請侍御推校四賢正學本末，及因朱之授、何之承，見文肅傳道統脉，並爲五君子上論於朝，俾與楊、吕、許、吴諸公並從廟庭得列腏食。是其於熙代表正儒宗、崇廣道術之治，豈小助哉！正德辛未仲冬上吉，揚州後學趙鶴敬題。

（趙鶴輯、張朝瑞重輯《金華正學編》卷首，萬曆十八年刻本）

《整庵存稿》二則

羅欽順

送太守歐陽君之任序

惟金華乃浙東名郡，其景物之勝，自齊、梁時已爲詩人所賞。逮宋中葉，大儒吕成公出，卓然以興起斯文爲己任，遂啓一方道學之源。相去未百年，而何、王、金、許四君子相與導其委。至於近世，則又有楓山章先生相與揚其波，漸及士民，其習俗要爲端且厚矣。

（《整庵存稿》卷六，文淵閣《四庫全書》本）

祭楓山先生章公文

欽順之於公，蓋未易詳其本末而粗能道其行藏者也。藻思雄文，忠言讜論，折獄惟明，誨人靡吝。何、王、金、許，上遡程、朱，正傳斯在，之死弗渝。其所未爲，付之猶子，出入門牆，矧多良士。

（《整庵存稿》卷十五，文淵閣《四庫全書》本）

楓山章先生集序

余　祜

楓山章先生學行之美，祜弱冠時已盛聞之。後官南都，適先生爲國子祭酒，間嘗往請益焉。覩其儀容，聽其言論，誠爲有德君子，一時名公未能或之先也。弟禕，方在太學門下，每稱先生履繩蹈矩，躬率諸生，祁寒暑雨，必具冠服，終日端坐，以待六館質疑問難者。經史儒先之語，舉輒成誦，一字弗遺，聞者罔不欽服而率教焉。間考先生筮仕之初，即以直諫謫官，後乃持憲閩中，風節政事，迥出人表。年方强仕，即甘退藏，脩德緝學，日益加密。蓋在林下幾三十年，再起爲國子祭酒，秩滿三載，連疏乞休，始獲如志。自是士大夫公論多上薦奏，朝廷公道亦累加奬擢。然先生高致，弗肯起。嗚呼賢哉！士君子之仕，行其義也。精義入神，其可不知幾乎？先生仕不廢義，而又能識幾焉，此所以非人之可及也。近接從子樸庵中丞，乃以從弟井庵所輯先生遺稿屬祜序之。晚生小子，奚足以窺盛美萬一，而以姓名獲綴先生下風，其自爲幸，豈不多耶！

夫聖賢之學，中正平實，初非求同於人，亦非求異於人也。程、朱闡明正學之後，傳習流衍，迄今未乏，而能真繼程、朱之學，可爲人之師範者，殊不多見也。夫道本無窮，人難盡識，前聖后賢之論，互相發明，小有異者，不害其爲大同，而非背馳不相入焉。謂程、朱之後，絶無一語可出於己，固難稱爲自得之學； 謂程、朱論多非是，則其狂悖僭妄，不自量度，可勝嘆哉！先生質性自然，不煩矯厲，操修篤實，不事表暴，而學術宗依，遠惟程、朱，是敬是信，不敢少有違戾。近則何、王、金、許，實同鄉郡，平生企慕而願學者。年既逾耄，造詣精到，讀其遺稿，概可見焉。揆之鄉郡四賢，伯仲壎篪，皆能恪守程、朱之軌轍者也。其視近時敢爲異論之人，匪徒獲罪程、朱，而亦先生之罪人也。九原可作，安得復起先生，倡明此學，矯正今日之士習也哉！嘉靖三年春三月辛未鄱陽余祐序。

（章懋《楓山章先生集》卷首，《金華叢書》本）

北山何文定公祠堂記

劉　蒞

金華何、王、金、許四先生，憫宋祚之將移，憂悲抑鬱，卒老於窮，生不出仕，没不治喪，葬不起墓，慨此骼胔胡不速朽！嗚呼微矣。白雲先生以後至元四年戊寅正月壬寅，葬於婺女鄉安期里許官山。其子曰元、曰亨，皆以罪没於我朝洪武間，因絶其系，迷其墓。成化初，推官林沂廉得之，立石表其阡。仁山先生以元大德十年丙午九月甲申，葬蘭谿縣純孝鄉仁山之後隴，不封不樹，漫無標題。前知府趙鶴芟蕪考墓，纍塚不可復識，而其裔寓彼鄉者，亦近支也。魯齋先生以咸淳十年甲戌十一月甲申，葬金華婺女鄉望柴嶺金村之懷原，墓地六十畝，子姓世守之。北山先生以咸淳五年己巳十二月壬申，葬金華縣南山油塘之原。荆莽無端，狐兔有窟。商山之芝，不知四皓之高；首陽之薇，不知夷齊之清，均爲牛羊之牧，而芻蕘之場也。鄰有豪右，逐其佃甲，並其圭田九石六斗、山地若干，據而業之，三紀於兹。子孫家盤溪者百數，莫之能直。蓋府治東廿里許，亦有油塘，豪欲滅其墓，乃匿其碑，指先生墓在彼油塘，知府者不察，從而是之。

正德甲戌春正月哉生明，知府事劉蒞、同知張齊、通判趙天定、推官姜山甫，率諸生葉援、陳育、項復通、馮紀等，展修祀事。墓已夷且陷，惟趺獨存，而商生大路復廉得完碑於油塘之匿孔，尚無恙也。乃繩其豪於法，還其碑於趺，正其田於籍，歸其佃甲於鄰壤，伐巨石以封若堂而繚之以牆垣，竪享堂四楹，旁爲連甍，以處佃丁。規制粗備，庶幾有司崇儒重道，礪世磨俗之萬一，而先生之存亡，固不係乎是也。因定墓夫一名，每年追其直於黌序，輪遣教職，以清明日依俗祭其墓，王、金、許亦如之。蒞因推其意以叙之曰：

自堯、舜至於湯、文、周、孔，率五百歲而聖賢出，以續斯道之傳。惟鄒魯萃天地之間氣，賢聖林立，不可尚已，其餘希世寥闊，乃僅一見。自孟子没千五百年，始有周、程、張、朱，兆應文明，道宗鄒魯，蓋間氣之再見者。厥後吕東萊唱道於婺，朱晦庵、張南軒相與切磋，習於麗澤之會，波流河潤。至於文定親接勉齋之統，傳諸文憲，文憲傳文安，文安傳文懿。百里之内，同門之間，四賢挺生，上承吕成公，爲地方五鉅儒，問道之士無慮數千，成章者比比，此又間氣之疊見者，世稱金華小鄒魯，不可誣也。其大者拯頽救敝，立懦廉頑，如鳳凰翔於千仞，四方欲快覩之而不可得；味道之腴，絶物之欲，如蛟龍蟄於九淵，天子欲識其面而不可致。蓋其性命之趣長而爵禄之味短，天人之理貫而顯晦之幾明。德澤之滂沛，不深於義理之涵濡；小康之政治，不加夫大道之感通。所以孔、曾、思、孟終身不遇，周、程、張、朱不能立朝，何、王、金、許終守環堵，爲是故也，不然何庸衆之難退，而聖賢之難進如此哉。至其論大道，則北山以《洪範》之「敬五事爲明明德」之謂，「厚八政爲新民」之謂，「建皇極爲止至善」之謂。皇極有休徵而無咎徵，有仁壽而無鄙夭，則致中和，天地位，萬物育之謂，此爲皇極之極功，若此者不害其爲同。魯齋於《易》，則以《河圖》爲先天後天之宗祖；於《書》，以《洪範》爲古今經傳之宗祖；於《詩》，定《二南》黜淫奔；於《春秋》，作《發揮》明大義；訂《大學》，「致知格物」章之未亡，還「知止」章於「聽訟」之上；謂《中庸》古有二篇，《誠明》可爲綱，不可爲目，定《誠明》各十有一章，若此者不害其爲異。仁山《通鑑前編》，自周威烈以前，各爲編年，穿貫春秋，直遡堯舜，據經考傳，不嫌其爲僭。白雲集《詩》，鈔《名物》；讀《書》，著《叢説》；讀《書》《春秋》，有《管窺》，皆傳注所未發。句讀《九經》《儀禮》《三傳》。至於天文地理、典章制度、食貨刑法、字法音韻、醫經數術，靡不該貫，不疑其爲泛，仰高鑽堅，鈎玄索隱，惟欲求見聖人之旨而後已。然則動庸彝鼎之榮，綸綍隴阡之光，何足爲先生增損。蓋自有不隨物而化，不逐運而遷，不待生而存，不因死而往者矣！

蒞亦嘗掇拾行實，疏之於朝，請得綴食孔子廟廷，不知輿論僉同能有成否？兹因祠堂訖工刻石，識之學宫，牧敲燐火，想不能祟我先生道骨矣！正德乙亥夏六月朔爲之記。

（黄宗羲《明文海》卷三百七十，文淵閣《四庫全書》本）

秋佩生作墓誌銘

劉　蒞

古人墓誌銘，托之名筆，蓋欲附文集以傳遠。後世懵此義，厚遺名爵以爲耀，文浮質滅，識者少之。近世録名臣收人物者多據此，益見其惑也。又有自作輓歌，自作祭文者，事雖不經，情則夷曠，吾有取焉。故自述誌銘，期以傳信。

蒞，字惟馨，號秋佩，别號鳳山……復起金華知府。在任三載，無政裨郡，無德及民，敦風俗，恤民隱，乃拳拳之本心。浙俗侈奩資，生女輒湶没，重法禁之，存活頗多，人稱其存曰「劉女」。婺郡多節義，疏旌舉者八人，俱見《表揚風化録》。何、王、金、許，婺人也，以道統請於朝，崇祀孔庭。論雖未行，識者是之。

（黄宗羲《明文海》卷四百五十四《墓文二十六》，清涵芬樓鈔本）

答劉惟馨

王廷相

僕讀《金華録》，見執事褒崇何、王、金、許四儒之疏，知執事心慕聖賢，爲有道之士，不屑屑於世俗之見者，故敢布中心如此，惟加詧，幸幸。

（《王氏家藏集》卷二十七，嘉靖刻順治十二年修補本）

損益夏敦夫撰李一清墓誌銘

魏校

金華之學始於成公，而何、王、金、許，其傳出於考亭高弟黄文肅公。君守其鄉學，甚至未嘗議及前輩短，尤尊信文公。按其成説，佩而行之，一字不敢易。

（《莊渠遺書》卷十六，文淵閣《四庫全書》本）

重刊黄文獻公文集序

張儉

文者，道之著也，亦道之傳也。道待人而行，待文而著，著斯明，明斯傳，傳斯通；否則晦矣，塞矣，文其可少乎哉？吾鄉金華黄文獻公與其友柳文肅公，均以文名於時，世稱黄、柳，如唐退之之於子厚也。蓋公生長何、王、金、許四君子道學之鄉，得聞閩學之正傳，而仁山、白雲二先生猶及光霽。故其所爲詩文，意完而氣充，事詳而詞覈，一根諸理，以羽翼儒先之緒論，真如粟帛之可衣食而不可缺，非彫繪枝蔓，如珊瑚木難之徒悦美觀也。

公之學，一傳而得宋公潛溪、王公華川，再傳而得方公遜志。宋以文行顯，王、方以忠節著，炳炳爲世名臣，咸大裨於治教，其源流蓋可見矣，豈徒文詞云乎？公邑後學侍御虞君惟明，素慕公而同趣者，深虞斯集湮没，無以迪後進觀風之始，乃購舊本以屬不肖編次。儉何人斯，克當是任，顧一念向道之志，不敢不勉。竊禄賢邦，深以未得領要爲憂。兹又獲覩斯集，而得見公所誌白雲先生墓銘，歛衽精思，庸知道之不外是也，何幸如之！舊本頗缺失，且泛載其一時偶應異端之求者，恐非公意也。索世家得善本及公所爲《筆記》一編，稍加删定，付建甌尹沈璧、陳珪重梓以傳，庶幾侍御君懷賢淑世之盛心，亦不肖儉尚友之一助也。

（《圭山近稿·圭山文集》卷一，民國二十四年李鏡渠輯《仙居叢書》本）

贈四川憲使貞齋馮公序

李　濂

濂聞儒者之品有三，曰道德，曰文章，曰事功。道德其體也，事功其用也，而文章其華也。

是故文章必本諸道德，而事功斯徵夫學術，古之聖賢皆然，非可以襲取爲也。間嘗執是説，以觀金華諸君子，蓋彬彬乎備矣！

粤自東萊吕成公倡道於婺，而何、王、金、許四先生寔繼之，皆以道德聞於時。乃若宗忠簡、滕章敏、林正惠、陳同父、潘子賤、王師心伯仲，事功炳著，前史書之。而黄文獻、柳文肅、吴淵穎，入國朝則有宋潛溪、戴九靈、王子充、胡仲申諸子，著述甚富，蔚然爲文章大家。於戲！金華人文之盛，一至於此哉。……金華自昔稱多賢，人以爲小鄒魯。所謂道德、文章、事功，三者具有，其人見諸史册郡乘者，可考而知。風聲之所漸摩，志節之所觀感，好尚之所薰染，典刑猶在也。

（《嵩渚文集》卷六十二，嘉靖刻本）

《弘道録》二則

邵經邦

《録》曰：國朝理學之儒自汪環谷、趙考古、宋潛溪、方正學而後，有薛文清、吴康齋、楊文懿、丘文莊。至成化間，彬彬輩出，若羅一峰、章楓山、黄未軒、莊定山、賀醫間，又有胡敬齋、鄒立齋、陳白沙、陳布衣、周翠渠、張東白，其時可謂盛矣。然皆未有以見其淵源所自，道統所歸。其没也，亦未見其傳授所指。派業所分，若周、程、張、朱、何、王、金、許意者，道學大明，人自分朱、陸，家自爲游、楊，抑滅以其天資近似者爲功，不由師傳，默契道體乎？

今觀敬軒惓惓以復性爲要，自一心一身推之萬事萬物，而復約之以歸於一，可謂得聖學之本矣。故特録之，俾有志者循是而入，不惟程、朱之事業易見，而孔、顔之傳授亦不外是矣。

（《弘道録》卷十，清涵芬樓抄本）

何基篤信黄榦，以父伯熭爲臨川縣丞，時榦適知縣事，伯熭見其子而師事焉。告以必有真實心地、刻苦工夫而後可。基悚惕受命，於是隨事誘掖，得淵源之懿。微辭奥義，研精覃思，平心易氣以俟其通。未嘗參以己意，立異以爲高，狥人而少變也。凡所讀，必加標點，義顯意明，有不待論説而自見者。嘗謂：「爲學立志貴堅，規模貴大，充踐服行，死而後已。讀《詩》須掃蕩胸次，然後吟哦上下，諷咏從容，使人感發，方爲有功。讀《易》當盡去其膠固支離之見，以潔淨其心，玩精微之理，沉潛涵泳，得其根源，乃可漸觀爻象。」其確守師訓，精義造約如此。及王柏爲弟子，高明勁識，弘論英辨，質問疑難，或一事至十往，基終不變以待其定，嘗曰：「治經當謹守精玩，不必多起疑論。有欲爲後學言者，謹之又謹可也。」

《録》曰：孔子曰篤信好學，釋之者曰不篤信則不能好學。然篤信而不好學，則所信或非其正。此何、王、金、許四先生之傳，所以不失其本也。嗚呼！西河之旨，親得大聖之宗者也。

而其徒駸駸失之，矧經僞學之厲禁乎哉？此其所以謹之又謹，十往不變以待其定也。

（《弘道録》卷五十六，清涵芬樓抄本）

《程文恭公遺稿》二則

程文德

婺集同聲詩序

粵自吾婺，山峙東南之盡，水會錢塘之源。靈秀蔚鍾，粹精苞固。故人物生乎其間者，世恒貴而代有聞焉。秦、周以前，遐哉邈矣。自漢而後，若赤松二皇自然者流，首凛風概，而孝標、賓王、志和之屬，遂肇詞章。歷唐及宋，則宗忠簡，勳業之冠也，而鄭、胡、林、喬，拓其緒矣。吕成公，道學之源也，而何、王、金、許，濬其流矣。潘默成、陳龍川，文章之彦也，而蘇、胡、吴、黄接其武矣。中間名卿著相，稱右江南。學士文儒號小鄒魯，蓋莫可殫述焉。

迨我高皇渡江，婺州駐驊，延覽英傑，翕聚雲龍。一時名臣，婺實太半。而景濂之文，子充之節，尤稱偉烈。於戲盛哉！永樂而後，代不乏人。至楓山先生，尤以道自任，爲世所宗，常語同志曰：「吾婺三重擔，今在我後人也。」

（《程文恭公遺稿》卷九，萬曆十二年程光裕刻本）

大司馬竹澗潘公傳

公諱希曾，字仲魯，浙之金華人也。……公兄弟三人：長希奭，散官；次希顏，汝王教授；公最少，穎異，七年能詩文。十有四年，喪憲副公於陝，奉淑人以喪歸，讀禮如成人。弱冠，補郡弟子員，慨然慕鄉先哲何、王、金、許四君子之傳，砥行明經，迥出流輩。董學諸公咸器重焉。試輒首選，弘治辛酉舉於鄉，明年壬戌登進士，皆居上第。

（《程文恭公遺稿》卷二十一，萬曆十二年程光裕刻本）

金華易何王金許四先生冠服告文

劉　瑞

明有禮樂，幽有鬼神。禮樂之所否者，鬼神之所不享也。矧惟學希聖賢，才藴經濟，重德義於九鼎，薄軒冕如浮雲，若四先生者乎？而可榮之以非禮之服也？尊先生者乃以病先生也，瑞竊痛焉。瑞，總理學政者也，修祀典，章賢哲，正儀制，皆瑞之責也。謹命有司更先生冠服，以還厥舊，蓋有其舉之莫敢廢之之義也。繼自今先生之神，庶其歆顧於兹。國朝之所以崇祀於先生者，不爲徒也，惟先生其鑒之。謹告。

（《五清集》卷十三，明刻本）

薛子庸語・親師第十七

薛應旂

薛子曰：楊、袁、沈、舒親炙陸子，何、王、金、許私淑朱子，其所傳者皆二子蚤歲未定之見也。惜其不能原始要終會而通之也。

（《薛子庸語》卷八，隆慶刻本）

《方山先生文録》三則

薛應旂

寧波正學祠記

宋興百有餘年，諸儒繼出，而立言著論，固皆足以爲聖門之羽翼。至於直窺堂奥，上遡本真而獨得夫傳心之學者，象山陸氏，蓋不可誣也。當時遊其門者，若慈谿楊敬仲、鄞袁和叔、定海沈叔晦、奉化舒元質，皆其高第弟子，以道義相切磨，而深有契夫陸氏之學，此其所得，豈可以泛常例論哉？特以其師之學，與晦庵朱氏入門路徑微有不同，遂至往復論辨，真若忿爭。雖其後會歸於一，驩然相合而各得其本心，則固有人所不及知者矣。所以是朱非陸之説，卒蔓延於天下後世，而不可以一二開導也。楊、袁、沈、舒之學得其宗，夫孰從而知之？夫天下之大，千百年之遠，得一人焉，斯亦難者。今以一明州之地，萃茲四賢，而久無專祀，不得與婺之何、王、金、許並列者，無亦朱、陸之故也乎？有識者不能不爲之慨歎矣。

（《方山先生文録》卷八，嘉靖東吴書林刻本）

浦江宋先生祠堂碑

金華之學，自東萊吕成公倡之，而何、王、金、許四賢相繼而出，説者謂爲朱學世適。今其立言著論，昭然具在，固非後人之所敢擬議者。然要之，皆聖門之羽翼也。先生繼起是邦，遭逢聖主，文章、事業掀揭宇宙，士人籍籍咸稱名臣，已極誇詡。至其所深造自得者，上躋聖真，直達本體，則反爲文章、事業所掩，而不得明預於理學之列，此余追考先生之平生，未嘗不喟然而歎也。

（《方山先生文録》卷十三，嘉靖東吴書林刻本）

策問・兩浙歲考

問：明、婺二州，浙之古名郡也。婺有何、王、金、許四先生之祠，學者崇奉久矣。明有楊、沈、舒、袁四先生，則祀典久缺。今有司建議行且立祠，不知與婺州四公之學術，其亦有稍異歟？抑孰爲得其本指歟？其祠祀之有先後，豈人心崇尚之有隆殺歟？抑亦有其故歟？二三子尚友之下，必有定論矣，請爲我陳之。

（《方山先生文録》卷二十，嘉靖東吴書林刻本）

宋學士祠堂記

姜良翰

吾鄉先正自吕成公之後，歷何、王、金、許四先生以及儒林四傑諸賢，皆以理學維植世風，而多不及大用。

（《宋文憲公全集》卷首，嘉慶十五年嚴氏校刊本）

秋佩先生集後序

朱曰藩

憲使少嵋譚公按淮南，出《秋佩劉先生遺集》……先生在金華三年餘，其所設施，多見諸作中。是故重湴女之禁，停則例之册，乞給章楓山之禄，請入何、王、金、許之祀，表江湏金、朱二節婦之□。理意所嚮，婺人風動。此其志可與因循簿領者□哉！惜其平生所試，僅此一郡可徵耳。

（《山帶閣集》卷二十八，明萬曆刻本）

重修四先生祠堂記

胡　松

四先生祠何？元浙江行中書省請於朝，而祀何子恭基、王會之柏、金吉父履祥、許益之謙，以興起後學者也。夷考四先生，皆晚宋勝國時人，當其時，禮俗傾頹，儒學絀抑，邪説横行。四先生生雖異時，而行同業，志同方，遞相師授。跡其抱道懷貞，居敬學古，清苦純質，兢兢淬厲之實，較然晝一，可謂慥慥乎言顧行，行顧言之君子矣。不然，元方儕儒於丐娼之間，顧肯崇而祀之耶？

顧今世儒，或謂四先生制行高矣美矣，然皆詳於分殊，急於考索踐履。至仲尼所稱一貫，與其大本未發之中，若子孟子先立其大之義，或未甚瑩然也。然子輿氏又曰：「人有不爲也，而後可以有爲，能言距楊、墨者，聖人之徒也。」四先生所謂有所不爲，能言距楊、墨者非歟？不然，則胡以信當時，風後世，若斯之遠且著也？

愚嘗妄意言之曰：當道學未明之世，不患無篤志力行之士，而患無見道識大之儒；當道學大明之後，不貴有講明誦説之儒，而貴有蹈迪服行之實。宋自嘉定、咸淳而後，晦庵先生之學支分派别，同源異流，當世號稱儒者，大抵考索訓詁，伐異黨同，致知篤志，力行貞純弗懈者鮮矣。如四先生之清苦純實，質有其内，詎不可爲百世之師耶？或又言：「四先生清苦純實，規規然自守之儒爾，恐不足以涉事耦變而定天下之業。」余竊以謂不然。嘗觀襄樊之師之圍，危若累卵，宋幾無人矣。履祥乃進牽制擣虚之説，請以重兵由海道直趨燕薊，則襄樊自解，且備叙海道所經，難易遠近，歷歷可據，則豈迂儒無當者？而權臣方且專事，蔽欺誣罔，而莫之能用，此豈人力也歟？

故曰：君子創業垂統，若夫成功，則天也，乃若三子之弗遇無成也，豈不皆天也哉？嗟乎！嗟乎！豈獨諸子！古之志士仁人，抱輔世匡民之略，阨於天時人事，重於詭遇輕殉，而不得一遂，其有爲若此者，要之，胡可勝數？悲夫！悲夫！士固未可以成敗利鈍論也。余覽郡志，樂斯祠之新也，會李守來請，爲書以風郡中人士焉。

（黄宗羲《明文海》卷三百六十九，清涵芬樓抄本）

與羅念庵

尹臺

吾儒之道，全體大用，着著皆實，中和位育，步步非虚，非謂可舍内而騖外，亦非謂可專守靈覺之心體，不假學問而直截了當，自能曠然神悟也。近世宗良知家者，心説沸揚，只緣金溪錯認孟子「先立乎其大者」一語。金溪所看「立」字，謂但存此心，則此理自明。孟子所謂立者，以其能思也。所思者心，所思而得之者理。今曰：「心即理也，但能靈覺，便是聖人之道。」於是遂以詩書爲障，聞見爲外，一切屏去之，以求所謂靈覺者。然即實有所得，亦止此心靈覺之妙耳，並非所性之理也。彼釋氏者，有見於心，無見於性。陸氏之學，大率類是。朱陸異同，辨者紛綸不一，而又有回互兩可者。究竟此是則彼非，彼是則此非，奚容含糊？此日陸派盛行，至反有斥朱學爲異端者，且比朱子爲洪水猛獸者。微揆其故，大抵世之學者，多畏難而趨易耳。何也？凌空駕虛之奇，一語可了，易於惑人，故從陸者易。窮理盡性至命之學，積漸而成，故從朱者難。毋論其他，即朱子之徒，當時且有失傳，如吕氏、游氏寖入禪學，没後勉齋、漢卿僅足自守，不再傳，盡失其旨。如何、王、金、許皆潛畔師説，不止草廬一人也。至訓詁詞章之儒，出入口耳，外馳功利，放其心而不知求，宜乎致虛守寂，專求靈覺者，得駕俗學之上，朱子亦早已斥之，豈可反執此以誣紫陽主道問學之流弊哉？兄主持正學，究辨似是之非，豈陸氏陽儒陰釋者比？但屏聞見，守寂靜之説，恐流入於禪學。不揣鄙陋，敬佈，祈亮恕不既。

（《洞麓堂集》卷六，文淵閣《四庫全書》本）

《震川先生集》二則

歸有光

浙省策問對二道

問：今之浙省，古會稽並鄣郡之境。儒林之盛，著於前史，古未暇論。自洛學浸被東南，而浙士有親及程氏之門，與受業於其門人者，其人果可稱歟？朱子集諸儒之大成，陸子静崛起江右，二家門人傳受之緒，其可述歟？其與朱子並時而起者，果亦有聞於道歟？其能纂述朱氏之學，亦有可言歟？其以文章名世者，於道亦有所得歟？諸士子生長斯地，景行先哲久矣，願相與論之。

執事先生以浙中道學之傳，下問承學，顧愚非其人，何敢與聞於斯？然古者祀先聖先師於學，所謂先師，即其國之賢者，明有所嚮仰也。浙之諸君子，愚生亦竊識之矣。昔楚威王有問於莫敖子華，子華對以楚之先令尹子文以至蒙穀五臣之事。楚王太息，嘉其能善語其國之故。吾浙之儒者，所謂齊魯諸儒於文學，自古以來，其天性也，敢無述焉？蓋嘗謂士之所以自成者，莫貴於學，學莫貴於聞道。知所以求道矣，而後知其所以爲學矣，而後能有以自成，其於修身、齊家、治國、平天下不難也。秦漢以下，其經學、文章、功業、節行稱於天下，代不乏人，而大要歸於不知道，而以氣質用事，故其所就不能庶幾於三代。蓋千五百年，而宋河南程氏起而紹明之，其澤流被於閩、粵間，此朱子所由以得其傳者也。至於兩浙，又河、洛、閩、粵所漸被者也。然程子之門，惟游、楊、謝號稱高第弟子，而吾浙之士及門者周行己能發明《中庸》之道，浙中始知有伊洛之學，而劉安節、戴述知求成己之方，以文行推重。而元承天資近道，敏於問學，此門人之尤章著者也。自龜山載道東南，學者多從之遊，而宋之才能得程氏正脈，喻樗推明《中庸》《大學》《論語》之旨。王師愈從受《易論》，朱子稱其有本有文，德望爲東州之冠，此受業於程氏之門人者也。自羅從彦從學於龜山，再傳而爲李侗，侗授之朱子，學者以爲程氏正宗。陸九淵起於江西，超然有得於孟子「先立乎其大者」之旨。二家議論初有不合，其全體大用之盛，皆能不謬於聖人，其學皆行於浙中。輔廣、徐僑初事吕祖謙，後從朱子。僞學之禁，學者解散，廣不爲動，而《五經解》《詩童子問》多所發明。僑以朱子之書滿天下，不過割裂掇拾，以爲進取之資，求其專精篤實，能得其所以言者蓋鮮，其學一以實踐履爲本。葉味道對策，率本程子告人主以帝王傳心之要，然朱子門人黄榦爲最著。

何基師事榦，得聞淵源之義。王柏捐去俗學，從何基。基告以立志居敬之旨。金履祥事王柏，從登何基之門。論者以爲基之清介純實似尹和靖，柏之高明剛正似謝上蔡。而履祥親得之二氏，而並充於己者也。其後，許謙學於履祥，其學益振，及門之士著録者千餘人。自基以下，學者所謂婺之四先生，以爲朱子之正適者也。子靜之門人，則楊簡篤學力行，爲治設施皆可爲後世法，清明高遠，人所不及。而袁燮端粹專精，每言人心與天地一本，能精思愼守，則與天地相似。舒璘刻苦磨勵，改過遷善。沈煥人品高明，不苟自恕。

朱子嘗言：「與子靜學者遊，往往令人自得。」蓋浙中尤尊陸氏之學，而慈湖其倡也。二家門人相傳之緒，於婺之四先生、四明之楊氏，可謂光明俊偉，能紹其傳者矣。雖末流門户各異，而朱子所謂子靜平日所以自任欲身率學者一於天理，而不以一毫人欲雜於其間者，其爲夐出千古，不可誣也。今推原程子之學，自龜山至於朱子，朱子之後爲婺之四先生。象山之學雖行於江西，而慈湖爲最著，則伊、洛、閩、粵、江西之學，豈復有盛於吾浙中者哉？

虞集有云：「汝南周氏繼顏子之絶學，傳之程伯淳氏，而正叔氏又深有取於曾子之學，以成己而教人，而張子厚氏又多得於孟子者也。顏、曾之學均出於夫子，豈有異哉？因其資之所及，而用力有不同焉者耳。然則所謂道統者，其可妄議哉？」此可以爲二家傳授之定論也。

呂東萊以關洛爲宗，變化氣質，其所講畫，將以開物成務。陳傅良於古人經制治法，討論精博。陳亮才氣高邁，心存經濟。王褘以爲考亭朱子集諸儒之大成，而廣漢張子、東萊呂子皆同心勠力，以閑先聖之道。而當其時，江西有易簡之學，永嘉有經制之學，永康有事功之學，雖其爲説不能有同，而要皆不詭於道者，豈不皆可謂聖賢之學矣乎？此與朱子並時而起，皆有得於道者也。至於項安世、黄震、方逢時、史伯璿之徒，無慮數十人，皆發明朱子之道者也。至於以文章名世，如黄溍、吴師道、吴萊、柳貫，皆爲一代之儒宗。而貫與師道皆學於許文懿公，而文獻公嶷然獨任斯文之重，見諸論著，一本乎六藝，以羽翼聖道。謂文辭必原於學術，揆之聖賢之道，無愧也。宋景濂實出文獻公之門，遂爲本朝文字之宗。而國初設禮賢館，景濂與麗水葉琛、龍泉章溢，浙右儒者皆在焉。

國朝崇尚理學，實於是始，則今日論先正之有功於斯道者，豈可分道學、文藝爲二科哉？抑士之相與爲斯學者，非苟爲名也，欲以明道也，故天下貴之。道苟明，施之於世，特舉而措之耳。宋之君子不能大有爲於世，蓋天命不欲興三代之治，而世莫能究其用也。而景濂獨謂諸儒後先相繼，推明闡抉，疏闢扶持，理無不章，事無不格，雖聖賢復生於後世，無以加矣，卒未有能繇其説而大有爲於天下，以爲其有志者鮮也，夫豈盡然耶？愚生特於浙中道學之傳，敢因明問及之，而道統之傳尚未之悉也，伏惟進教焉。

（《震川集・震川先生别集》卷二下，《四部叢刊》景康熙本）

送狄承式青田教諭序

予與承式同舉於鄉試，於禮部皆不第。而承式獨以禄養爲急，徘徊都下，送予出崇文門外，謂當得官浙中，因約余遊錢塘西湖，遠則在天台、鴈蕩之間，欲爲東道主人，然又數不果。今年始得處之青田。青田在萬山中，足以讀書談道，優遊自適。而浙東學者近歲浸被陽明之教，爲致良知之學。承式爲人敦樸斂約，不喜論説，而中有自得者。今爲人師，不容默默，亦將出其所有，以考論其同不同何如也。

浙東道學之盛，蓋自宋之季世，何文定公得黄勉齋之傳，其後有王會之、金吉父、許益之，世稱爲婺之四先生。益之弟子爲黄晋卿，而宋景濂、王子充皆出晋卿之門。高皇帝初定建康，青田劉文成公實與景濂及麗水葉景淵、龍泉章三益四人首先應聘而至。當是時，居禮賢館，日與密議，浙東儒者皆在。蓋國家興禮樂、定制度，建學養士、科舉之法一出於宋儒，其淵源之所自如此。

（《震川先生集》卷九，《四部叢刊》景康熙本）

與陳雙山

王慎中

向者張月洲君以不肖欺執事，過承重問，意義高雅，非所當。又不敢自外，輒有復於執事，而因何元孝以達計，不至浮沈也。屬聞出守金華，此名郡也。有宋南渡，而中原文獻之傳獨在此邦。吕氏之道學、唐氏之經濟、陳氏之事功，皆斐然自成，昌其言而廣其徒。至於何、王、金、許，一派相傳，承守不絕，雖吾閩建州不能加也。今其遺書，世所未行，與其舊跡，人不及知者，正可訪購講詢，發潛德於既幽，起微言於將墜，而非公之卓識茂學，何能及此？僕聞而竊願之，久欲寄公，請所願聞，未得其便。今得洪方洲君往，特此奉聞。洪君所造之深，所養之正，非今人有也，正當與公爲友。惜此君尚未得與君相見，此行又非便道，公亦無由見洪君。

（《遵巖集》卷二十三，文淵閣《四庫全書》本）

禮部覆疏

陸樹聲等

禮部爲崇祀儒臣，以昭正學事。該本部題祠祭清吏司案呈，奉本部送禮科抄出，巡按浙江監察御史謝廷傑題：臣巡歷金華府地方，據該府縣儒學廪、增、附生員姜最等連名呈舉蘭谿縣原任南京國子監祭酒、禮部尚書、贈太子少保文懿章懋行誼，乞要題請與先儒何基等四賢并祀正學祠内崇祀等情。奉聖旨：「禮部知道，欽此。」欽遵抄出到部送司，案呈到部。看得巡按浙江監察御史謝廷傑題稱「已故禮部尚書章懋潛心理學，乞要與先儒何基等並入正學祠崇祀」一節。

臣等竊惟我國家翊揚教化，既設鄉賢祠於學宫，以祀其鄉之賢，而又擇其行誼超卓者，特爲建祠奉祀，所以崇獎往哲，興勵來學，重爲世勸也。竊照先儒禮部尚書章懋，志存匡世，德本誠身。造詣深淳，有以淵源於正學；名節表著，足以砥礪乎頹風。尤爲名世之耆哲，昭代之真儒也。委宜崇祀，以勵後學。既經監察御史謝廷傑具奏前來，相應題請。合候命下，移咨都察院，轉行浙江撫按衙門，着落有司，將章懋入正學祠內，與先儒何基等一體崇祀。每歲春秋次丁日，致祭如儀，以稱表揚至意。庶後學聿興，而於風化亦有裨矣。萬曆元年四月初二日，本部尚書兼翰林院學士陸樹聲等具題。初四日，奉聖旨：「是。」

（章接輯《楓山章先生實紀》卷二《奏疏》，明刻本）

松溪程先生年譜

姜　寶

是年夏，如蘭溪及楓山先生門受學焉。楓山先生察先生能立志究心於理學，於是授以「真實心地、刻苦工夫」之説，先生毅然起以聖賢之學爲學焉。楓山喜謂先生曰：「吾婺東萊之鄉，今得子，何、王、金、許之正脉，其有托乎。」先生後來作《婺集同聲詩序》，推楓山以道自任，爲婺山川靈秀所間出，爲世所宗。又述其語同志之言，曰：「吾婺有三重擔：曰道德，曰文章，曰勳業，是在我後之人。」斯言也，既有開於前修，忍自隳於後進。修己俟時，本至簡而至易；存誠慎獨，可希聖而希天。仕則尊主庇民，處則正家範俗。人以爲真脩實踐如先生，真得楓山法門矣。

（程文德《程文恭公遺稿》附録，光緒壬辰重刻本）

復呂東萊先生祀田碑

唐汝楫

郡大夫惠安鄭君一信，治婺政成，迺考故正典以嚴神人，移置二祠以祀鄉賢名宦，重建忠賢祠以祀宗忠簡五公，牘請並祀章文懿公於四賢祠，甄遺秩禮，一方之風教，渢渢而興焉。金華故多才賢，後先相望，氣節若潘默成，勳業若鄭忠愍，讜言善政若王莊敏兄弟，率以聲猷燀灼於時。而道學則吕成公與何、王、金、許四先生，爲世碩儒，踵武以接。言理性者，婺爲最，號小鄒魯云。慨自王澤降，聖教湮，孔孟之道滯於記覽，溺於清虚，失傳者千五百而有餘年矣。至周子倡道於春陵，二程廓而大之，於是濂洛之學，承洙泗之正傳，於乎至矣。然是在帝王中州之域，而閩浙偏安，教不易顯。迨龜山載道東南，再傳而得文公，師友淵源，以究其極，孔孟之道始由南服而大明於天下。是時英俊立其門，傳其詮要，推明而羽翼之者甚衆，吾婺成公其一也。

公質由神授，學本家傳，祖述濂洛。而六經之奥旨，百家之異説，研窮搜抉，判然胸中。時與文公同志，辨質刮劘，卒揆於正。而契合之妙，心手授受。世謂朱、吕爲南宋斯文鼎峙，信哉！嗣是而傳之何文定、王文憲、金文安、許文懿，均爲朱學世嫡。蓋濂洛之學，文公浚其源而導其流者也，成公疏其源而揚其波者也，四賢會其源而續其派者也。至考論其興起開創之端，發鑰啓鍵之自，成公之功不於是爲大哉！

公生於金華，葬於武義，舊有宋賜田參百畝，屬僧寺其旁，歲參主租入以供祀，歷代因之。而閭里憑陵，多乾没其田，以爲己有。夫公功行，應祭法，缺典若是，觀風者亦將謂何？於是公之世孫訟于郡，會御史謝公廷傑亦檄府以從事，鄭君憮然曰：「古之君子旌别淑慝，表宅里，殊井疆而敦勸焉。成公之學於百世與文公不朽。婺之東萊，猶歙之紫陽也。顧使其侵田不復，孰非官司之責乎？」於是辨眎文公所撰祠記，按舊左驗皆合，盡奪故所竊占，以爲俎豆之需，其塹以備樵牧之扞。

嗚呼！田歷宋迄今，始遇二公，遇亦難哉！昔六、蓼失國，臧文仲哀之曰：「皋陶、庭堅，不祀忽諸。」文、武、成、康之宗廟，盡爲離黍。一大夫之行，外無人矣。使當時能以郡御守吏之心爲心，則臧孫可無哀，《黍離》可無作矣。公世孫庠生吕濤、振文等，將鄭君之命，俾余爲記，且曰：幸有以告夫希公者。昔文公嘗言：「學如伯恭，方是能變化氣質。」竊謂資稟穎徹，絶出等夷，而純粹如精金，温潤如良玉，顧亦由變而然哉。横渠言：「形而後有氣質之性，善反之，則天地之性存焉。」因以知氣質之爲累，雖賢者不能免也，而善反以爲功，惟賢者能之耳。譬則金之含礫，玉之挾瑕，此非性與？而良工治之，金化轉精，玉化轉美，斯足以證聖人之可學，氣質之可純矣。而柳子之賦佩韋也，亦謂韜義於中，服和於躬，和以義宣，剛以柔通，殆庶幾乎見道之言哉。

嗚呼！變化氣質，寔成公生平用力喫緊處也。故視其色，其接物也，如春陽之煦；聽其言，其入人也，如時雨之化，極其德美。才周萬物而不自以爲高，學際三才而不自以爲足，行洽神明而不自以爲異，識照古今而不自以爲得。脉絡貫通，上接乎濂洛關閩，條理精密，下啓乎何、王、金、許，不亦宜乎？今距公猶未甚久，文足徵也，獻足徵也，密邇其居而誦法其言者，固宜朝夕注乎心目之間，而迺寥寥未之多聞，不亦負先正開來之意，而崇祀之盛舉，曷以報之哉？太史公適魯觀孔堂車服禮器，低回留之而不能去。其將登斯堂，瞻斯像，低回留之而不去也夫，皆曰敬書之以告夫希公者。

（《小漁先生遺稿》卷四，萬曆四十三年刻本）

列祀正學祠疏

謝廷傑

巡按浙江監察御史謝廷傑，爲崇祀儒臣，以昭正學事：臣巡歷金華府地方，據該府縣儒學廪、增、附生員姜最等連名呈舉蘭谿縣原任南京國子監祭酒、禮部尚書、贈太子少保、謚文懿章懋行誼，乞要題請與先儒何基等四賢，并列正學祠内崇祀等情。據經案行提學道查議去後。今據該道僉事胡汝嘉呈，據金華府蘭谿縣儒學覆稱：章懋博大弘深，貞純高潔，稟兩間之正氣，爲一代之儒宗。討論遺經，遡洙泗之源而衍其派；沉潛正學，升考亭之堂而入其室。

始官侍從，讜論格君；至掌成均，端嚴範士。暨副宗伯而屢疏懇辭，尋遷官僚而堅卧不起。風節足以廉頑立懦，學術足以繼往開來。合祀正學等因，牒縣申府，轉呈到道。看得章懋立心制行，真無愧於古人；德業事功，允有光於載籍。此誠聖世之真儒，斯文之楷則。相因合祀正學祠内，以慰輿情等因，備呈到臣。

臣考金華府乃古婺郡，宋元之世，有何基、王柏、金履祥、許謙，皆以理學鳴於當時，號稱東南鄒魯之邦。嗣是而後，由舉業進、功名顯者，固多其人。若潛心理學，媲美四儒，則僅惟一章懋焉。四儒尚留心於著述，章懋則專志於力行。節操所昭，誠足表儀於後學；語録所載，亦能羽翼於聖經。所據議入正學祠一節，既經該道查議，委爲公論。但正學祠原奉朝議建立，今祀相應題請。伏乞敕下禮部，再加查議，將章懋列於正學祠内，與四賢一體崇祀，不惟慰鄉邦後學之望，抑以彰我國家人文之盛矣。緣係崇祀儒臣以昭正學事理，未敢擅便，謹題請旨。奉聖旨：「禮部知道。」

（《楓山章先生實紀》卷二《奏疏》，明刻本）

題祀疏畧

謝廷傑

先儒何基、王柏、金履祥、許謙，皆以理學鳴於宋元之世。嗣是而後，媲美四儒，則僅惟一章懋焉。四儒尚留心於著述，章懋則專志於力行。節操所摽，誠足表儀乎後學；語録所載，亦能羽翼乎聖經。所據議入正學祠一節，委爲公論所歸，相應題請。

（趙鶴輯、張朝瑞重輯《金華正學編》卷十二，萬曆十八年刻本）

列祀正學祠文移畧

謝廷傑

諸生姜最等呈稱：宋元之際，金華一郡，真儒繼出，若文定何基、文憲王柏、文安金履祥、文懿許謙，謚出前朝，祀列鄉校。淵源派自朱子，授受本於勉齋，稽之方册，訂之輿論，皆以爲有功於聖門，有裨於王道。成化間，分巡僉事辛　題請從祀孔庭。一時朝議，准楊時事例，建祠鄉郡，敕名正學，牲帛祝號，欽奉朝命。蓋以明繼往之報稱，開後學之纘緒也。兹原任禮部尚書謚文懿楓山先生章懋，其爲人也，博矣而能約，聞之而斯行。學由真積，不離當下工夫；道自心生，灼見本來面目。步周元公之無欲故靜，體程叔子之有主則虚。始焉苦乃心，極乃力，殆類横渠；既而問學道德性尊，同符仲晦。是周、程、張、朱四大儒者，公已覩其室奥，則何、王、金、許四正學者，自合列其祠堂。

既同鄉而且同德，祇異時而罔異心。其遭際也，雖窮達之殊途，而同歸者在；其著述也，固多寡之異慮，而一致者存。昔當諸於朝，從祀於聖人之廡。乃今白諸臺，請亦右於正學之祠。是舉也，在四先生必無拒色，在文懿公亦無愧容。若蒙題請共祀，不惟義法允宜，抑亦神人胥悅。

（趙鶴輯、張朝瑞重輯《金華正學編》卷十二，萬曆十八年刻本）

送劉國音典教永康叙

王　臯

永康，婺分邑，古稱山水佳地，故所産多瓌偉卓犖之士。在宋淳熙、紹熙間，有陳同父、林和叔二公，皆抱負經濟，風義凛凛，爲朱子所敬畏，則其麗澤之沾漑□持者可知矣。當其時，吕成公亦以一代宗師倡道於婺，四方學者不遠千里榮登其門，而永康近不越數舍，鮮有至者。此非二公之高義，自足以振起其邦人，能無俟於外求者哉？然金華自成公之後，何、王、金、許諸君子相繼起，相與闡揚斯道，而理學之盛，遂至窮宇内莫與束。

永康自二公没，未聞有特起焉。則其所積之厚薄，流之淺深，似又有不可掩於後世者。豈二公卓犖瓌偉之氣，雖足以廉貪立懦，而精識粹養，視朱、吕固不能無少遜耶？凡情感慨於一時者易息，優柔浸灌，得之於學問者無窮，是固不能無間也。然予聞秉彝之在人心，初無泯滅，而君子之所以修之於身，施之於事，所謂不朽而存者，未嘗終窮也。

（《遲庵先生集·文集》卷六，明刻本）

《趙文懿公文集》二則

趙志皋

中洲遺集叙

婺自吕成公倡道，何、王、金、許四先生相繼丕振，而紹休闡繹，則文懿楓山先生，理學淵源，從來遠矣。先生授業於其門人凌氏翰，而中洲公從凌受學焉……子光京世其業，未及行，隨燼於火，僅存什之一。公殁四十年，門人王以忠，余老友也，自武林、虎丘諸處爲名山之遊。甲午入燕邸，攜公遺稿將就梓，而以叙言屬余。時余方有首丘念，與以忠約結社於靈洞山，不勝存没之感，遂不辭爲之叙。

夫聖道如日中天，懼異端者爲之障。司世者辭而闢之，言之不可以已也。今世學士大夫不悟本原，未得要領，骫髒不得志，則講學抑鬱無與語，遂譚禪自標宗旨。衆喙爭鳴，而漫無益於身心性情、家國天下之實際。求其刊落言辭，斷絶馳騖，直於心性上實修實證，如公之闇修是崇者無有哉。如其有之，則公雖没而尚有未泯者，在於以繼五先生之緒而承先聖之道脈者，厥有攸賴焉。是爲叙。

（《趙文懿公文集》卷一，崇禎趙世溥刻本）

金華縣遷學記

金華之山，蓋自括蒼磐礴蜿蜒千里，至芙容，支分岡阜，入城郭，左右迴旋，二水襟環，萬峰屏峙，巋然鉅於東南。郡邑扆山而治，邑有學，在山之堧，地故卑，偪以民廛，淩以司署。歲既久，每積雨，則流潦横被堂皇之間，享祀講習稱不便，有司往往病之，惟繕治疏洩而重改遷。桂林張公守約以御史來守是邦，黄梅汪君可受用高第令兹邑，咸慨其學不足以崇瞻嚮，思維新之。會鹽院孫公旬、巡道張公子仁行部至郡，邑諸生因以爲請，胥念興學造士美意也，允之。而撫臺張公佳胤、蕭公廩、按院張公大熙、范公鳴謙先後巡歷，議以克叶，於是相芝山光孝觀址改遷之。一時廟堂廡序、齋祠廨舍、庖庫廩廐畢治，而棟宇榱桷之壯，刻斲丹雘之麗，視舊加隆，逾數月而告成。曩時觀者率侈郡學，陋邑學，今焕然稱並盛矣。

惟是郡大夫張公、邑侯汪君介兩生寓書幣徵記於余。余方起自山中，南貳成均，環四方多士而宣鐸教，思國家開齒胄之監，儲毓人材，弼成化理，累朝惇倫明經之訓，炳若日星。今主上申功令而廣勵之，且成均選士，又四方所視前茅，而改行易趨者，將督率指發之爲難也，而奚以復其請？

竊惟國家養士，昉於成周，鄉塾黨庠術序國學之制。鄉塾之秀，升於庠序；庠序之秀，升於國學。然考之周典，樂正崇四術，順四時，教以詩書、禮樂，使之博通義理，融洽德性。童習而白首豁之，不遷異物。是以行修德成，庠序有可選之才，國學無不賢之溷。

今禮樂已廢缺，而誦詩書者，果能如周之士明經術，一道德，無聲利之汩，詞章記誦之累矣乎？有所汩且累，則郡縣之升於國學者，豈皆成周選才，而所謂不變簡絀者，盡無其人矣乎？夫教化行，道德經術出於一；教化弛，則道德經術出於二。一則淳，二則漓。任教在君師，立志在士子，首善在成均，根本在郡縣，而郡縣觀感在一邑。

金華，文獻邦也。自呂成公倡道，何、王、金、許四先生相繼丕振，稱小鄒魯，非先民之法程乎？師以是教，士以是學，治心正身，考德問業，不徒剽詞綴文，獵榮媒進，卑卑爲庸衆，一變今習，使四方翕然觀感，升秀國學，奚翅成周之選，洽菁莪、棫樸之化焉。

（《趙文懿公文集》卷二，崇禎趙世溥刻本）

重刻正學編叙

張朝瑞

婺自呂成公倡明道學，何、王、金、許後先相望，上下二百年，東南文獻甲天下，稱鄒魯正適。至我國朝章文懿公寔紹而闡揚之，今所稱理學名臣楓山先生也。舊有《正學編》，編自前守趙公南渚，顧未及章公，而所編五大儒嘉言懿行，猶未適繁約之中。余同年友唐君中廓筆削趙編，益以章公，而後道學淵源，燦然百代大典云。編成，問叙於余。

余惟孔氏有言：「中人以上，可以語上。」乃顏、曾得統孔氏，而四勿之訓，不離視、聽、言、動，一貫之傳，不離忠恕，安在其爲語上耶？故曰：「中庸，其至矣乎！」至，即上也。又曰「形而上者謂之道」，離形氣而獨存，非上也。三代而下，孔氏與佛、老鼎峙而三，漢儒有所守，無所攻。唐儒始攻之，宋儒始大攻之，而卒未覩犁庭掃穴之效。今世儒者不議攻守而議和矣。二三名公鉅卿，著書立言，爲天下嚆矢。而一時豪逸儁爽之士，若宋儒之無奇景附而響答焉，矢口操觚，汪洋恣肆，無非混爲一家之説。彼其人蓋内尊佛老，外不敢抑孔氏，而又見宋儒之力攻而不能亡之也，於是不得已而建此和同之策耳。余竊謂聖道之有異端，猶中國之有夷狄。善計中國者，能守能攻，何能使夷狄亡？又何必亡夷狄而後爲中國哉？代而守，代而攻，中國固帝王自立之地也。和而不已必降，則勝國之禍可鑒。而今既駸駸有其漸矣。試起顏、曾九原，與今世儒者譚説天人性命，必且退避三舍，乃人才世風至來，識者深憂，天子毅然爲發明詔而不能變，何也？則和同之策誤之也。夫索隱行怪，孔氏料其有述而弗爲。今也中孔氏之所料，而敢爲孔氏之所弗爲，譬之適國者，不車航而求縮地之術，養生者不節食服藥而羨昇天之舉，耻屈於中人之下，而妄托於語上之旨，吾不知其所終矣。

嗚呼！此吾儕重刻《正學編》意也，是君子反經之説也。唐君邦佐，戊辰進士，視篆二守周君尚禮、蘭谿縣令葉君永盛，俱用儒飭吏，有意斯文。章公之子接，服膺家學，無廢先人，並司校讐，董刻厥事。若諸儒言行，則編中備矣。尚友興起，觀者自得之，不具論。萬曆庚寅仲春之吉，海州後學張朝瑞謹叙。

（趙鶴輯、張朝瑞重輯《金華正學編》卷首，萬曆十八年刻本）

重刻正學編後序

周尚禮

粤惟心以會道，學以正心，學之係於人大矣。顧道統昉於唐虞，萬世言學者宗焉，而未嘗以學名也。迨傅説之告其君，成王之訪其臣，而學之名義始著。孔子大聖猶謂學不倦，聖賢終身從事，孰能去學？《六經》《語》《孟》，炳若日星，明善誠身，學無支蔓。慨自洙泗教湮，微言莫闡，在漢董子已有師異道，人異論，百家殊方之憂，而請一遵孔子之術。奈之何世日遠，學日岐，人心日益蠱，志道者有深慨焉。此學期於正，而正學所由名也。聖道至宋大明，濂、洛、關、閩諸賢裒然遠紹孔孟正學。吕成公傳中原文獻，至婺爲一方倡。嗣北山何氏，由勉齋遡紫陽正傳，而王、而金、而許，相繼以振起，鄒魯道學之風，彬彬盛矣。

入國朝，而楓山章文懿公尤克纘其業，真脩實踐，鑿鑿名世。前趙君守婺，彙輯婺中五先生爲《正學編》，而文懿公尚未及載。今文懿公令嗣與唐君重加增訂，其表揚先烈，興起後生，意殷殷厚矣。夫學術正則心術正，而居求行達，不詭於孔子之道，用行舍藏，無適不可。其爲人心世道繫甚鉅，不特爲光一婺已也。若夫炫雕龍炙轂之奇，侈玄黄綺縠之艷，植幟藝壇，籠罩宇宙，是爲雜學。竊章句口耳以窺奥眇，藉以獵名干譽，媒世梯榮，是爲□學。枯槁身心，塵幻造化，守玄默之旨，超無上之乘，而竟不知彝倫事物謂何，是爲異學。又其甚者，陽爲孔、孟之説，而實陰逞其私，騁詞辯則曰明經，希世資則曰行義，浸淫於二氏則曰聖學捷徑工夫，是爲鷹學。凡此皆正學之蠹也，寧不大可懼哉！尚論君子手斯編，而於六先生之嘉言善行，參伍考印之慎，毋蹈於四者之蠹，斯於聖道幾矣。敬附瑣語以就正有道云。

萬曆庚寅仲春之吉，鉛山後學周尚禮謹序。

（趙鶴輯、張朝瑞重輯《金華正學編》卷末，萬曆十八年刻本）

爲兩浙貢選諸生賀督學崑圃饒先生得士序

沈懋孝

此舉子彀中事，良無足侈論者。獨念諸生此集，一路經行處，萬山之高峻，澄江之清駛，與秋陽朗月、肅霜凛風、飄雲湛露者共來。灑拂襟裾，而鼓鬯其吟弄，精神竦發，與教澤俱新。仰止昔人，可以超然特起矣，將無慕富春之高士乎？追何、王、金、許諸先生之遐軌乎？得無進而參象山、慈湖所以授受之微乎？日者駐蓋三衢，吾孔師曲阜之派在焉。仰瞻宫墻，進謁師表。思吾孔師之門七十二子者，表表當年，或以德行，或以政事，或以文學、言語，其人皆豎立天壤，有功師門，此非前茅歟？今兹八十五人者，豈盡出古人之後？自兹以往，有力綱常，乃以報天地；砥樹身行，乃以報父母；力展素學，乃以報師長；經緯當世，乃以報國恩。諸生茂勉之，無憂不及矣。敢拜手稽首，誦貢舉得人昌言於大人先生前，敬揚拭爲天下賀。

（《長水先生文鈔·長水先生賁園草》，萬曆刻本）

夏東巖先生集序

斯正

吾鄉麗津之會，朱、吕擅宗，何、王、金、許繼軌。既而若文憲，若潛溪，若文忠及我楓山諸老一脈統承，敦崇正學，故片言隻論，垂之簡册，咸足以羽翼聖經，緝熙帝載，亦不過求其是焉而已。

（夏尚樸《東岩文集》卷首，嘉靖四十五年斯正刻本）

《陸學士遺稿》四則

陸可教

章苑卿小山翁暨配趙恭人偕壽八十叙

翁五歲而失楓山先生，其於音容邈矣，而收拾遺文，無一字之訛漏。言論造次，必於先生，祀享無公私遠近，必躬必親。晨昏展謁家廟唯謹，蓋孺慕七十年如一日矣。先生既以真儒正學祀於邑、於郡、於會城，又與何、王、金、許四先生同敕祀。其於人子闡揚之道，不啻至矣，而翁猶以不得與兩楹之奠爲憾。

（《陸學士遺稿》卷十，萬曆刻本）

金華府儒學重修明倫堂記

吾婺之學，按《記》建於洪武己酉，或曰因元舊爲之教□。高皇帝剗除夷穢，再造區寓，不啻取二曜於虞淵而一洗之，豈其歸然以明倫名者，而必襲元之故，則何以諭中原之檄爲？蓋謂建於己酉者近是。然學故有舊石坊，題曰「皇明首建」，又似先他郡國爲之者，而己酉乃其同文之詔與？蓋當勝國彝倫攸斁之時，九垠以內若日月之淪翳，疇復有能挽□□光末照者。惟吾婺何、王、金、許四先生，超然高引，□□諸夏如綫之學，以待真主之出。既而四海□又附鱗翼而雲合飈應者，不可縷指。然而闡繹道真，紹修倫紀，以開一代之文治者，又吾婺宋先生也。且當文學院初建之始，吾婺又首貢儒士王禕、胡翰、蘇伯衡等爲諸郡國倡，則我高皇帝當天造草昧之初，加意婺學，理有固然者，矧人臣嗣守兹土，身帥帥之責，於文教大同之世乎？

（《陸學士遺稿》卷十一，萬曆刻本）

金華府重修正學書院記

郡故有正學祠，以祀宋何文定公基、元王文憲公柏、金文安公履祥、許文懿公謙。萬曆紀元之二載，□□御史萬安蕭公廩疏於朝，以故南京禮部尚書文懿章公懋祔入，是爲五先生祠，而書院則仍正學之額如故。蓋何先生身受業於考亭之門人黄勉齋氏，遞相傳也以至許先生。而章先生亦恪守考亭先生之學，博觀約守，動稱古訓，絶不爲玄虚宏勝之譚以自標炫。四先生自宋歷元，皆潛德弗仕，謹存諸夏之學脈。而章先生亦以清風直道、難進易退之節，相望二百年間。此書院所由揭名，而蕭公所以並祀之意也。

祠郤負長山，傍帶郡城，前襟雙溪，擅勝一方，夙稱巨麗。先是，郡太守之右文者，嘗課士其中，歲久弗葺，鞠爲蔬圃，鼪鼯窟宅，墉圮屋穿，惟中祠數楹，靈光巋然而已。郡太守海洲張公朝瑞來治吾婺，約己縮費，視民財不啻其膏脂之在身，惟恐朘之。自郡治以至兩臺使者之所行涖，諸所營建，一切報罷，曰：「吾爲婺民守藏而已。」比三年，政成教行，民以心附。乃盡斥其俸入，若公私之羡數百金一新之。祠中仍舊寢，加以繪飾，行翼兩廡，前樹臬門，負祠爲堂者二，顔曰「經義」，曰「治事」，蓋取宋湖學之舊名。左闢而入曰「禮門」，右折而出曰「義路」。督學使者若藩臬、郡大夫課文肄講兹焉涖處。負堂而閣者一，顔曰「尊經」，厥搆特爲瑰壯，購書實之，以厭博觀之士。負閣爲亭者一，顔曰「聚樂」。憑闌四眺，溪山縈峙，灑然若身軼於埃溘之外，而塵慮盡祛也。多士講業之暇，於焉遊息，豈特謀野之助哉？

祠之左右，分列生舍，自南遡北，爲三楹者七，庖室輔之，繚以垣砌，寢處靚清，扃鑰有所。前爲泮池，標以楔棹，楚楚翼翼，觀望孔涣。於時郡丞周君尚禮、別駕吕君錦、司理劉君文卿，實先後左右之。嗚呼！若四君者，可謂知教本矣。

書院既成，郡邑博士暨兩庠諸生來徵文爲記。予學淺陋，不足以窺五先生之閫奥，蓋心愧不能屬筆者三年於此矣。無已，則請以正學之義申告多士，可乎？夫聖人之道，約而該，奥而甚夷，即之有蹊，極之而無畔涯。德曰庸德，言曰庸言，而精義妙道，《傳》稱聖人之所不能知不能行者，即此而寓。故曰崇效天，卑法地。效天者虚，虚無不冒，故崇；法地者實，實無不踐，故卑。斯亦吾夫子下學上達之旨也。然其功則下學盡之。故子貢曰：「夫子之文章，可得而聞也。夫子之言性與天道，不可得而聞也。」夫夫子之一言一動，見於《家語》《魯論》之所記載者，皆文章也。其所删述，自《孝經》《庸》《論》以至於《春秋》《易大傳》，又皆文章也。彼所謂性與天道安在哉？然則非性與天道之不可聞，謂舍文章無以聞之耳。

自考亭以至於五先生，皆善求夫子於文章者也。近世學者，乃始有直指性體之論，其言簡易頓截，非不灑然有當於高明之士，然而檢察身心之際，或愧於五先生者多矣。故五先生者，的爲天下之正學，學聖人者必自其學始。夫能自五先生而始，乃能不自五先生而止，此在悟者自得之，非可以言語盡也。蓋愚嘗登金華之巔，數級而登，擇地而蹈，稍有淩越，顛躓隨之。比其至也，灝氣四清，廓然太空，回視崎嶔，頓遺舊跡。譬之於學，去礙得通。遡太始，淩鴻濛，孰孔孰顔，我翼而從。一物不掛，邪正曷容。疇爲五先生，吾當相與目擊於玉壺、紫蓋之峰矣。張公，篤學好古之士也，其必有概於五先生矣。試以鄙言質之，其謂何如？

（《陸學士遺稿》卷十一，萬曆刻本）

與張鳳梧

敝邑章文懿公道德文章，表儀當世，文廟佑食，輿論歸心，此自明公所素悉。今聞郡邑諸生共申前請，章小山公欲索書生致之按君李公祖。生謂明公興禮勸學以風八邑，文翁而後，世不多見，即李公祖有所可否決於左右片言耳。且崇儒大典在文懿公則爲公，在小山公則私。生以文懿公而倡言於明公，則爲公，以小山公命而致書於按君，則爲私。然流俗之論，或以私望於小山而並置文懿公，則又私之私者也，尊裁以爲何如？抑亦復有鄙言。惟明公必願聞之。何、王、金、許四先生躬衍程朱統緒，而傳之今日。元儒許魯齋雖有儒者之功，而四先生嚼然無所染於當世，粹白且過之，其當侑食文廟明甚。傳聞始議時以一郡四人爲太多，而又不可有所去取並罷之，此正學祠之所由建也。嗟嗟！允若斯言，彼七十子，夫非十九鄒魯出耶，奈何以郡爲斷也。儻明公遂發此議於李公祖，以萬一得徼孔孟之靈於五先生，斯亦曠世之盛事也。

（《陸學士遺稿》卷十六，萬曆刻本）

贈四川布政使司左布政使程公墓碑

李維楨

今天下爲方伯者，必積資二三十年甫得，而已迫遲暮倦勤，而其階去公卿纔一間，惟恐失之，不能無阿邑覬速化。又所職重錢穀，手足拮据，無復遊戲翰墨之日。而余出爲藩臬，所事方伯凡數十人。晚得永康程叔明公。公年踰艾，晨興夜作，即居恒燕談，每有不盡之興，而又善爲古文辭及晋人書，應之如流。其執義甚堅，部使者悍塞相撑距不爲動，而一切出納明審，媒蘖之卒無端。余甚異之，久而後知公之賢，蓋受其父方峰先生云。

先生名梓，字養之，先世爲徽槐堂人。勝國有廉訪副使楷者，避徙永康，一傳徙方巖，又二傳徙附馬堂，又三傳爲伯詳，娶於楊，即先生父母也。有三子，季則先生。先生生而明惠若神，六七歲無戲言媟容，臧獲不敢以惰見，見輒詆訶之。既長，聞婺有何、王、金、許者，聖人之徒也，就外傅問學，傅不能對。

久之，讀《正學編》，至所爲真實心地、刻苦工夫者，躍然曰：「學在是矣。」又進而求之濂、洛、關、閩，又進而求之鄒、魯。未得，則終夕不寐，已得則若饗大牢，而其父不悦也：「是安所當舉子業乎？」先生長跽而請曰：「世不乏公卿，惟聖賢不數。兒雖不敏，願大人爲聖賢父。」父譙讓之：「古公卿獨無聖賢耶？未聞合之兩傷，離之雙美也。」先生乃出就試，輒裒然舉首，爲邑諸生矣。而是時王文成公學大行，先生與李生侯璧、周生德基輩負笈執雉。文成奇先生年少而志鋭，令從高第弟子錢仲實、王汝中諸君居陽明洞中。其數則始乎誦經，終乎讀禮；其義則始乎爲士，終乎學聖人。端而言，蠕而動，一可以爲法則。凡六年，文成卒，先生謂邑故多大儒，自陳同甫以來，何寥寥也。乃偕從父文恭公及司丞應公爲五峰社，而推二公長之。衢、婺、括蒼諸郡邑人士，其從如雲矣。五峰故有招提，朱晦庵、吕東萊、陳龍川三賢所講學地，而中兒率臺有晦庵遺書。

（《大泌山房集》卷一百十二，萬曆三十九年刻本）

四書正學淵源序

蕭復陽

道之在天下也，雖有明晦、續絶之不一，而能使之常明不晦、常續不絶者，則必得人焉，以翊其統也。惟得人以翊其統，則晦爲能使之明，絶爲能使之續，而道統之傳，得至於今不墜者，雖天主之，而聖賢之功端不可誣矣。孟氏續道統之傳，而深致意於見知聞知。蓋必前有啓而後有承，是前之資於後，猶後之賴於前，均之不可以無人也。孔子不云乎：「文王既没，文不在兹乎？」夫其承在兹之文，而得統於群聖，以集其成也，是天以斯文之統畀之也。繼孔子之後者，有孟子，嘗曰：「予未得爲孔子徒也，予私淑諸人也。」夫謂私淑諸人，則聖學淵源固有所自，豈必親受業於門，而後爲得其統哉？自是之後，寂寂寥寥，聖學相傳之統，綿綿一脈，不絶如綫。

至宋程氏兩夫子始有接孟氏不傳之緒，而其門人龜山楊氏載道而南，一傳而得羅豫章、李延平先生，再傳而得朱晦庵先生，而諸儒之説始大集其成矣。勉齋黄氏親授業於朱子之門。金華何文定先生雖後朱子生，而口傳心受，得之勉齋。自是而傳之王文憲、金文安、許文懿，僅二百年間，四先生傑然踵武相承，凡四子之書，悉爲之注疏，闡其微詞奥義，以翊朱注。國朝曾採集《大全》書中，遡其淵源所自，謂非朱氏之適傳不可也。夫道非文不顯，文非人不彰。文之彰者，道之顯也。今四先生之注疏，昭然在也。上以發明聖言，下以嘉惠後學，而皆生於一郡，相繼而興意者。文其在兹乎，文其在兹乎？然世代既遠，遺書散逸，元江章先生乃裒而輯之，章分句釋，以附於朱注，而傳注益以顯明，則先生之用心誠勤矣。

先生司訓於漳，清脩恬澹，一惟以明道淑人爲己責，而尤究心於理學，其殆紹乃祖楓山之家學乎，其殆聞四先生之風而興起乎？吾於是益信兹郡之多賢也。予受四先生之書，讀之卒業，乃敬爲之序，以弁其端云。

賜進士户部員外郎、温陵後學見心蕭復陽撰。

（章一陽輯《金華四先生四書正學淵源》卷首，康熙三十五年趙泰甡重刻本）

《金華四先生四書正學淵源》二則

章一陽輯

鍥四書正學淵源後序

夫道在天地間，等之水然，支分派別，不啻幾萬緒，是豈氾然靡所淵源？試覷宇内，滌汔於岷山，汪渤於桐柏，瀠洄於積石，温汾於嶓蒙，浩瀚於滄溟。與夫駕軼者，擢拔者，揚汩者，豈不奇觀□狀哉？遡其自，總發源於崑崙而已。鴻蒙既闢，堯、舜、禹、湯、文、武之道，流注於洙泗，一泓湛澄，千聖淵涵。嗣是子輿崛起，以七篇登假聖域，障狂瀾而廻之，歷秦漢，迄唐宋，千有餘歲，風流波蕩，伊於□底。幸而天佑斯文，濂洛雙清，紫陽浴德，鳩靈殫精，嘔出孔孟千百年以上肝藏，俾洙泗波光，霑溉萬古。萬古下望洋蠡測者，無難登筏。維時東萊吕成公與紫陽、南軒講學婺城麗澤書院，所以濬發泗水之淵源者深矣。於是間氣毓祥，北山何文定公親承紫陽高弟黄文肅公之業，傳諸魯齋王文憲公，魯齋傳諸仁山金文安公，仁山傳諸白雲許文懿公，號金華四賢，爲朱學世適是已。

夫宋轍既南，文公毅而任道，推擴延平、豫章、龜山之學，以翊贊孔孟不絶之緒。四先生者，又鼎峙一郡，踵武繩繩，機籥相印，是故孔孟未發奥指，得朱注而朗於日星；朱注未盡意義，又得四先生闡明殆盡。雖《疏義》、《考證》與夫《叢説》、《圖解》，著自金、許，而微詞奥義，口傳心授，實本諸何、王。遡何、王、金、許之流而窮其源，則洙泗一泓，注不盈、酌不竭之崑崙也。濂、洛、紫陽以及於何、王、金、許，又宇内之江、淮、河、漢，滄溟巨滙也。後此雖有觀瀾之士，披揚流灑，節汨潺湲，亦不過江淮河海之餘波細潤焉爾，豈能外此正學淵源，而别爲異流殊沫，以濫觴吾道也哉？第四先生生丁艱棘，終世屏居不仕，著作纍纍，雖蒙賜祀於鄉，猶未得列廟廷享腏食焉。昔謂道之顯晦有時，亶其然乎？迨今世遠道榛，遺書散逸，舍此弗輯，則四先生之所以羽翊聖真者，必至於澌滅無傳矣。

陽生也晚，未得學海一勺，昔嘗纂修家乘，而知宗先人楓山文懿公之所私淑者惟四先生，用是廪廪於四先生之無傳是懼，敬忘，固陋搜輯其在宋者，梓之以識不磨云。

萬曆甲辰孟夏之吉，金華後學章一陽謹序。

（章一陽輯《金華四先生四書正學淵源》卷首，康熙三十五年趙泰甡重刻本）

金華四先生姓氏并序

南渚趙先生曰：瀫溪之滋，婺女之墟，世有大儒，曰東萊先生吕成公、北山先生何文定公、魯齋先生王文憲公、仁山先生金文安公、白雲先生許文懿公。成公乃與朱文公并時同志，首倡道學於婺。文定則親承文公高弟勉齋黄文肅公之業，傳諸文憲，文憲傳文安，文安傳文懿，稱金華四賢，爲朱學世適是已。方宋軌既南，文公起而任道，其學推擴延平、豫章、龜山，直遡程、周，以上接孟氏之絶。而成公同南軒張宣公，又以所聞濂洛之説，與公質辯講磨，率揆於正，一時學者翕然師尊之。世謂三公爲南宋斯文鼎峙，信哉！張、吕早世，文公晚以其道及書屬之文肅，再傳而有金華四賢之學。後懷孟許文正公私淑文公，臨川草廬吴文正公學宗朱陸，皆仕於元，而行其教學於北方，其視金華，則固爲朱學南北之派也。然許、吴仕元，爲混一之初，又在帝王中州之域，故其爲學易顯，而爲教易明。四賢出偏安叔季之後，屬時艱棘，甘於儉避，而卒老不售。自今雖有稱説□學，亦蘇平仲所謂不過風承響接，而非灼然□□者，斯道顯晦固不有時哉。道之顯晦，不足爲賢者軒輊。然自成公下迄文懿，僅二百年，爲五鉅儒，赫然鼎立一郡之間，踵武相接，機籥相須。考亭一緒，益昌益熾，遺化所被，至於閭閻，皆右儒業而先禮教，海内目其郡，殆與鄒魯，將不其盛哉！成公與許、吴二公舊列從祀，成化間有以四賢請者，賜正學祠，准龜山例，祀於本郡。今龜山已秩從祀，而郡未及爲四賢再請，議者歉焉。侍御一山張先生按浙，屬鶴考述婺之文獻，鶴用是忘其蕪陋，遵文公《伊洛淵源録》，稽訂五公言行，著爲此編。又倣王魯齋《五先生文粹》，取其文之關於道源教本者附諸後，用率諸生讀之，爲高山景行之則。且將請侍御推校四賢正學本末，及因朱之授何之承見文肅傳道統脈，並爲君子上論於朝，俾與楊、吕、許、吴諸公并從廟庭得列腏食。是其於熙代表正儒宗，崇廣道術之治，豈小助哉？郡又有楊與立、潘叔度、徐僑爲文公門人，張潤之爲北山高弟，而東萊弟子聞者亦多，以俱未得其著述行事之詳，故不列云。正德辛未仲冬上吉，後學趙鶴敬題。

侍御戚雄曰：紫陽遡濂洛之統，其後分爲二大派：南派吾婺何、王、金、許四先生，親承勉齋、搗堂之緒，爲朱門適傳。北派吴、許，吴、許仕元爲美官，跡著名重，世遂以道統歸之，列祀孔廟，及謝鳴治鐸始勒罷祀之請。四先生隱居不仕，著書立言，考其造詣，真不愧於伊洛諸大儒。而從祀之議，訖辛、劉二疏之後無聞焉。説者徒謂一郡四賢難以服乎天下，不知鄒魯多賢，未聞以其生於一邦而有所遺也。嗚呼！斯文之顯晦，信有幸不幸哉！

（章一陽輯《金華四先生四書正學淵源》卷首，康熙三十五年趙泰甡重刻本）

重修崇正書院記

許弘綱

郡治之東北，附郭而面陽，崇正書院在焉，以祀何、王、金、許四先生，益以楓山先生而五。始未嘗不課士其中，而末稍傾圮也。萬曆某年，郡守張公朝瑞爲擴而大新之。堂廡生舍，廓然改觀，依稀乎白鹿、鵝湖之勝，陸宗伯敬承所撰記詳哉其言之矣。

二紀以來，修葺弗時，日就零落，生徒聚散靡常，而五先生之靈貺庸亦有弗康者。直指李公以理學名宗，仔肩世教，輶軒所至，諄諄明道淑人，觀風兹土，爲之惻然，商諸參知林公，圖所以更新者。而公私方詘，心竊難之。節推解公聞而毅然奮曰：「觀人文以化成，是惟司土事。彼張公何人焉？且使我朝束矢而夕覆盆不寧，是羹墻而司之契也乎？」乃諏衆度材，徵力於暇，徙故門前坊至今門垣，其隙而卉之，左曰杏苑，右曰桂林，稍進爲泮池，深廣倍舊，亘以石梁，週遭稱之，題其楔曰化洽環橋，蓋於樂斯乎取焉。

面池而宫者，五先生也，肖貌宛如，爲藻而□之。由經義、治事兩堂，徑達尊經閣，峩然鼎搆，八窗洞開。中盤二酉，挈芙蓉、雙溪之秀，置之几席，而燃藜問字者，若挹水於河也。負閣而亭，更爲之闢扉綴軒，俾相應接。環視生舍，若斷若續，翼如翬如，宏麗靚清，較昔殆相什伯，而張公不得專其美矣。

是役也，始於乙卯之夏，成於仲冬。民不罷勞，公無煩費，舍皆取諸俸鍰而用之。入告直指、參知二公，而後喜可知也。或曰：「昭代同文，中天麗日，黜百家而尊孔氏，具在學宫。卑之而書院近之，而五賢何詹詹耶？」余曰：「唯唯否否，而不聞之宗法乎？大宗之祀，百世不遷，自禰而祖，自曾而高，統系所由以不紊也。洙泗之統展也，大宗濂洛關閩，斯繼别矣。」

宋元之季，婺稱小鄒魯，文不在兹乎？今遺編歷歷，其言粹如也。百餘年而蘭江繼起，亦趨亦步，斤斤稟泰豆以馳驅，且跡其生平，或潛而弗躍，或躍而遂潛，進退舍藏，居然孔氏家法也。禰而祖之，筏而泝之，於洙泗何有焉？五先生而外，蓋有刊落言詮，直譚本體，靡然率天下而從之者矣。濫觴之後，躍冶跳樑，直欲抹殺先儒，以曲伸臆説，詎不沾沾然呵佛駡祖之業多，而抄經面壁之功廢，方諸釋氏野狐禪耳。

嗟嗟！道亦多術矣，詞章功利之習勝，視高美若登天，其失也難。而苦玄虛直截之説熾，蔑倫常爲糟粕，其失也易而猖。以難視道，道猶在也。以易視道，而道始爲天下裂矣。當路諸公取柯於則，樹的於鄉，明示以由此則正，出此則邪。朝斯夕斯，庶幾有望高山而興起者，其懼深，其功偉矣，區區觀美云乎哉？

漢人有言：「使天下回心而鄉道，類非俗吏所能爲。」蓋西蜀文翁，卓、魯、龔、黄不與易也。國家功令教本爲先，輓近以來，具文已耳。張公已事，比跡文翁，猶曰：「天子之守臣，其敢弗恪司理分曹矣。」皇皇者華，每懷靡盬，方嶽大僚，百爾受成，且傳舍也。而精神交注，百廢□興，俾閩郡文明返崦嵫而還暘谷，豈惟二三子弟有待而興？其自五先生而上，實永永嘉賴之綱也，其敢忘《閟宮》之頌哉？爰狥諸生之請，忘其固陋，摭實而記之，俾後世有述焉。

李公諱某，吉水人，甲辰進士。林公諱某，閩福清人，乙未進士。解公諱某，揚州興化人，癸丑進士。而太守雲夢楊公某則嗣至，而考其成者，例得並書。

（《群玉山房文集》卷三，康熙四十一年百城樓刻本）

重刻正學編後跋

葉永盛

在昔晏大夫，卑卑者爾，未聞道也。太史氏私心嚮往，至願爲之執鞭。及過魯城，顧瞻孔里，輒復徘徊不忍去。高山仰止，景行行止，此固人情乎？漢後道術殊方，趙宋諸儒壹軌於正。新安統宗濂洛，見謂大成。於時同氣應求，則有呂文成伯恭。文成昌其學歸教鄉人，講帷菭止，吾道遂東。而先後代興，若文定，若文憲，若文安，若文懿，數以醇德微言，範型來喆。至我楓山章公，踊起盛明，真心遠紹，遡厥淵源，直繇考亭而上之，凛凛躬行，蔚爲猷節，是爲金華六先生。

不佞盛束髮受書，頗從學士大夫獲聞其緒論，竊津津有當於心，恨不身遇之。不意來令蘭，則六先生舊里也。夫以生平忻慕，一旦造其地，遺閭可式，文獻足徵，訓而行之，其則不遠。今語古良令，則宓單父尚矣。單父賢者五人，不齊事之，皆導以治術，單父是以治，尼父稱善相屬。不佞盛生也晚，不及六先生面命，顧猶然於俎豆間挹容儀，誦述間聆謦欬，兢兢師保弗敢墜，庶無速於官謗，則幸甚，何敢望單父屬者？太府鳳梧張公、少府正所周公，慨然有意乎督過諸下吏，而不靳鞭策之，因緣唐君、章君之請，爲鋟梓兹編，示指南且并辱琬琰叙之詳，六先生將益藉不朽。仲尼曰：「可以聞四方而昭於諸侯者，其惟學乎！」不佞盛於六先生，匪曰能之，願學焉。學然後知困，矧昌政學乎？範我馳驅，實賴有並編在矣。

萬曆庚寅仲春之吉，涇上後學葉永盛謹跋。

（趙鶴輯、張朝瑞重輯《金華正學編》卷末，萬曆十八年刻本）

陸學士先生遺稿叙

龍遇奇

先生挾班馬之才，養歐蘇之氣，而會程朱之旨，其爲文期於根極道要，闡明藴奥而止，故不務神奇，務平淡。不務藻繢，務真實即平淡，真實之未嘗不藻繢神奇也。連連乎其若轂轉，颯颯乎其若雲行，不匿於理而亦不跳於法。參諸作者，百羽集而競飛。濟南、弇州則摩空之翼也，新都、二陵則鳴崗之儀也。先生其翩翩九苞而翱翔千仞者乎？里稱先生爲人磊落坦蕩，自遊鄉校至出入承明，無華素二相，宦遊二十餘年，第容旋馬，家無長物。讀先生文，按先生生平忠孝節概，淋漓懇惻，而難進易退之義，澹泊寡營之致，具灑灑睹無異故真也。以行徵心，以心徵文，先生之文真矣，先生之真不獨文矣。繇斯以譚，先生青箱之傳固大有光於崔山公，乃淵源所自，多得之楓山諸先生。而何、王、金、許與東萊諸大儒，則又先生生小鄒魯鄉，所脉脉私淑而皈依之爲鼻祖者也。以此寫奕史册，垂休來兹，良豈偶耶？遇奇捧遺編，佩爲弦韋，其于以緣餙吏治，儼然羹墻函丈也，匪曰汙阿所好。

（陸可教《陸學士先生遺稿》卷首，萬曆刻本）

金華雜識

楊德周

戚先生又曰：吾郡守趙公鶴彙呂、何、王、金、許五先生行若文爲《正學編》，叙事頗精詳，但該添入楊船山與立、徐文清僑、葉通齋由庚、張思誠潤之爲《續編》，則盡善矣。

（楊德周《金華雜識》卷一，明刻本）

聖賢拗天地

陳龍正

問：聖賢效法天地，亦有時拗過天地否？

曰：夷、齊不食周粟，當時天運悉已歸周，兩人欲以隻身撑拄乾坤。胡元時，上天命之入主中國，而金華四子没身泉壤。一則拗之於天運之初遷，一則拗之於天運之久定，此太極之不隨陰陽者也，故人心爲太極。

（陳龍正《幾亭外書》卷一，崇禎刻本）

講堂復會序

陳其蒽

洙泗一宗，沛於濂、洛、關、閩，其集諸儒之大成者，獨推朱夫子。而薪傳遞衍，惟何、王、金、許四先生。此吾郡小鄒魯之稱，非誣也。然稽朱夫子過化地，則東之石洞、永之五峰，同膾炙人口。五峰會講，迄有歲年，時瞻拜下風，見兜率臺三字，與五峰並有千古。至石洞勝事，每讀《貽芳》，輒以不獲親見爲恨。一日，自法界回，趙友濟卿賜予手劄，以石洞會期見示，蓋五百餘年貞元會合，重聚德星。故郭友爾儀、爾雅、輝含、臞仲諸英哲，合力敬承，以更新茲鉅典，竊聞之而重有感也。

夫吾邑自白雲而後，惟見山杜先生倡明此舉，而先師春洲、宗兄誠源、金友常惺三先生鼎力交撑，法界、文山、官橋大會有三。至丙戌履變後，法界、文山僅延一線，而官橋明德堂之會尚有待也。有初鮮終，雖時事使然，實蒽不肖析薪弗荷以至斯爾。今石洞更新，趙友欲索蒽言，以勉勵終始，甚盛心乎？第蒽髦而無聞，何能言？抑思今日之臨其上者，朱夫子也。請即夫子之言，以共相勉勵，可乎。其言曰：「人以渺然之身，與天地並立爲三，當思我以血氣之身如何配得天地，須求全天之所以與我者始得。」讀此亦可勵於始矣。又曰：「實見得入頭處也，自不解住了，如喫菓子到識滋味，後更住自住不得。」又云：「雖顔子不能無間斷，止要時時簡點，自然接續。」又曰：「敬者，聖學之所以成始而成終也。」讀此亦可以勵於終矣。且商略今古，每至夜分，雖疾病支離，至諸子問辨，脱然沉疴之去體，一日不講學，則惕然以爲憂，朱夫子之勉勵終始更何如耶？凡我同盟，能以朱夫子之心爲心，尚何令始之不令終乎？行將沛於濂、洛、關、閩者，大行於石洞。而吾東大會有四，與永之五峰，嶽立天地間，益信小鄒魯之稱，非誣也。葸雖龍鍾日甚，敢不攜杖以觀厥成，冀失之東隅者，收之桑榆乎？僭附數言於首。時庚子春三月七日也。

（郭鈇輯、郭鍾儒重輯《石洞貽芳集》卷一，光緒三年胡鳳丹退補齋刻本）

金華府詳弘開書院稿

馮如京

金華府爲弘開書院，惠愛甘棠，以大作人，以觀化成事。據府縣兩學生員陳肇域、鄭惟道、余啓魁、李惟鄂、章灼、王日暄等具狀呈稱：伏惟《書》稱斆學，《禮》訓觀摩。頌美從邁於《泮宫》，《易》繫講習於《兑》説。蓋士氣鼓而益振，人文作而趨新。是以同叔創義學于南都，而留守之文才盛四方；紫陽立鹿洞之講席，而豫章之理學甲天下。我婺自朱、張二賢軺車至止，東萊先生爰開麗澤書院。嗣後勉齋黄氏儒脉流傳，何、王、金、許，迄稱鄒魯遺踪。

兹者恭遇分憲馮太宗師，祥雲惠日，江夏使君，朗月清風。關西夫子，暨刑廳李老師臺岱。嶽名宗文，江上源於泗水；瀛洲岐望，賞並譽於龍門。以人倫之淵鑒，作多士之品題。甫下車而絃誦聿興，家吐虵珠之握；既拔尤而流風煥起，人欣蛾術之時。本理學爲經濟，一時師弟，媲濂洛之周、程；即文章見性天，濟美梓喬，繼蜀吴之蘇、范。羽翼經傳，游、夏莫贊於一言；表著藝文，鄭、李已宣夫萬軸。德心豈弟，譽髦不限越溪；仁政淵長，俎豆遍宜東浙。

（《秋水集》卷十六，乾隆五年馮欽清暉堂刻本）

沈壽民

《姑山遺集》二則

復武進陶峻餘書

濂、洛以降，逮紫陽而集厥成。而金華者，其所講道諮德，與東萊、叔度諸賢往來砥劘之地也。考麗澤遺址，見羹墻焉。八閩之廣，豈其無懿親也？而必使其子締婚於此？四海之大，豈其無良師傅也，而必使其子受學於此？則子朱子雖祖新安，徙建溪，反復留連，蓋未嘗一日忘兹土也明矣。貿貿之夫，妄欲因所過而測所存，淑其正適，探其宗主，闇塞僿劣，百無一就，又影滅乎幽山之榛藪，躬背乎漢津之明衢。諸君子之至於斯也，不我知也，不我見也。

弘風古志，如吾兄者，幸我知之，而又不我見之，弟抑烏所恃以發蒙策惰乎？

且子朱子之學，數傳而南北分派者也。許文正産於北，仕於北，持考亭之説，以出事世祖，生爲司成，没爲司徒，究之垂死不免虚名之羞，後世亦有仕元之誚。金文安、許文懿生於南，隱於南，繼何、王而上，纘徽國之遙緒，國亡家破，絶意進取，至今處士之號，又豈魏公所敢？方民之多罹也，天之降戾也，不自我先，不自我後。弟不幸而竟與三君子同其遇矣，乃舍彼趨此，竊有辨焉。踽踽乎獨行，倀倀乎誰相。登仁山之巔，闞白雲之庭而不得，亦呼蒼拊心，守此待枯已耳，他奚知哉？循指反命，一羽不獲，曠經三年，竦懼竦懼。

（沈壽民《姑山遺集》卷四，康熙有本堂刻本）

陳策悼沈壽民文

姑山沈貞文夫子之卒也，門人後先至。吴子肅公爲治喪合祭。陳策時從嶺表歸，疾劇困甚，小間乃伏枕屬詞，口占授兒邁凌霄致祭於夫子之靈，而哭之曰：

嗚呼！自聖學之不明也，溺於詭異，逃於虚無。彼躬修之不逮，而講社之紛拏。忠孝爲一行，而捷悟爲有餘，孰是？今之何、王、金、許，以紹程、朱，非吾夫子其誰歟？道足以維世，學足以振靡，節足以砥俗，識足以知幾。其存也，貴賤是師；其没也，遐邇涕洟，而况於策乎？策也，革不與訣，歛不預含，喪不及襄事，逾時而踉蹡兵隙，萬死輿疾以歸也。伏枕望殯宫，汩枯心割，莫匍匐於螝惟也，傷如何哉！策别夫子五年矣，飢驅以出，師季實偕季傷陟岵，予釋乃懷，謂天眷師，亦孔之厚。惟《復》之初，《剥》之上九。蓋昔者夫子，攖樞輔不死，急鈎黨不死，三十年長餓不死，困心衡慮於沸湯□轉中不死，故以爲夫子不輕死，天亦不得而死之。而今乃淹然死，豈天其猶夢夢未定耶？夫子於今日之天，有弗順耶？抑道之將喪也，命耶？雖然，夫子亦何憾？正氣兩間，高風千古。前代諸儒，相期廊廡。維策不肖，傷如何哉！

（沈壽民《姑山遺集·昔者詩》附録，康熙有本堂刻本）

宋文憲公全集序

吴偉業

浙水東文獻，婺稱極盛矣。自元移宋鼎，浦江仙華隱者方鳳韶卿與謝翺皋羽、吴思齊子善賡和於殘山剩水之間，學者多從指授爲文詞。若侍講黄公、待制柳公、山長吴公，胥及韶卿之門，出而緯國典，司帝制，擅製作之柄。景濂親受業於三公，承傳遠而家法嚴，遂以文章冠天下。際會真人經綸黼黻，光輔一代，稽古右文之治，幾欲躋之成周。世皆慕之，爲名世宗工，而不知淵源於宋之逸老。嗚呼！不有山澤臞，孰爲維斯文如帶之緒，以竢賢哲起而昌大之？其功焉可誣也！

宋南渡後，東萊吕成公紹濂、洛之統，始倡道於婺，而何、王、金、許是爲朱子之世適。景濂因文以求道，既從柳公聞仁山金氏之説，又與白雲許氏之門人吴正傳、張子長輩議論出入，究極朱學之精微。他鄉邦耆宿，博雅典實如方韶卿、胡汲仲兄弟之流，亦各旁搜遠泝，左右采獲。

（《宋文憲公全集》卷首，嘉慶十五年嚴氏校刊本）

道南列傳叙

高世泰

張子秋紹有感於道南之緒，羽翼既衰，而宗傳莫一也。夫楊、羅、李、朱之爲大宗，炳於千古矣。在錫言錫，則有喻、尤、李、蔣皆宋儒也。考亭之後，爲蔡西山，爲黄勉齋。勉齋世適則爲何、王、金、許，皆産於金華，爲元儒。入明，薛、胡兩先生之後，惟東林居敬窮理之學，守程朱而不變，斯爲且正。故從祀之議，群推泰和之羅、梁溪之高，近自浙善，遠至祁陽、燕山、北平之間，久有正論而未定。學者徒飲掘地之泉，不識廬山之面可乎？

（高廷珍《東林書院志》卷十六，雍正刻本）

復張秋紹書

高世泰

泰生於萬曆甲辰，是爲東林書院肇造之年。惟時止有配位七先生，今何其濟濟也，固樂其多也，尤虞其龐也。龐則可以意爲之，爲人情體面之事，而不顧道南之一脈也。道南之脈，雖宋之象山，明之陽明、白沙不得與也。故自戊申之秋，走兩函於南北爲博訪。朱子道統自黄勉齋後，當誰掛線爲嫡支？北則蒙老之復音，不可得矣。南則惕老，尚未見復。己酉秋，又寄惕老，云《道統》一圖，爲五百餘年莫理之荒緒，豈一人一日所能整頓？然欲合天下而言之則難，就鄉國而言之則易，只宜就近理其脈絡。如金華四先生，未聞借評於異地。如越學，如關學，支派各自井井。東林諸賢，亦只就在祠之位而尚論之，嚴其至正，尊其至真，崇禮其至純。自告聖之後，將奉宋儒六位於東席上之層，奉明儒九位於西席之上層。其餘群賢，則依年分爲叙，庶幾宗統不淆，趣向有定。同人以爲宜然乎，則點首而是之，毋徒曰唯唯，以爲不宜然乎？則摇首而非之，毋腹誹，曰否否，敬屏息以竢命。

（高廷珍《東林書院志》卷十七《文翰三·書啓揭贊雜著》，雍正十一年刊本）

子劉子行狀下

黄宗羲

以方文正孝孺從宋潛溪，得金華何、王、金、許之脈，有明理學，當爲第一，作《遜志正學録》。陽明之良知，本以救末學之支離，姑借《大學》以明之，未盡《大學》之旨也。而後人專以言《大學》，使《大學》之旨晦。又藉以通佛氏之玄覺，使陽明之旨復晦，又何怪其説愈詳而言愈龐也，作

《陽明傳信録》。有明學術龐雜，先生依《名臣言行録》例，以次諸儒，有特書者，有附見者，不以成論爲然。薛敬軒、陳白沙、羅整庵、王龍溪皆有貶辭，而方文正、吴康齋人所不屬者，先生以正傳歸之。又常謂義，陽明之後不失其傳者，鄒東廓、羅念庵耳，作《有明道統録》。

（《南雷文定前後三四集》卷下，康熙二十七年靳治荆刻本）

《明儒學案》二則

黄宗羲

發凡

儒者之學不同釋氏之五宗，必要貫串到青源、南嶽。夫子既焉不學，濂溪無待而興，象山不聞所受。然其間程、朱之至何、王、金、許，數百年之後，猶用高、曾之規矩，非如釋氏之附會源流而已。故此編以有所授受者，分爲各案。其特起者，後之學者不甚著名，總列諸儒之案。

學問之道，以各人自用得著者爲真。凡倚門傍户，依樣葫蘆者，非流俗之士，則經生之業也。此編所列，有一偏之見，有相反之論。學者於其不同處，正宜著眼理會，所謂一本而萬殊也。以水濟水，豈是學問？

（黄宗羲《明儒學案》卷首，乾隆四年鄭氏補刊本）

諸儒學案·章懋

金華自何、王、金、許以後，先生承風而接之，其門人如黄傅、張大輪、陸震、唐龍、應璋、董遵、凌瀚、程文德、章拯，皆不失其傳云。

（黄宗羲《明儒學案》卷四十五，乾隆四年鄭氏補刊本）

宋元學案·北山四先生學案

黄宗羲原著　全祖望補修

祖望謹案：勉齋之傳，得金華而益昌。説者謂北山絶似和靖，魯齋絶似上蔡，而金文安公尤爲明體達用之儒，浙學之中興也。述《北山四先生學案》。

百家謹案：勉齋之學，既傳北山，而廣信饒雙峰亦高弟也。雙峰之後，有吴中行、朱公遷亦錚錚一時，然再傳即不振。而北山一派，魯齋、仁山、白雲既純然得朱子之學髓，而柳道傳、吴正傳以逮戴叔能、宋潛溪一輩，又得朱子之文瀾，蔚乎盛哉！是數紫陽之嫡子，端在金華也。

宗羲案：「理一分殊，理不患其不一，所難者分殊耳」，此李延平之謂朱子也。是時朱子好爲儱侗之言，故延平因病發藥耳。當仁山、白雲之時，浙河皆慈湖一派，求爲本體，便爲究竟，更不理會事物，不知本體未嘗離物以爲本體也，故仁山重舉斯言以救時弊，此五世之血脈也。後之學者，昧卻本體，而求之一事一物間，零星補湊，是謂無本之學，因藥生病，又未嘗不在斯言也。

宗羲案：魯齋以下，開門授徒，惟仁山、導江爲最盛。仁山在南，其門多隱逸；導江在北，其門多貴仕，亦地使之然也。

百家謹案：金華之學，自白雲一輩而下，多流而爲文人。夫文與道不相離，文顯而道薄耳。雖然，道之不亡也，猶幸有斯。

（黄宗羲原著、全祖望補修《宋元學案》卷八十二，道光二十六年何紹基刻本）

因樹屋書影

周亮工

金華自宋吕東萊倡明理學，而儒風大振。歷宋以來，有六先生焉：北山何基、魯齋王柏、仁山金履祥、白雲許謙、楓山章懋。惟東萊、楓山仕於朝，而四先生皆以布衣名重當世。何謚文定，王謚文憲，金謚文安，許謚文懿，足見當時崇儒重道，不以草澤而靳易名之典也。迨至於後，則不然矣。魯齋著書尤多，合之可千卷，未三百載俱尠傳，惟《文集》與《研幾圖》行世耳。

（周亮工《因樹屋書影》卷十，康熙六年刻本）

分守金衢嚴參憲馮公去思碑記

朱之錫

婺介越西鄙，水清而駛，山峻而菁，家詩書而人惇愨，爲浙冠冕名郡。與太末、嚴陵，聯壤繡錯，孔道倭遲，分藩婺治，兼轄三郡，屏翰上游，厥任綦重。自清朝鼎造，孤壘抗師，比淪兵燹，井里蕭條。……又特進師儒迪之曰：「考昔之婺，優遊而八咏者何吏也？倡道而景從者何儒也？余雖不敏，諸子衿寧無意乎？」乃命司鐸，簡諸髦士，立社頒程，月課義署中，令長君、孝廉、訥生共矢砥礪，而親丹鉛月旦之賞奇析疑，務闡道理之奥，且拳拳以先儒何、王、金、許四先生相勖，士風翕然丕變矣。公餘有閒，引騷人墨史，揚扢風雅。公有《秋水集》，孝廉君有《涉江草》，咸膾炙士林。

（錢儀吉《碑傳集》卷七十七，道光刻本）

上柏鄉相公論聖學知統録書

計　東

昨讀《知統録》二卷，竊念自古以宰相之尊，身任道統者，甚難其人。今相公見道獨蚤，得統獨正，衛正獨力。兹《録》之成，垂示天下後世，幸甚幸甚！而東愚不揣，妄欲有所論辯，先以發凡起例之大義，上白尊前，惟垂鑒焉。相公既以見知聞知之統，卓然截旁流而崇正脈矣。然程、張之後，直接朱子，朱子非僅聞知於二程子也。

程子之見知爲楊中立，中立之見知爲羅仲素，仲素之見知爲李延平，延平之見知爲朱夫子，其統固如是也。宋南渡初，伊洛之統幾絶，和靖與仲素受學龜山，倡道豫章，其功最大。竊謂二程之門，如上蔡、廣平、和靖諸先生，皆聖學羽翼，而楊、羅、李以迨朱夫子，則一線之絶續，係乎斯統者甚危，不可不表而出之也。許平仲與朱子可謂聞知，而輔廣、黄榦及金華四先生恪守其傳，以迨乎宋文憲、方正學，淵源可遡，亦朱子見知聞知之系也。

薛文清於朱子，則聞知矣。同時如曹月川、胡敬庵、陳剩夫其學純正，吴康齋任道甚力。其徒陳白沙以及湛甘泉、羅念庵輩雖見道稍别，然未嘗顯與朱子爲敵也，亦可備聞知之苗裔矣。至陽明之徒充塞天下，獨有羅整庵《困知》一書，屹然揞柱其間。迨吕新吾創《中説》於中原，崔後渠修《六經》於河北，魏莊渠闡正論於江南，馮恭定振理學於京師，顧端文、高忠憲、顧季時諸先生彙同志於道南，劉念臺端踐履於兩浙，而後程朱正傳，昭然大白於天下，諸公之功也。其得列於朱子聞知之統，雖百世無疑也。

（計東著，從孫瓆仝侄嘉禾重編《改亭集》卷十，乾隆十三年計瓆刻本）

祭貞文沈先生文

吴肅公

嗚呼，自聖學之不明也，溺於詭異，逃於虚無。彼躬修之不逮，而講説之紛拏。謂忠孝爲一行，而捷悟爲有餘，孰是？今之何、王、金、許，以紹厥程、朱吾夫子，道足以維世，學足以振靡，節足以砥俗，識足以知幾。其存也，貴賤是師；其没也，遐邇涕洟，而況於某乎？

（吴肅公《街南文集》卷十七，康熙二十八年吴承勵刻本）

重修寧鄉縣學記

吕履恒

兩儀判而道統立，三才合而儒術尊，此至聖之教，所以冠百王而師萬世也。是故有廟祀以報功，有學制以崇德。自天子之辟雍以至於黨庠術序，罔不畫一，而後世郡縣學校之設，亦由行古之道也。……天地之道，貞夫一者也。聖人之教，統於一者也，惡有所謂三哉？老與佛，非先王之道而列之爲三，則僭混而歸一則亂，亂耶？僭耶？此吾道之衰，而學宫所由茂草也。貫兩儀之謂道，兼三才之謂儒。道必有統，儒必有宗，二帝三王而下，微孔子其誰與歸？學者得統宗之地，藏脩遊息於其中，方仰鑽之不暇，遑他求與？二氏之粗者無庸言，其精者不過竊孔門之緒論而緣飾之。世儒不察，或崇奉彼教，丹碧其宫，而經典其書，豈不惑哉？且夫仁義，性也；忠孝，學也。親生之，君治之，不有師教，則知不致、義不精，隱犯之間，有非良知之可盡者。蓋陸王之學，異於朱子，吾嘗有明徵矣。昔金谿門人多患心疾，或自髡爲僧，而朱子之傳至金華四先生，以及於方希直，正學明而大節立，二百餘年來明效彰彰已。

（呂履恒《冶古堂文集》卷一，乾隆十五年呂憲曾刻本）

張祖年傳

蔡方炳

張祖年，字申伯，南軒宣公二十世孫也。嘗顔其讀書之齋曰「道驛」，蓋古今道脉相遞，而身爲之郵傳，故學者稱爲道驛先生。先是，宣公與呂成公、朱文公講學往來金華，留子承奉郎昭然公諱焯寓蘭溪。四傳徙葉灣。葉灣本蘭溪地，後添設湯溪縣，以葉灣屬焉，遂爲湯溪人。世守家學，高曾伯叔中甲乙科者不一，第仕不甚顯。文學敬簡公諱時緯，申伯王父也，好書嗜古，砥厲廉隅，群稱篤行君子。敬簡公生曾如公，諱可元，以明經任學博，歷四庠，所至有聲，申伯父也。誕申伯時，值祖花甲初周，故名之曰祖年。年十歲，隨父秉鐸松山，瞻廟廡有宣公神位，問始祖神位何爲設於此？父告之曰：「凡以理學傳聖統者，得從祀學宫。」申伯曰：「人何不爲理學也？」邑令喟莪曾公聞之，嘆曰：「南軒有後人矣！」年十三補博士弟子員，奮志功名，研精舉業，以期一當。竊嘆時藝一途無關世道，無益身心，玩喪乎此，何異言不及義者流。會王父抱病，曾如公身羈學職，乞養不得。曾如公以奉父之責，委之申伯，俾專司家政，勿以煩爾祖。申伯承命，服勤無斁，侍祖治家之餘，輒訪儒先書，沉潛反覆，探其道奥，深契王魯齋《研幾圖》，摹箋拈壁，朝夕體認，因撰《吾心圖》，以伸其義。其曰：「欲體道以求至於聖賢，防畔道而不流於小人，亦辨之宗旨也。」其曰：「直求之天而即吾心，反求吾心而自有天，即朱子所云衡山之學，只在日用處操存辨察，本末一致，尤易見功之實際也。」申伯之克繩爾祖，不悖紫陽，於此徵之矣。宣公《論語解》與文公《集注》偶有殊處，爲之發明，以歸於至當。以温公《疑孟》多可商，釋之以明其不必疑，和朱子《性理吟》，發揮俾無剩義。又憬然於先宣公入德有門户之語，纂諸儒言之符合於宣公者，爲《德門户》一書，更輯諸子諸儒言爲之《大道藩籬》一書。列門户俾知所從入，列藩籬以防所由放。其衛道之勤，卓卓如是。所著《太極圖約解》《求心録》《讀史臆見》《讀書偶見》《二十一史修身録》諸書，遵朱子由博而約工夫也。真理學必從五倫做起，故盡倫有説，遵孟夫子聖人特人倫之致，良知良能，只在孩提知愛、知敬之真脈胳也，其嚮道之正卓卓如是。

申伯系出衡山，而身長婺水。婺之何、王、金、許四先生，荷朱夫子嫡傳，向有《正學編》，申伯承之廣之，以垂不朽，其遡道之殷又卓卓如是。申伯詎非吾道干城哉？然有其言，未可徵諸行，近儒通弊也。夷考申伯之行，又多可紀。葉灣族衆循宋制不得立廟，草創祠庵，名曰

「奉思」，取奉先思孝義也。嚮用緇流守之，致佛像森列，而紫巖、南軒之主置之偏隅，褻甚矣。歲丙寅，洪水横流，庵像半委泥沙。申伯曰：「此固天之驅釋崇儒也。」乃糾族黨，移去佛像，而歸木主於正室。自始祖而下，凡十有二世。丘隴荒蕪，申伯悉立碑以識之，補宋、元、明以來未備之闕事，其盡倫於敬宗有然。父宦遊，代侍祖與祖母，克盡其孝。讀《愛養節略》，字字從至性中出。父病乞休，得耗兼程迎歸，奉侍湯藥，衣不解帶，籲天願以身代。未幾云亡，附身附棺，必誠必信。讀其《徹座祭章》，竊爲之墮淚，其盡倫於奉親有然。操家十餘年，從不自私，貨財分析諸弟，不殊薛包之讓，其盡倫於悌弟有然。族有紊亂宗支者，力爲正之。有家罹饑寒者，必勉力貽贈，不忍坐視其失所。惟素行不敦者，則不之卹。親黨中有貧不自支者，每探其所急，陰助之而泯其迹。或以難繼爲言，曰目所不見不能爲之計，見之奚忍不爲之計哉？其盡倫於族黨有然。他若賑困扶危，表賢勵世之事，不可勝紀，特申伯之緒餘耳。申伯之言曰：「吾於綱常名教四字，一生不敢苟且。」可即其言以信其人矣。余未得從申伯遊，讀諸刻，欣然景慕，故爲之傳。其有關正學，有補綱常名教者，俾天下後世共信其人焉。

論曰：往者聞吾友魏叔子論文云：「文須爲關係天下後世者，雖名立言，而功與德俱見，亦我輩貧賤中得意事旨哉！」斯言申伯之謂歟？文且然，何況學？近世論學者，隨時之趨，尚爲向往，猶時藝風氣與時變遷，是可謂之知道者乎？申伯淵源家學，體宣公侶朱，未嘗屏陸之心，更體朱子所稱宣公超脱自在，不爲言句所桎梏，只爲合下入處親切之妙。將見申伯文與年富，學與年深，得吾道一貫之真，方且仁爲安宅矣，驛云乎哉！

平江息關學者蔡方炳稿。

（蔡方炳《張祖年傳》，張祖年《道驛集》卷首，康熙四十六年刻本）

石洞貽芳集叙

郭若繹

士人屈首受書，通訓詁，無不知有周、程、張、朱四子者。其他之賢，非生同里、學同師，或不能舉其姓氏也。吾婺何、王、金、許、吕東萊諸先生倡明理學，稱小鄒魯，彪炳於今。海内之士受書而通訓詁者，或不能舉其姓氏也。若晦翁朱子嘗訪香溪范先生，三至其家不遇，采其壁間所書《心箴》而去。吾祖從張子遊，建書院，延名儒以教子弟，二子受學於晦翁朱子。厥後，僞學之禁，朱子遯居書院數載，所著《學》、《庸》注疏，於此脱稿焉，至今手筆與遺像珍藏書院中，歲修祀事。

婺之人士受書而通訓詁者，或不能舉其姓氏也，海内云乎哉。回念幼時洙泗淵源、濂洛支派，先大夫每於趨庭之際，勤爲訓迪，故凡諸賢姓氏得約略而舉之。及長，讀《石洞貽芳集》，頗以求詳而失之繁，博采而失之雜爲嫌。今秋再至長衢，家仲爾雅出一編相示，則所輯《石洞貽芳集》也。條其目爲五：曰《芳音》，先哲之詩歌也；曰《芳紀》，名人之記叙也；曰

《芳澤》，昔賢之箋翰也；曰《芳傳》，後俊之賡和也；曰《芳緒》，宗祖之心緒也。詳而不繁，博而不雜，非具作史之三長，未易臻此。快讀一過，喜可知也，廣爲流布。繄夫屈首受書而通訓詁，不釐舉周、程、張、朱之姓氏，而吾之石洞亦芳流百世矣。爰忘鄙陋而爲之弁其端。

時康熙丁巳小春朔日，若繹謹題於紫城客舍。

（郭鈇輯、郭鍾儒重輯《石洞貽芳集》卷首，康熙十六年行素齋本）

高舍人蔬香集序

姜宸英

古文人遭際之盛，在唐爲李太白，在明爲宋景濂。二公者，皆起自布衣。若太白之供奉翰林，調羹賜錦，可爲榮矣，然不久淪棄，論世者以爲不幸。景濂當元季久困省試，金陵之召，同數君子者扁舟西上，入侍帷幄。凡朝廷詔誥賦頌大手筆，多經其撰述，嘗賜宴禁中，天子至親爲之賦《醉學士歌》。其君臣相得如此，故開有明三百年文章之運，雖景濂一人之力居多。至其遭逢之幸，亦似有數焉，不偶然也。

今皇上好學稽古，妙揀侍從，而吾友中書舍人錢唐高子澹人，用高才生被遇，入直內庭，校讎秘閣。上時爲詩歌，必命其屬和，倚馬刻燭而辦，類警麗絶倫，不失體製，人以此難之。又謙謹性成，篤於忠孝。偶病在告，屢旨遣醫胗視，增賜藥餌。行自念某小臣也，迺得此君上。余覽其所爲，枕上流涕，恭紀聖恩諸作，文生於情，而不覺自慮其圖報之無地，蓋往往掩卷歎息。於是所謂君臣相遇，千載一時也。

潛溪之學上溯婺州四先生，下及歐陽黄吴之倫，皆親承指授，其師友之淵源不可誣也。然猶年逾强仕，始契真主。今舍人弱冠棄繻，與其徒絶塵而遊，遂捐芒屩，履華省，入當顧問，視古遇合之奇，可謂過之。余前年癸丑入都而交君，接其人温如也以喜。讀其詩，冲融雅閒，穆然有古有道君子之風焉，以服而增嘆。今其業視前又變，益工矣使余之他日再來京師，而君肯再出其詩以惠教之，度其年加長，德加劭，以及於景濂閲歷之時之久，則開一代之著作，醖釀深厚以待來者，吾不惟舍人之望，將誰望哉？

（姜宸英《湛園未定稿》卷二，清康熙鄭氏二老閣刻本）

重建文廟儀門記

王　弘

國家□以廟祀孔子也，其宫室有制與禮樂等，修之以時，無致怨恫，否則罪在有司。金華之廟如制，獨儀門坍醉已久。先是緣兵燹之後，瘡痍未復，勢有所不逮。今天下文德遹彰，民漸寧謐，而任其廢□湮溷，竊爲之懼。且予歸有日矣，及今不理而以委之後之君子，其奚所逭罪？於是謀之寮屬，僉志允協。蒇工庀材，始於某年月日，越幾月而竣。財不賦出，力罔農妨，庶幾免於戾以落成，則孔子之靈，實式憑焉。

予乃進邦之人而告之曰：金華自宋以來，大儒輩出，講道著書，羽翼聖經，如吕成公以及何文定、王文憲、金文安、許文懿諸公，炳燿簡策，歷歷可徵。而在前明，開一代文章氣運之先，則實宋景濂、王子充。其人蓋自大義乖而微言絶，士之荒於不學而汩没於俗學者衆矣。其或有繼之而起者，吾不知今之視昔果何如也？夫國家立學建官，教之以詩、書、禮、樂之文，習之以干、戈、羽、籥、琴、瑟、柷、鞀、鎛之器。而又加之以比、觵、撻、罰之刑，冀以化民易俗，使近者悦服而遠者懷之。斯學之成也，《記》曰：「官先事，士先志。」今而後遊於聖人之門者，其尚知所從事，而毋以斯役爲徒飾觀美也與？是爲記。

（王弘《砥齋集》卷四，康熙十四年刻本）

程墨觀略論文三則

吕留良

程子曰：「今之學有三，而異端不與焉，一訓詁，一文章，一儒者。」余按：今不特儒者絶於天下，即文章、訓詁皆不可名學，獨存者異端耳。昔所謂文章，蘇、王之類也；訓詁，則鄭、孔之類也。今有其人乎？故曰：不可名學也。而有自附於訓詁者，則講章是也。儒者正學，自朱子没，勉齋、漢卿僅足自守，不能發皇恢張，再傳盡失其旨。如何、王、金、許之徒，皆潛畔師説，不止吴澄一人也。自是講章之派，日繁月盛，而儒者之學遂亡，惟異端與講章觭互勝負而已。異端之徒，遂指講章爲程朱，而所爲儒者亦自以爲吾儒之學不過如此。語雖誇大，意實疑餒。故講章諸名宿，其晚年皆歸於禪學。

然則講章者，實異端之涉廣，爲彼驅除難耳，故曰獨存異端也。永樂間纂修《四書大全》，一時學者爲靖難殺戮殆盡，僅存胡廣、楊榮等苟且庸鄙之夫主其事，故所摭掇多與傳注相繆戾，甚有非朱子語而誣入之者，蓋襲《通義》之誤而莫知正也。自餘《蒙引》《存義》《淺説》諸書，紛然雜出，拘牽附會，破碎支離，其得者無以逾乎訓詁之精，其失者益以滋後世之惑。上無以承程、朱之餘緒，下適足爲異端之所笑非。此余謂講章之説不息，孔孟之道不著也。腐爛陳陳，人心厭惡，良知家挾異端之術，窺群情之所欲流，起而决其籬樊。聰明向上之士，喜其立説之高，而自悔其舊説之陋，無不翕然歸之。隆、萬以後，遂以背攻朱注爲事，而禍害有不忍言者。

（吕留良《吕晚村先生文集》卷五《序論文》，雍正三年吕氏天蓋樓刻本）

靜志居詩話

朱彝尊

姚夔，字大章，桐廬人。……文敏久領容臺，修明禮樂，其於先賢祀典，聞必舉行。因錢長沙澍之請，而建祠賈誼之井；因章布政繪之疏，而樹碑比干之祠；因商學士輅之章，追封董仲舒等伯爵；因左吏部贊之奏，而修護李泰伯之塋。他若爲金華四先生及劉因立祠，皆有裨名教。

（朱彝尊撰、姚祖恩輯《静志居詩話》卷七，嘉慶二十四年錢塘姚祖恩扶荔山房刻本）

《三魚堂集·文集》二則

陸隴其

讀通考

讀《通考》載，何基，字子恭，婺州金華人。師黄榦，告以必有真實心地、刻苦功夫而後可。基悚惕受命。年八十一卒，謚文定。按何、黄、金、許之書，皆不可不看，而文定所著《學》、《庸》發揮，《大傳》、《啓蒙》發揮，《通書》、《近思録》發揮及《文集》尤要緊。

（陸隴其《三魚堂集·文集》卷四《雜著》，康熙刻本）

答李金華

足下生長文靖之鄉而學其學，方正之概，已著於恒陽。兹幸借重金華，撫殘黎而挽頽俗，當於足下是望矣。敝鄉撫軍亦大賢也，將來自必有水乳之合，意者天所以成足下乎？宋吕東萊及何、王、金、許四先生，皆金華産也，其遺書殘闕已甚，得大賢訪求而表章之，此尤同志之所共禱。某碌碌無能，承乏西臺，展布實難，惟隕越是懼。不審高明何以教之？遠辱臺翰，獎許過當，曷勝惶汗。便羽率復，統希垂照。

（陸隴其《三魚堂集·文集》卷七《尺牘》，清康熙刻本）

爲學

陸隴其

吕氏云：「儒者正學，自朱子没，勉齋、漢卿僅足自守，不能發皇恢張，再傳盡失其旨。如何、王、金、許之徒，皆潛畔師説，不止吴澄一人也。自是講章之派，日繁月盛，而儒者之學遂亡。永樂間，纂修《四書大全》，一時學者爲靖難殺戮殆盡，僅存胡廣、楊榮輩苟且庸鄙之夫主其事，故所摭掇多與傳注相繆戾。甚有非朱子語而誣入之者，蓋襲《通義》之誤而莫知正也。」……愚謂吕氏惡禪學，而追咎於何、王、金、許以及明初諸儒，乃《春秋》責備賢者之義，亦拔本塞源之論也。然諸儒之拘牽附會，破碎支離，潛畔師説者誠有之，而其發明程朱之理，以開示來學者亦不少矣。使朱子没後，非諸儒則其樊籬不至隆、萬而始裂，而今之欲闢邪崇正者，豈不愈難也哉？

（陸隴其《松陽鈔存》卷上，清刻《陸子全書》本）

雪庵文集·語録

范爾梅

朱子門人論理切實者，北溪也；卓然特出者，則蔡氏父子也；得朱子之正傳而啓何、王、金、許之緒者，則勉齋也。

（范爾梅《雪庵文集·語録》，清刻本）

儒宗

范光陽

自儒之宗旨各異，而儒之辯遂紛然而未有已。愚謂漢儒之異於唐，唐儒之異于宋，此其易辯者也。至於宋明，而一時講學之儒，各執所見，若枘鑿之不相入，此其不易辯者也。何以言之？漢人拾遺經於灰燼之餘，保殘守缺，以爲專門教授之學，雖其間雜以緯書，不無踳駁，而經賴以傳，不可泯也。寥寥千年中，江都、西蜀、河汾、昌黎思以仔肩大道，然《繁露》之失于誣，《原道》之昧於性，《太玄》擬《易》而語好艱深，《文中子》擬《論語》而義多淺近，皆可得而知者，故曰其易辯者也。

自五星聚奎，真儒輩出，濂溪得不傳之秘於千載之下，於是《圖説》《通書》，其言可以配經翼傳。明道、伊川起而承之，吟風弄月，悠然以遠，則濂溪之氣象可知矣。横渠方駕於其間，《正蒙》則言天人性命之理，《西銘》則明萬物一體之學，固亦卓然而無可議者。康節之學，近於象數，而内聖外王之藴，包舉甚遠，人固不得而測之。獨「無極」之説，金谿辯之不止。夫辯之者，以其淪於無也。而濂溪之意，正恐太極落於方體，非形上之道，故曰「無極而太極」，言太極本無極也。所謂不離乎陰陽，而亦不雜乎陰陽者也。自是而程氏之門，其最著者楊、謝、游、尹，而龜山之傳獨遠。豫章、延平，繼繼相承，以開新安之統，此所謂集大成者也。時則南軒、伯恭互相羽翼，而不無異同者，則金谿爲最。觀其鵝湖一會，此唱彼酬，一以易簡久大爲言，一以不信古今爲砭，則兩家之論，終未合和。夫朱子固無可擬議矣，象山先立乎其大，固亦孟子之説，特其信心太過，遂有《六經》注脚之言。而或者斥之爲狂禪，其果然乎？朱門高弟，首推勉齋，而何、王、金、許，正嫡相傳。考亭之學，久而無弊，則其所淵源者正也。

明之儒者，河汾、澠池、餘干，可謂醇矣。白沙受業康齋，而獨從悟入。文成倡道姚江，一時雲合嚮應，較白沙爲尤盛。其所言良知之旨，羅、吕辯之於前，高、顧闢之於後，亦既不遺餘力矣。然文成之學，江右所傳，終歸切實。惟山陰、泰州之後，海門既揚其波，山農又覆其轍。議者因其流弊，而追咎於無善無惡之旨，則龍谿、心齋，夫豈能善會師説者哉？章句之儒，未能縷析其同異，幸執事教之。

（范光陽《雙雲堂文稿》卷六，康熙四十六年鄭風刻本）

書黄文獻公語録跋

徐元文

周子發明太極之旨，與孟子言性善同功。而《通書》又與《太極圖》相表裏，主静立誠，欲從事斯道者，舍是無由矣。黄文獻公生於何、王、金、許四先生之鄉，以儒自奮，故其言親切簡要而無流弊，足以羽翼聖道矣乎。康熙己巳初秋。

（徐元文《含經堂集》卷三十，清刻本）

朱近修爲可堂文集序

查容

欠庵朱先生有《爲可堂文集》《詩集》《史論》凡數十卷，既梓之傳誦於世矣。今又梓其文百餘首，曰《未編稿》。先生於余爲大父行，不以余之不敏，俾余論述之。

余惟古人有三不朽，立言者居其一。然言之無文，君子不取焉。甚矣，言之難而文之不易也。吾浙於唐虞三代時僻在南服，聲教未通中國。春秋末，吴越以兵爭長，奇謀祕計之士，乘時並出，名始震於諸侯。至漢而嚴忌夫子之徒，以辭賦應對，得幸天子，稱貴顯矣。然皆邀利取勢，非有意乎立言者也。自漢以來，浙之士大夫聲名日盛，其負著作以垂久遠，不勝數也。而千餘年之間，求其言之文者，惟陸敬輿一人。嗟夫！豈不難哉！

宋南渡後，吕東萊接中原文獻之傳，倡道於婺。何、王、金、許，遂爲紫陽之世嫡。慈湖楊氏又爲象山之宗子，而浙之理學始盛矣。當是時，陳、葉輩以著述顯於朝，方、謝等以唱和伏於野。黄、柳、吴三子，淵源有自，爲有元儒林冠冕，而浙之文章始盛矣。蓋天地之氣，自北而南，由宋至今，五百有餘歲，而氣之所鍾，吾浙獨當其盛。明初宋景濂出，極理學之精微，盡文章之博與。一時和者如王子充，學者如方希直，皆能擴其氣力，以相鼓舞，遂成一代文治之隆。其後王伯安以獨絶之資，著書講學，學者翕然宗之，而浙之理學文章並盛，此又一變也。

（沈粹芬、黄人編《國朝文匯》卷十七，宣統元年上海國學扶輪社石印本）

論程敏政考正祀典得失

許汝霖

按尼山之亡，廟賜於周，祀創於漢，而以諸賢陪祀，實始於唐，盛於宋，備於明。士大夫尚論者，言人人殊，而準今酌古，則惟程公一疏，庶幾近是。然其間尚有可議者。聖門中惟公伯寮愬子路，跡近讒諂。景伯告於夫子而欲肆諸市朝，則其人誠可斥耳。蘧伯玉知非寡過，默契聖心，縱非及門，亦不當罷祀。申黨與申棖，姓同名異，乃疑爲一人，以去其一，則顔氏八人亦將有可去者乎？林放載於《禮殿圖》，顔何載於《史記》秦、冉，二書皆載，彰彰著明，何所據而斷其爲後人所增益，且以爲字畫相近之誤也？

至考正歷代先儒，欲進董仲舒、王通、胡瑗三人，與著《曲臺記》之后蒼，加以封爵，一體從祀，發微闡幽，誠爲定論。而其所議罷斥，如揚雄頌莽背漢，爲名教罪人，萬無侑食之理。馬融設絳談經，生徒最盛，而前既附駑，後又媚冀，文行相背，斥之亦宜。他如賈逵之附會圖讖，戴聖之治行不法，王肅之贊勸司馬，杜預之饋遺要人，略跡原情，不無可酌。然罪狀既著，亦難爲之曲諱。至於荀況，生戰國之季，崇仁義，斥功利，有功世道人心，惟以性爲惡，以禮爲僞，以子思、孟子爲有罪，未免悖謬。然歐陽永叔之斥《繫辭》，司馬君實之疑《孟子》，皆未嘗見擯於學宫，奈何苛責荀子耶？

劉向忠諫直言，乃心宗室。何休辭病不仕，進退可觀，誦神僊而注風角，其罪似可末減。王嗣輔雖好老氏，所著《易傳》闡發義理，而不雜於陰陽灾異，實超於兩漢諸儒。范甯謂其造爲清談，罪深桀紂。噫！亦太過矣。鄭衆、盧植、服虔、范甯四人，經術節操，皆卓卓可稱。鄭康成囊括墳典，精通六藝，又在諸儒之上，乃亦謂所行未能窺聖門，所著未能發聖學，與鄭衆輩同改祀於其鄉，千百載尊之，一旦罷之，是何説也？吴澄學術淵深，與許魯齋相伯仲，惜也貢舉於宋，仕於元，大節不無可議。而程公反不及焉，殊未免於疏矣。

以上二十二人，有功少而罪多者，公伯寮、揚雄、馬融、賈逵、戴聖、王肅、杜預七人是也。有罪少而功多者，荀卿、劉向、何休、王弼、吴澄五人，當與鄭衆、盧植、服虔、范甯四人，一體祀於其鄉者也。有從祀既久，無可指摘者，林放、蘧瑗、秦冉、顔何、申黨及鄭康成六人是也。乃嘉靖九年，永嘉爲相，概行黜罷，則追用程公之説爲多。又有程疏所未及，而崇祀之典尚當更定者。十哲世俗之論，宜入兩廡。而程子接不傳之統緒，朱子集儒學之大成，僅與諸儒並列，未免有待。

元代名儒最著者，惟魯齋一人，而何、王、金、許四先生後先與起，以斯道爲己任。魯齋既從祀，而諸先生詔祀於鄉學，不亦可乎？明儒自薛、胡、王、陳外，指不勝屈，而方子希直、劉子念臺，醇粹忠直，出處生死，動合古先，爲二百七十餘年留此浩然之氣，表章之舉，不能無望於聖朝矣。

（許汝霖《德星堂文集》卷一，康熙刻本）

刻宋集序

彭始搏

子之鄉先生宋金華者，固以韓、歐之文筆而承朱、吕之嫡派也。蓋其先得法於柳待制貫、黄侍講溍，文已成矣，猶以爲未也。而加以探本討源，以求夫吕成公、朱文公之學，然後浩乎沛然，贍博淵閎，大放厥詞。諸生歸而求諸六經、子史，以沃夫根柢之所在，次取金華諸子，以遡夫何、王、金、許之傳，將文也而道寓焉矣。粹然不駁，卓然自立，而人爲一代之人者，文亦爲一代之文，必有曠然豁然，與山川氣勢相爲雄長，而非風雲月露侈纖靡之詞，險僻軋茁入怪異之徑者，所得同日語也。

（宋濂《宋文憲公全集》卷首，嘉慶十五年嚴氏校刊本）

後　識

彭始摶

竊念浙水自吕成公東萊倡道婺州，與晦庵朱子相往復，何、王、金、許之徒與聞乎斯道。唯潛溪宋景濂承其後塵，探討緒論，爲古文辭，粹然不失儒者淵源。

（宋濂《宋文憲公全集》卷首，嘉慶十五年嚴氏校刊本）

得樹樓雜鈔

查慎行

《金華正學編》。揚州趙鶴輯吕東萊祖謙謚成、何北山基謚文定、王魯齋柏謚文憲、金仁山履祥、許白雲謙五先生集中所著有關理學者，名《金華正學編》。五先生皆婺産也，朱子與東萊同時友善，後於婺學有微辭。然自北山以下，相繼傳朱子之學，爲考亭嫡派。當時及門弟子或不及也。魯齋上承吕、何之緒，下開金、許之傳，其功尤大。

《魯經》。宋理宗命升《論語》爲經。先是，講官徐毅齋請錫名《魯經》，詔國子監奉行，與《六經》並，時宰指爲迂闊，不行，事見葉由庚所撰《王魯齋壙志》。魯齋嘗爲《魯經章句》，以《大學》《中庸》《孟子》爲之傳。宋儒發明經義，自周氏《通書》、程氏《易傳》始。至朱子益肆力於聖賢經傳，黜《詩》《書》之小序，復《易》、《春秋》之元經，著《論語》《孟子》《大學》《中庸》章句，於《儀禮》作《經傳通解》。其後何北山、王魯齋皆以續考亭之傳爲己任。至著述之富，未有如魯齋者。見於葉由庚所撰《壙志》，《文集》七十五卷之外，有《讀易記》《讀書記》《讀詩記》各十卷，《讀春秋記》八卷，《論語衍義》七卷，《太極衍義》一卷，《伊洛精義》一卷，《研幾圖》一卷，《魯經章句》三十卷，《論語通旨》二十卷，《孟子通旨》七卷，《書附傳》四十卷，《左氏正傳》十卷，《續國語》四十卷，《困學之書》四卷，《文章續古》三十五卷，《文章復古》七十卷，《濂洛文統》二百卷，《擬道學志》二十卷，《詩可言》二十卷，《天文考》一卷，《地理考》二卷，《朱子指要》十卷，《墨林類考》十六卷，《大爾雅》五卷，《六義字原》二卷，《正始之音》七卷，《帝王曆數》二卷，《江左淵源録》五卷，《伊洛指南》八卷，《雜志》二卷，《周子》二卷，《發遺三昧》三十五卷，《文章指南》十卷，《朝華集》十卷，《紫陽詩類》五卷，《家乘》五十卷。明萬曆中，其裔孫三錫刻先生集，稱：「先生當時著述八百餘卷，其目存而失傳者不在此數。」元儒金仁山，受業於魯齋者也。後來金、許配享孔子廟庭，而魯齋獨不及，何耶？

（查慎行《得樹樓雜鈔》卷一，民國《適園叢書》本）

徐藝初侍御六十壽序

王喆生

凡爲人子，未有不願其親之多壽，而爲人父，未有不願其子之受禄。然皆不可必得，而兼之尤難也。昔者武王夢帝與之九齡，文王曰：「古者謂年爲齡，齒亦齡也。我百爾九十，我與爾三焉。」武王之壽，文王與之也。惟聖人道德崇盛，與天爲一，故父子之間交相爲壽，而天亦應之。自大賢以下，或有未可必者，而至於禄位之受，亦自天命之。雖聖人有大德必得之説，而苟非其人，則不能以自信，且在人子，欲以名位顯其親，往往不能以禄養逮其親。苟有一命之榮，或遂慮忠孝之不能兩盡。「王事靡盬，不遑將父」，古人所以望白雲而興慨也。蓋人於父子之間，其情至篤，其交相欲致甚無窮已，而勢有不能得，則亦無如何也。乃今於吾友徐侍御獨有慕焉。

侍御早擅英特之譽，承襲華蔭，掇巍科，踞顯要，嶽嶽惠文，傑然名御史也。一時人望歸之，謂不日可大用。而遭時險巇，遽返田里，未幾，又嬰末疾，遂杜門不出。人皆歎惜之，以爲厄其遇，未竟其施，而余獨以爲此正天之厚侍御者。蓋富貴壽考，人之所欲而兼有爲難。向使侍御達於仕宦，一往而伸，縱才力過人，而精神日敝，或摧折於中年。今雖不良於行，而豐容盛貌，飲噉不衰，相其風度，無異四五十歲人。天蓋欲少節其杖履之勞，而厚貽以鼎裀之逸，固將使之恬愉安靜，以享無疆之福也，豈謂無意與？若其有爲之志未竟於身者，今且述於其子長公二千石君，負經世之才，一出而聲績懋著，由州牧陟郡守，今得浙之金華，捧檄歸里，登堂上壽，行即奉板輿之官禄養，此人生之至樂也。

金華名勝之地，層巒列嶂，應接不暇。侍御往焉，以山水資其嘯咏，游車所至，吾知當有仙人如黃初平之流相遇於白雲靈洞間者，疏瀹宣導，立起其沈疴，期頤之壽，正未可量，皆二千石君有以致之矣。又其地舊多名宦，袁宏、沈約風流未墜。宋元之間，何、王、金、許四先生教澤猶新。侍御故爲儒者，能導其子以表章前賢，振興絕學，其功豈不偉與！史稱雋京兆之母，輒問平反，以教其子，嚴而不殘。孟仁爲鹽池司馬，以鮓奉母，其母責之，卒成令名。大抵父母之心，常願其子爲良吏，古今同也。乃史策所記，類詳於母而不及父，豈非以丈夫之教子爲恒事，而婦人者未嘗學問，乃能識義理，勤教誡，故尤足多與？然則二千石君幸得奉親官舍，朝夕受命，以無忝厥職，不益可慶也哉？以視向之效職天南，去親萬里，求一日之奉侍而不可得，今之愉快爲何如哉？

（王喆生《素嚴文稿》卷六，清刻本）

刻四書正學淵源序

趙泰甡

余自入塾後，習舉子家言，并集諸儒講説，參考互訂，思所以貫通之而未能有得。家大人囑之曰：「學必窮其本，非呫嗶能竟也。」爰自濂溪、横渠、豫雒、紫陽而下，歷溯其源流，以及分支衍派、殊塗同歸之由，始恍然有會於心。既而讀東萊吕成公書洎金華四先生文，卓識精義，闡前賢所未及，顧以未獲盡窺其秘，輒怏怏於中。

歲壬申，奉簡命宰兹土。婺地素號小鄒魯，以淳熙、咸淳年間諸賢接踵而起也。下車後，謁吕成公祠，爲更新丹堊之。自惟以東萊之人獲拜東萊先生之像，瓣香皈依，此自有夙緣，非苟然也。因博訪諸賢遺書，僉謂屢經兵燹後，湮没無所傳，中心仍耿耿然。甲戌秋，廼得北山、魯齋、仁山、白雲四先生所注《四書正學淵源》，歎其窮源竟委於聖人之道，顯微闡幽，炳若日星也。夫天地之大，六合之廣，其繁變靡所紀極，自有四子之書，道乃有所統歸。

顧自漢儒以後越千有四百年，宋儒迭出，而紫陽朱子集厥大成。金華之學，由東萊開之。當時麗澤書院爲朱、吕諸公講學談道之地，故自有紫陽而東萊翼贊其成，自有東萊而四先生分承其緒。此則正學淵源，四子爲朱、吕之功臣，而實先聖先賢之功臣也。

第原板銷毁，苦無兼本，爰重加輯梓，以付剞劂。自秋徂冬，越三月告竣。際今聖天子崇儒重道，昌明正學，諸鉅卿先生羽翼經傳，爲斯文主持。所望海内君子，廣羅聞見，兼總條貫，以金聲而玉振之。俾是書之成，垂諸不朽，此則余之素志也。若參訂校讐，則余癸酉浙闈所得士，洎滋蘭書院諸生，咸與其勞，並列名於後云。

時康熙三十三年甲戌嘉平朔旦，膠西後學趙泰甡鹿叉氏拜題於金華之清風署。

（章一陽輯《金華四先生四書正學淵源》卷首，康熙三十五年趙泰甡重刻本）

趙先生重刊四書正學淵源序

金其相

天之生聖賢，非偶然也。或以繼天立極，或以紹往開來。其精神之所貫注，莫不有以窮天地、徹古今而不可一日磨滅。至於道之顯晦有時，書之傳否有數，在聖賢反不能以自主。雖然，書存即道存爾，藏之名山而以俟乎其人，心心相印，後際與前際之人兩情交迫，而其書之傳而幾絶者，亦若自躍自露於耳目之前。豐城出劍，合浦還珠，俱不足以喻其奇也。若是者，其氣志天人之説乎？昔胡文定公傳《春秋》，於西狩獲麟，則曰：「河出圖，洛出書，而八卦畫，《簫韶》作。《春秋》成而鳳麟至。」事應雖殊，其理則一。舜、孔子，先天者也。先天而天弗違，志壹之動氣也。伏羲氏，後天者也。後天而奉天時，氣壹之動志也。夫子作《春秋》，明王道，正人倫氣志，天人交相感應之際深矣，製作文成而麟至，宜矣。緣是言之，先生之重刊淵源，實無異此。

先生生長膠西，爲聖賢叢聚之所，其於理學，本有淵源。自壬申來宰長山，治尚清簡，惟以整學校、興教化爲急。凡屬先賢祠宇，一一賴其鼎新。又設滋蘭書院，隨時教育，俾諸生皆有所成，與麗澤書院後先輝映，而是書忽出而應之。先生初有是書，而未獲其全，因備牲醴至蘭陰，祭拜先太祖仁山祠，而隨得全集於蘭邑殷中尊之署。殷中尊先不知有是書，仇子石濤道經瀫水，盛稱是書，而殷中尊因得於相之家。仇子與相交最厚，言及四先生，輒以未獲從祀爲憾。偕其仲滄柱先生屢商疏請，故相得是書而樂以相告。

今書之幸遇賢侯，仇子與有力焉。而友生之議者，咸以得書失書爲相罪，謂先生官清如水，無力付鐫，愛書又若珍寶，欲思反璧，事不可知。相曰：不然。凡事各有其機，先生崇儒重道，祭拜先賢，一片誠注結。則仇子贊揚，殷公借閱，適足以爲先生訂正之資。若謂愛書匿書，使先賢之子孫不能復觀其遺卷，理學中人決無是事。迨不數月，而是書果成。天若啓之，人若助之，其於氣志感應，即以上媲伏羲氏之八卦，舜、孔子之鳳麟，亦不可謂言大而誇也。先生之序文有曰：「瓣香皈依，此自有夙緣。」豈其誣哉！豈其誣哉！

時康熙三十四年歲次乙亥陽月至前三日，仁山後裔金其相薰手拜題於讀書之尋樂處。

（章一陽輯《金華四先生四書正學淵源》，康熙三十五年趙泰甡重刻本）

重刻四書正學淵源序

周清原

婺郡名儒繼東萊而起者，爲何、王、金、許四先生。東萊與紫陽同時。紫陽《四書集注》，東萊實贊其成。而四先生又承東萊之緒，羽翼紫陽，著爲《正學淵源》一編以昭示後世。然則四先生之有功於紫陽也豈少耶？

余齠年初就外傅，從事四子書句，讀紫陽《集注》，後遍閱諸儒闡發，因及《四書正學淵源》，而知婺郡之有四先生也。獨是大道之傳以人，而聖聖相承、賢賢相授，生不必其一地，出不必其一時。故雖高山大川，宿稱都會，地非不廣，時非不久，而問其足以纘斯道之緒者，或不得一二焉。甚矣，傳人之難也！今婺郡數百里耳，其間相去又不過二百餘年，而東萊倡率於前，四先生踵武於後。傳人之盛，天下未有過之者。豈山川秀異，實鍾靈歟？抑居民上者，禮樂爲教，而涵濡長養，以至於此歟？

憶歲在戊辰，余視學兩浙，以次按婺，校士之餘，輒爲訪求文獻。顧因屢經兵燹，耆舊無聞，散逸銷亡，遺書殆盡。即以四先生之行誼卓卓，而疏解全編，亦碩果蒙泉，僅有存者，每欲重加考訂，蒐而輯之，而巡歷有期，匆促就道，未遑也。辛未，返命入都。其明年，膠西趙君鹿友以名進士領婺首邑。下車之始，日以講明聖諭，振興學校爲務，而又以時加惠，凡所以端士習、敦民行者，莫不釐然具舉。乃於公餘之暇，留意四先生之遺帙，搜覈校讐，計三閱歲而後彙合成書，梓之以行於世。是四先生之有功於紫陽者固多，而趙君之有功於四先生又豈少耶？匪特此也。今聖天子崇儒重道於上，賢有司如趙君者，日率其所屬子弟講明正學於下，俾婺郡數百里内，風俗淳古，而彬彬有君子之風。從此涵濡長養，山川更效其靈，安知無東萊暨四先生其人者，相與鼓吹郅隆，使正學之傳益光且大乎？余向見趙君之文，並慕趙君之品，於其宰婺也，又習聞其廉能著聲，不苟隨俗，而專以禮樂爲教，心竊嚮往久之。迄今乙亥之冬，始獲瞻其豐采，聽其言論，深喜學道之君子臨蒞兹土，爲婺郡士民幸。而又喜其留意正學，彙梓是編，能大有功於四先生也，故爲之序云。

時康熙三十五年歲次丙子仲春，晋陵年家弟周清原頓首拜撰並書。

（章一陽輯《金華四先生四書正學淵源》卷首，康熙三十五年趙泰甡重刻本）

學憲高公書

鄭重

恭惟老先生海内真儒，關中正脈。道惟實踐，折衷朱、陸樞機；學有淵源，炳烺呂、馮薪火。彌縫絶業，不習《太平十二策》之文；汜獲高風，止結金華四先生之隱。鳳翔千仞，卓爾不群；詔避三峰，灑然無累。誠士林之矜式，而學圃所儀型者矣。憶自道杖南來，曾聆提倡於皋比座下，未得摳衣請益，私心竊以爲憾。

（李顒《二曲集》卷首《序》，康熙三十三年高爾公刻本）

勸學十六條

張大受

讀書所以致用。古人八歲入小學，方名象數，漸次訓習。及其大成，則於天文、地理、禮樂、兵刑，下逮醫卜之書，無不通貫，故能措之事業，傳之後世。揚子稱：「通天地人謂之儒。」非是則小而不足觀，迂而不可用矣。然欲習其業，必求專門之學。朱子謂百工曲藝皆有師。學者尊其所聞，豈可斥專門而不學乎？

文外無道，道外無文。作文不本乎聖經之理，所謂裂道與文以爲兩物者也。朱子紹周、程而尊孔、孟之學，發明《六經》，垂爲世教。授之黄直卿氏，遞傳何、王、金、許，黄、柳、宋、方一綫相續。學者沿流而泝源，其爲功甚著。方正學有言：「古之爲學者，經無恒説，師無恒道，功勞而效寡。今經出於一家之言，而道概於聖賢之中，苟務尊焉，其於學無不詣極。」故論文斷以《六經》之文、宋儒之理爲歸。

（張大受《匠門書屋文集》卷三十，雍正七年顧詒禄刻本）

《陸堂文集》一則

陸奎勳

第一問（庚子科鄉試策）

嘗思有道之世，人君躬行仁義，以端風化之原。而大司徒所以教民者六德、六行、六藝，本末兼該，體用具備。賢者上之，不賢者簡之，以故道德一而風俗同。其後，教澤衰而學校廢。子衿佻達，風人刺焉。由是以師儒之權代作君之任，此亦先聖先賢不得已而爲世道人心之計，奈何歷世寖久，即心性而啓門户之爭，舉道學而競玄黄之戰也乎？

我皇上以天縱之聖，而又好學不倦，慎修思永，自堯、舜以至孔、孟之道統，固已直接其傳矣。邇者尊崇朱子，升堂配饗，海内人士，孰不欽仰聖德之謙，而循循善誘爲能示天下以正學之歸也。今執事發策，首諮先儒異同，請研辨其概焉。夫微言絶而異學興，俗學出董、韓醇矣，義猶未精。至濂溪發其端，繼以二程、横渠，而朱子集厥大成，固非伯恭、子靜所能齊肩也。世之辨朱、陸者率謂朱子主道問學，陸子主尊德性，抑思尊、道二者爲修德凝道之功，其旨發自子思子，豈朱子而敢有所偏尚乎？即「六經皆我注脚」之言，子靜亦自表其未暇著書之意，非以誦習爲可廢也。承朱學者，金華四先生，魯齋、仁山爲最。紹陸學者，甬上四大弟子，慈湖固裒然稱首也。慈湖《易傳》不及《禮書》，即魯齋之《書疑》亦不及《詩疑》。仁山則釋經之餘，兼長史學。惜乎慈湖、和叔輩猶得學優入仕，魯齋、仁山韋布終身，不得稍抒其學也。

（陸奎勳《陸堂文集》卷十，乾隆小瀛山閣刻本）

擬浙江鄉試正副榜擴額謝表

帝世掄才，極北之鳳書特下；皇朝籲俊，斗南之鐵網宏開。擢桂而坐映凉蟾，香浮玉檢；吹笙而歌翻鳴鹿，帖報金泥。文物不遜於三吴，拔茹無遺於兩浙。泮林志喜，璧府生光。竊惟山鍾澤毓，何地無才；鳳集梧生，以人爲國。虞門甫闢，廣清問於四聰；姒曆載膺，宅義民於九德……

竊以涓埃自效，居近婺州四先生之地，尚其私淑無忘。伏願金鑑常披，冰壺朗映。進賢以任賢爲要，務嚴股肱耳目之司；取士以養士爲先，聿廣《禮》《樂》《詩》《書》之化。胡翼之蘇湖教授，經義與治事分齋；程伊川太學看詳，尊賢與待賓異制。菁英駢合，玉琢岐陽；孝秀咸登，露零燕鎬。將雲歌八伯，璿階占有道之星；而華祝三多，銀甕顯太平之字矣。

（陸奎勳《陸堂文集》卷十，乾隆小瀛山閣刻本）

金華山遊雜咏

鄭　性

人物山川世並誇，早年夢想到金華。祇今好訪三仙窟，何處堪尋四子家。時議復何、王、金、許祠，而未果。

（《南溪偶刊·南溪寤歌》卷上，乾隆七年刻本）

道驛集序

黄夢麟

道驛之名何昉乎？《易》曰：「履道坦坦。」《雅》之詩曰：「人之好我，示我周行。」孔子曰：「德之流行，速於置郵而傳命。」則知元會運世，無一日不往來於驛，即無一日不往來於道。堯、舜、禹、湯、文、武、周公傳之孔子，孔子傳之孟子，孟子死，不得其傳。自紫陽朱子出，上承周、程、張子之緒，下開何、王、金、許之徒。同時倡學，婺州則有東萊呂成公、南軒張宣公，其爲古往今來，絡繹相望弗絶，不啻如置郵然。故自魯之鄒，計驛爲近，下逮濂、洛、關、閩，脩舉此驛者也。婺州之麗澤，整新此驛者也。

（張祖年《道驛集》卷首，康熙四十六年刻本）

道驛集序

楊汝穀

古今理學之傳，有其開之者，必有其繼之者，而後流衍始爲不替。然開之者難，繼之者正復不易。非有闡明之識，則隱而不彰；非有體認之功，則虚而不實；非有躬行實踐之詣，則浮僞而不真。以是欲繼往開來，而使聖學之常明於今古也，不誠難哉！

今予於張子申伯之《道驛集》，而知其承任之功爲不淺也。張子爲南軒先生後裔。昔南軒與考亭朱子、東萊吕子聚講麗澤書院，遂開婺州道學之源。厥後何、王、金、許四先生出，而道斯盛。嗣是又傳之柳道傳、宋景濂、章楓山諸先生，而道益廣。乃兹二百年來，繼起無人，不幾道岸遥遥，無由假途以至，亦如傳命之不得置郵，安望流行之弗絶耶？不謂申伯之勇於求道，發明爲不遺餘力也。今試詳玩兹集，其《太極圖反約解》，則盡晰先天之疑義也；其《性理吟和韻》，則盡得心性之本原也；其《參解四子書注釋》，則可補先賢未逮之旨也。其《正史闡微》，則尤足以發前人所未發，使讀之者快然於心，爽然於目也。而其《吾心圖説》，則於人心、道心之間，辨之最悉，理欲、義利之際，君子、小人之分，言之最詳，真足振聾警聵，直令頑石點頭。然則斯道之有張子，豈非於聖賢相望之時，所置一驛，使道路之阻隔者得以塞而復通，道統之中絶者得以存而不亡哉？雖然，言之非艱，行之爲艱，惟張子尤以盡倫盡孝爲本根，以敬宗邺族爲施設，以修身力學爲徑路。觀其發之雜著者，無不見諸躬行，則知兹集爲張子載道之文，亦即張子立德之驗，正非徒著書立説爲足闡揚聖緒已也。予常入郡，得快聆其言論，親炙其風徽，已信爲聖賢之徒。今復於兹集而歎其有功聖賢，洵爲淵源有自，不愧南軒家學也。因樂序之，以爲斯道幸云。皖江楊汝穀書。

（張祖年《道驛集》卷首，康熙四十六年刻本）

丙午科浙江鄉試策問

陳萬策

有宋而後，逮於元明，浙江學者稱盛，蓋朱子之流風遺澤存焉。故金華四子衍其正脈，是謹守朱子家法者，此都人士也。及明之中葉，姚江王氏始倡異論，是顯悖朱子家法者，亦此都人士也。當朱子之世，象山陸氏實姚江之先聲，然浙江學徒未聞趨向。自是厥後，朱子之書家傳户誦。越三百餘年，而姚江出，豈微言漸遠而大義頓乖歟？姚江既出，浙江學徒附和而揚其波者，孰爲最甚？昌言而攻其謬者，孰爲卓然？

夫姚江才氣之盛，功烈之高，亦近代豪傑之士也。然其邪説披猖，公然不怍，其弊使學者蔑棄經籍，縱意自恣，則其學術之弊，生心害政，必有「差之毫釐，謬以千里」者，可得而指陳之歟？爾多士篤志下帷，遭逢聖天子重道崇儒之日，辨義理之精微，擇徑路之邪正，其講之有日矣，盍著於篇？

（陳萬策《近道齋文集》卷一，乾隆八年刻本）

《道驛集》三則

張祖年

讀《正學編》集語記後

夫天高地下，萬物散殊，皆與道爲體。然載道之全者，莫如書。（《詩辨序》）在昔教盛學修，聖之人道流行宣布，雖無書可也。惟教衰學廢，道之托於人者，始不得其傳，然後筆其言，存於簡策。（仝上）以是知聖人雖不世出，而斯道不終泯者，以有斯文之足徵也。（《上方正學》）堯、舜、禹、湯、文、武之道，流注于洙泗。（《正學序》）自顔、曾、思、孟而下，寥寥千餘歲。宋之盛時，稱周、程、張、邵。（《復賀克恭》）下逮乾道、淳熙。（《敬鄉後序》）金華文獻播傳四方。（《文獻序》）維時東萊吕成公與紫陽、南軒講學婺城麗澤書院，所以濬發洙泗之淵源者深矣。（《正學序》）自是以來，北山何氏、魯齋王氏、仁山金氏、白雲許氏更相授受。（《麗澤記》）世之後先雖不同，要皆羽翼斯道，而所學純乎其正者也。（《正學記》）流風遺韻，藹然被於溪山之間。雖時移世改，而士食其澤，相與枝梧者，（《嚴州祠堂記》）踵武繩繩，機籥相印，（《正學序》）又所以開拓大中，張皇幽渺而助正學，（《丙午書》）以明乎其道者也。（《唐易論》）婺之文獻，鄒魯一方，（《敬鄉後序》）駸駸乎且爲天下望矣。（《麗澤記》）計其當時，（《文派序》）諸老先生（《上蔡講義》）亦既嚅嚌其腴澤，而掇其大者，用之天下國家，其餘緒則以敷遺後人。（《書目序》）思諸先生而不可見，俯而讀其書，（《嚴州祠堂記》）何莫而非此道也？（《胡傳序》）易世來，山川如昨，（《敬鄉前序》）出里門無與言儒者。（仝上）求其家集，則子孫或不能以咸有，（《文派序》）斯道之不絶者僅如縷耳。（《乙巳書》）

嗟夫！賢才之生，代不幾人，文章之傳，人不幾篇。（《文獻序》）士之有志於道者，（《嚴州祠堂記》）何以法焉？（《書舍記》）祖年生也後，仰高山而挹遺風。（《敬鄉前序》）曩侍先大父傍，（仝上）繙閲故藏，（仝上）每樂而不厭，然亦恨其時尚少，勿能問而識其詳也。（仝上）嗚呼！金華文獻之盛舊矣。（《麗澤記》）立言之士，（《文派序》）其爲説必曰：『我著書所以明道也。』（《正學記》）又烏知一旦變滅若煙霞者乎？然則編類者之功，要不可少之也。（《文派序》）惟是三四君子，（仝上）表章先賢，啓迪後學，（《文獻序》）誠知夫富貴福澤之以爲愛其身也。而無與於君臣父子之道也。（《尊經閣記》）

謂群公之文，而忠義、孝友、政事、儒學皆在其中。（《文獻序》）重鄉士而尊前輩，（《敬鄉前序》）精加校讐，（《文派序》）咸自作書，（《傳論序》）而欲恃區區之文墨以爲不朽者，（《跋蘇帖》）動静語默，酬酢萬變，無不各得其當，（《上蔡講義》）則所謂行道也，（《與趙伯器》）彰化善俗之盛心，（《麗澤記》）扶持名教之功大矣。（《文獻序》）愚不自量，聞見單寡，（《敬鄉後序》）凛凛諸先生無傳是懼，（《正學序》）故取平昔所誦與意會者，次第編録，（《窺餘序》）聚於一書，（《文派序》）刊之家塾，（《繫辭序》）以昭歷代人才之盛，爲邦家之光，(《文獻序》)且將以風厲人士，(《文派序》)推明聖道而施之用，(《上楊教授》)非徒尚詞藻也。(《敬鄉前序》)

祖年學道隱居有日，(《止齋記》)退坐書舍中，(《書舍記》)沉潛玩索，益知靜中之有真樂，(《研幾序》)以至飯蔬飲水、簞瓢陋巷之中，無往而不樂焉。(《與鄭修己》)然不過得道之一隅。(《復賀克恭》)以一隅爲得，則雖愚夫愚婦可以與知能行。(仝上)當立志堅定，不可以歲月經久而畏難。(《與張用載》)尤不可如習舉業者，但借聖賢言語以敷演爲文字而已也。(仝上)彼工於文者，志在進身，非實有求于道者也，(《論文》)身進則棄于道矣，此其所以有畔于聖人也，(仝上)後世任道者之通病也。(《詩辨序》)

嗚呼！上下千數百年，(《正學記》)吾道本無對，非下與世俗較勝負者也。(《與朱子》)鄒魯伊洛，垂教傳心之妙，讀其書者，(《上蔡講義》)讀其書者，猶可想見。(《麗澤記》)金華素稱文獻之邦，(《文獻序》)士之有志于道者，(仝上)嚴義利之辨于毫釐之際，(《孟子發題》，先宣公亦有是言。)溯何、王、金、許之流而窮其源，(《正學序》)宛然三先生之家法也。(《麗澤記》)夫天不欲吾道之昌耶？(《書文公後》)幸而天道循環，無往不復，(《通鑑後序》)後之君子或有取于斯焉，是亦區區此編之所望也。(《通鑑前序》)

祖年年三十有八，(《魯齋記》)而其生不辰，(《通鑑後序》)皆是患難中煅煉而得，(《東萊記》)未嘗不愯然深思云。(《座右銘序》)譬如草木，固是雨露發生，惟經霜雪方堅實也。(《東萊説》)若百事安穩，無違情咈志，而可以成就，則君子滿天下矣。惟其不然，（仝上）俯仰樂而無愧，（《矯齋記》）一吐辭必根據于道，一舉筆必發揮于道，非汲汲于取功名，非孜孜于圖利禄，（《論文》）一生只有此一事，一息尚存，此志豈容少懈？（《立志箴》）自今以後，當以德之不修，學之不講，聞義不能徙，不善不能改爲憂。其餘流行坎止，一切付之自然，得正而斃焉斯已矣。（《三戒説》）

雖然，自古聖賢相去率數百年，而謂自是傳之者都是做到此，（《與張潤之》）道固無往不存。聖人修之以爲教，（《與趙伯器》）精神心術寓諸書。（《書目序》）苟堆積文集而不能游目其間，與無書等耳。（《答梅秀才》）使聖人之道反晦蝕殘毀，卒不得大明於天下，（《詩辨序》）其爲小人之歸也必矣。（《三戒説》）吾儕自省何似，顧安得謬言心識而忘勸戒哉？（《座右銘序》）因輯約而奉以自儆焉，（《四訓序》）且爲天下任師友者告也。（《麗澤記》）道之在天下，至公而已矣。屈曲瑣屑，皆私意也。（《丙午書》）彼其闊視六合而狹小一鄉，凌厲千古而厭薄近代，（《敬鄉前序》）勢之所趨，誰得而面之？（《嚴州祠堂記》）年本不敢望有合，（《乙巳書》）區區之志，（《論春秋書》）比之袖手不向前做者，則大勝矣。（《東萊説》）一世大賢君子，（《丙午書》）訶叱而麾斥之，（《上方正學》）是不以人待之也。（《乙巳書》）則天下豈復有理，聖人豈復有教乎？（《論詩體》）亦要其不求自得諸心，以止乎道而已。（《論格物》）

（張祖年《道驛集》卷三，康熙四十六年刻本）

刻金華正學編序

千古道脈，洙泗其源也。承洙泗之脈者，歸諸婺源，繼其緒者，吾婺尚已。婺水西流，上擬洙泗，故文獻甲天下，得以小鄒魯名。婺學之開也，群稱東萊呂先生，謂其與晦庵夫子、南軒宣公講學麗澤書院，而東南道昌。是麗澤一泓，遠溯洙泗，則爲餘波立派，吾婺其淵源乎。從此教澤霑溉，洋溢雙溪。晦庵則有應純甫、馬次辛、李從仲、楊子權、徐崇甫，宣公則有馬師文、潘德鄜，東萊則有喬世用、陳士斯、葛容甫、金德源、鞏仲至、王元石、鄭南夫、石宗卿、戚少白、朱仲文、吴茂卿、葉茂叔、喬壽朋、胡居仁、趙周錫、夏敬仲，多支分派别。雖不爲異流殊沫，要亦麗澤中之波紋瀠洄耳。其繼起而疏瀹洙泗之源者，必推四先生。

自北山何先生受業黄勉齋，得晦庵之的傳，以授之魯齋王先生。魯齋以授之仁山金先生，仁山以授之白雲許先生，踵武相接，窮原竟委。所載《正學淵源》一書，其登筏麗澤而遵婺源，直探洙泗者耶？故四先生之承朱子，猶之四海汪洋，雖勢隔崑崙，究不得謂非其所自出。是何、王、金、許之與朱子，不啻孟之與孔，得諸私淑，却能直接其傳者也。

若純甫而下，親炙朱子，其不及四先生也，不亦等游、夏之在聖門乎？然則吾婺之源，東萊其鼻祖也，四先生其不祧大宗也。得朱、吕、張支派者，其小宗也。至北山之張思誠、倪孟暘，魯齋之聞人應之，仁山之柳道傳，白雲之王叔善、吴正傳、唐思誠、朱彦修、吕公甫、范景先、吕宗魯、葉景翰、胡仲申、朱性初，上泝高曾，皆同一本，列之兩廡也宜也。惟是香溪范先生，其同之祧主者，何也？考其嘉懿，奕葉芳規，後人徒以《心箴》取尊朱子，始尊香溪，豈知香溪能自取尊於世者，《心箴》特其吉光片羽乎？通論儒統，不及香溪，已爲隅見，叙統一郡，烏得略香溪而推東萊哉？

吾婺遺文《正學淵源》一書，固非尋常丘壑可方也。其餘散見雜出者，如潮如海，波光瀲灎，觀瀾之士無不溯洄從之。在昔元之吴公師道始輯其文刻之，名曰《敬鄉録》。明初烏傷令張公允誠刻其邑文曰《華川文派録》，兩刻雜載遺文，未必合派。麗澤而波濤萬狀，固洋洋大觀也哉。三刻於正德間，郡守趙公鶴惟取東萊、何、王、金、許文而編之，名曰《正學編》。其《正學淵源》之波瀾乎？萬曆中，蘭進士唐公邦佐酌其繁簡，而益以楓山章先生文，其以楓山爲吾婺大宗適派乎？抑又麗澤之迴瀾砥柱也。此遺文之四刻也。崇禎五年，金華學博楊君德周又定爲《金華文徵》，裒以後賢之文而爲二十卷，雖去取未悉適中，然猶足徵遺文之未澌滅也，此五刻也。嗚呼！如師道、邦佐兩公，欽敬鄉邦，事屬分内，作浮家泛宅，固其所也。若張、趙、周君停槎艤舟者，何其開帆擊楫之勿倦哉！可以爲問津者法矣。繼之者，今上之甲戌，金令趙公泰牲，重有《正學淵源》之刻，其濟世之盛心也，益可以徵正學之淵源，自不絶於古今矣。

祖年上世南渡，移家先人講學之鄉，今瞻麗澤之祠祀，竊謂合郡視宣公如列祖，而自祖年以觀，何意鼻祖之早已俎豆其間哉！祖年溝渠細流，浮沉道驛者十有一年（道驛，年讀書處），拾遺尋緒，曾梓先集，流布寰區。近懷鄉哲，謀鐫遺文，訪故書，再四卒業諸纂本，而測以蠡見，特以香溪冠首，澄淵源也；仍其名曰「正學」，懷濫觴也。他如潘子賤、章山堂、吴正傳、柳道傳、黄文獻、王忠文諸先生，皆濬滌涯涘，澄澈横流，隄防麗澤者也。嗣輯其文爲《廣編》。又如鄭忠愍、陳文毅、吴濬仲諸公，又皆披揚流灑，節汩潺湲，襟帶麗澤者也，嗣輯其文爲附編。若楊子權、葉成父諸賢遺文無傳，望洋興歎已耳。餘或有傳，無關正學，雖文河泛濫，勿暇浮湛也。或此板沉没，尚望後賢又刻，俾麗澤一泓，毋爲斷港絶河，庶幾無江河日下之歎哉！

抑聞之，孔子爲天之孝子，謂其參贊天地，植立綱常，而大道昭揭，則朱、吕、張闡明聖道，又爲孔子孝子，而何、王、金、許補綴未盡，其孔子順孫乎？若楓山，又何、王、金、許之賢裔也猗歟！吾婺南派鼎峙，祧主如香溪，鼻祖如東萊，列祖如宣公，大宗則何、王、金、許，小宗則蕃衍繩繩。推所自出，確本朱子；溯厥朝宗，總歸先聖。世遠年湮，綫綫一脈，能無望於後之善繼善述者，克廣孝思也夫？

康熙甲申八月二十八日謹序。

（張祖年《道驛集・雜文》卷三，康熙四十六年刻本）

募修麗澤書院及正學祠啓

聞之惟桑與梓，必深恭敬之情；況乎以士希賢，尤切景行之慕。乃紹往開來，共仰星華日麗；而聞風興起，徒歎山高水長。凡有心者，能無恫乎？緬懷吾婺，西流與洙泗爭奇；誕育名儒，南宋偕魯鄒並號。如東萊繼香溪而崛起，與晦庵、南軒友朋講學，聿開麗澤之堂；逮北山得魯齋而遞傳，歷仁山、白雲師弟承流，爰崇正學之額。著述則羽經翼傳，品詣則立懦興廉。允協輿情，光昭祀典。前人之貽謀善矣，制其田里，徹桑土以綢繆；後賢之踵事誰與，重以刼灰，廳榛蕪而傾圮。爲訪麗澤之殘碑，惟見苔封蘚蝕；每拜正學之頹宇，不勝雨泣風號。憶昔成公夢奠，文憲上啓寺丞（東萊子，諱延年），培植之盛心如見也；嗣後四賢墓址，郡守（劉公，諱□）鐫文廟廡，紀載之深慮有以哉！今者屢奉詔修，奈樞要未經下盼。某等每思籲葺，緣閒散無由上聞。惟是力薄於綿，心殷如結。自念誦詩讀書，嘗鼎一臠，業已借光於梨棗（祖年有□《正學編》之刻）；所望誅茆剪棘，築室百堵，更欲重響其弦歌。敬爲同氣之求，拱聽同聲之應。

凡係孫枝，自不忘夫祖德；叨居後進，寧或忽乎前修。要必式崇廟貌，庶幾整肅觀瞻。彼奈苑琳宫，愚者且捐頂踵；豈賢祠書院，同人反吝錙銖。多寡不拘，誰言一文羞澀；贊襄是望，還期不日經營。俾靈光之奕羿，不致漸即於飄摇；鑒彼黍之離離，務使復瞻其輪奂。遠襲表章，綿道統於往昔；近抒仰止，昭儒範於來兹。將八婺之遺風，由兹復振；抑兩浙之文獻，自是丕興矣。雁足僭傳末議，牛耳望執群公。謹啓。

（張祖年《道驛集·雜文》卷三，康熙四十六年刻本）

大儒學粹增删發題

張祖年

祖年束冠受賜，遂揚帆而吴，時乙未二月朔也。下榻官舍中，荷夫子康成之目，得讀未見書，命祖年偕丹陽姜孝廉兆錫暨諸生靖江楊子坦、吴江沈子兼立，共輯《聖學啓蒙書》，繼以《大儒學粹》專授祖年，曰：「子其爲我增删之。」祖年敢問所以，夫子曰：「周、程、張、朱，宋之顔、曾、思、孟也。象山之陸、白沙之陳、陽明之王删焉。許魯齋、薛敬軒、胡敬齋存焉。若龜山、若豫章、若延平、若勉齋、若北溪、若羅整庵增焉。」余受書卒讀，知是集爲前明萬曆中江右魏公時亮本也。誠屬瑕瑜相參，純駁互陳，蠱惑人心，非細故矣。竊窺夫子增删之旨，洵仕優而學灼見也。更闌不得偕姜君輩證之。翼日，更請益以先宣公及鄉之東萊、何、王、金、許、楓山諸先生文。夫子曰：「張、吕遺文，已鐫堅木。彼四先生者，時際偏安，流布未廣耳。楓山一集，仰止久矣，罕寓目焉，子其增之。」

（《良貴堂文鈔》，雍正末年刻本）

癸卯恩科順天鄉試策問五道

張廷玉

問：古者立學，必釋奠於先聖先師。自春秋有孔子集群聖之大成，爲萬世師。後世崇德報功，屢加尊號，至定爲至聖先師，而推崇無以復加矣。先賢之從祀者，釐定於唐時，載在《開元禮》。其後歷代議增，以次附饗，典至重也。顧七十子而外，自周迄明，登祀典者僅三十有六儒，何聖人之徒如此寥寥歟？抑尚有可增益者歟？

我皇上御極之初，遣官祭告闕里，又推遡本源，追封叔梁公以上五代並享烝嘗。惟心源之契合無間，斯典禮之尊崇有加，非徒修重道之文已也。多士幸生聖世，勵志純修，則古稱先，考同辨異，於從祀諸儒學術之純疵，可得而指陳歟？

明初金華宋氏有從祀廟庭之議，嘉靖間張璁復建議，黜蘧伯玉、林放，使不得列於聖門，謬已。馬融以下諸人，歐陽子所謂章句之學，轉相講述而聖道粗明者也。議者指其行事而黜之，持論未爲不正。然鄭康成、盧植之徒，未聞失德，而一概屏斥，無乃過歟？世之論者，謂孟門之樂正子、萬章、公孫丑，程門之游、謝、尹、吕諸子均應從祀，其説然歟？黄勉齋親受道於朱子，而金華何、王、金、許遞衍其傳之數儒者，以之從祀，可以無愧。而數百年來禮官未有論及者，聖朝典制明備，或當次第舉行歟？明之王陽明、羅整庵猶宋之朱、陸也。祀陽明而舍整庵，詎非闕典歟？諸生其各攄所見以對。

（張廷玉《澄懷園文存》卷六，乾隆間刻《澄懷園全集》本）

《延緑閣集》一則

華希閔

對策・丁酉順天

唐儒首昌黎，闢佛老，闡性道，爲孟子後一人。惜其以博愛言仁，三品言性，與孟氏稍異，而因文見道，所得深矣。宋時真儒輩出，實自周子開其端。二程之受業周子也，由其父珦同宦南安，信其爲知學聞道人也。至再見而吟風弄月以歸，其學乃成。張子《正蒙》得力於禮爲多，而《西銘》一篇，明理一分殊之旨，足與《通書》《太極圖説》相發明，其與周、程並稱以是也。

程子門人游、尹、謝、吕以及光庭、師聖等，所得俱深，而朱子之所由私淑者，則從延平、仲素而上泝龜山也。道南一嘆，似有前知，洛、閩之源流，不亦彰彰可考乎？朱子之門，從遊甚盛，而以識精才卓見稱者，則有季通；以造詣純篤相許者，則有直卿。如蔡仲默之深於《書》，輔漢卿之深於《詩》，楊信齋之深於《禮》，皆其最著者矣。金華一脈，開自直卿，何、王、金、許，遞相紹述。黄、柳之後，又由景濂而傳正學，忠節奇偉之氣，震耀天壤，猶是尊聞行知之實驗而已。至於元儒，以魯齋、静修並稱，而魯齋尤粹。明儒自敬軒、月川倡始，而敬軒所造尤深。至新會、姚江出，而金谿之觴濫矣。

然敬齋與白沙，並學康齋之門，而《居業》一録，與静裡端倪之旨，迥不相似。整庵與陽明同朝事主，而《困知》一記，於晚年定論之編，辨析極嚴，其得失昭然矣。他如一峰、剩夫、涇野、莊渠、虚齋、士賢諸君子，皆能墨守程朱，躬行是尚。至中葉以後，講壇振興，李見羅專揭修身爲本，鄒南皋每於當下提撕，錢啓新以像象明《易》理，劉念臺以慎獨爲静存，皆能本其心得，啓發學人，而立教之法，微異程朱，其最純者，惟梁溪之學乎？或訾其復七一規，稍偏静坐，然而體認未發，本乎延平，薛開其始，高集其成，明儒論定在是矣。

（華希閔《延緑閣集》卷四，雍正刻本）

對策・庚子江南

求道者必從經而入，窮經者必以道爲宗。舍經而言道者，學道而適歸於謬妄者也，異學也；舍道而言經者，窮經而未離乎跡象者也，俗學也。明乎此，則道學、儒林之所以分，及後世朱、陸之源流得失，皆可以片言而决。請因執事之問而明述之。

儒林之有傳也，始於漢之丁寛、伏生、毛、鄭之流，唐之孔穎達、賈公彦等，其最著也。宋之聶崇義、石介、孫復、胡瑗等繼之，其於《六經》正音讀，考制度，辨名物，其功博矣，然於心性之學有未聞焉。所謂訓詁之學，窮經而未離乎跡象者也。周、程、朱子出，得不傳之緒於遺經。而聖人之學，性道之奥，如日中天，所謂儒者之學非乎？然前代既以訓詁當儒林矣，不可以程、朱與之並列也，故别立《道學傳》以尊之，非謂經學之外有道也。乃若所謂異學者，老、莊、楊、墨、告子之徒是也，或主清静，或主放曠，或主爲我兼愛，而無善無不善，亦其一也。

彼其於道，豈不自謂各有所見哉？而律以聖人《六經》之旨，適見其謬妄而已矣。其後諸子廢而佛學行，人僅以佛當墨氏，是未爲知佛者。慈悲喜捨，乃彼法中之一説耳。其源出於莊、列諸子，則朱子嘗言之。《楞嚴》之「自聞」，即莊子之「無爲無形」；「運水擔柴，頭頭是道」，即告子「生之謂性」；「六用不行」，即老子「道可道，非常道」；「捐棄君親，專求自了」，即楊子之「爲我」。襲諸子荒渺之説而參合之，故斯世賢知者流，皆惑於其説，而甘爲之用。

執事所云後代異學顯行，皆祖述其緒，意即謂是歟？抑以金谿、姚江爲陽儒而陰釋歟？夫即以陸王爲佛學，未能服其心也。而教之弊流必入於佛，則有確乎可指者何也？佛之爲教也，曰「不立文字，直透性宗」，又曰「立地成佛」，何其直截簡易也？孔子之教初不然，孝弟謹信之餘，必以學文。四教亦首文行，蓋聖門之重學文如此。

程朱之學，居敬涵養以立本，讀書窮理以致知，尊孔子之教也。而金谿乃以誦讀爲支離，務趨簡易。姚江揚其波曰：「六經皆我注脚」，已自毁其藩籬矣。其徒之一折而入於佛，安足怪歟？是故學者而有志於道，必在尊經，尊經必遵朱子。朱子於《易》有《本義》，《詩》有《集傳》，《論》《孟》有《集注》，《大》《中》有《章句》，皆以闡明聖道爲主，而於名物訓詁亦所不廢，是經學之大成也。當時稱同志者，南軒而外，斷推東萊。朱子平生著述之書，皆與二子商確往復，而《近思》一録，實與伯恭共事。《讀詩紀序》推許尤深，似不得與金谿、永嘉、永康同類而外之也。

宋元之間爲朱子之學者，蔡元定、黄榦爲最著。而蔡沈之於《書》，楊復之於《禮》，輔廣之於《詩》，皆以親炙而得傳者也。而西山真德秀、鶴山魏了翁、元之魯齋許衡，皆以私淑而與聞乎斯道者也。爲陸學者，則范陽張九成、慈湖楊簡爲最著。簡詆《大學》爲非聖人之書，後儒以侮聖言、叛聖經斥之，有以也。大明代墨守程朱者，薛瑄、蔡清其首矣。而開其先者有曹端，繼其後者有胡居仁、章懋、吕柟、崔銑、魏校、陳選、陳真晟、許孚遠諸君子。著書衛道者，則有羅欽順之《困知記》、陳建之《學蔀通辨》。

王守仁遠祖金谿，實亦近宗新會。其門人最著者，泰州王艮、龍溪王畿。泰州之學，一傳而爲顔鈞，再傳而爲羅汝芳、趙貞吉。龍溪之學，一傳而爲何心隱，再傳而爲李贄，其潰敗決裂，至不可問。較之朱子之後，何、王、金、許一脈相承，傳至正學，猶能以忠節著顯，其相去何如哉？抑嘗考鵞湖倡和之語，陸則曰：「留心傳注翻榛塞。」朱子之砭之也，則曰：「只愁説到無言處，不信人間有古今。」然則朱、陸之異同者，不啻千里，而其毫釐之差者，止在尊經不尊經之别耳。居今日而欲使道一風同，舍《六經》其安從耶？

（華希閔《延緑閣集》卷五，雍正刻本）

庚子浙江鄉試策問四首

李紱

問：儒者之學，自天子至於庶人，自格致誠正至於修齊治平，建極歸極，一以貫之者也。後世以師儒承道學之傳，源流既殊，門牆亦别，於是異同之論出焉。我皇上以上聖之資，法天行之健，舉數千年散而在下之道統，復歸於上。士苟有才，不以辭章自局，則志伊學顔，以應國家之景運，此其時矣。

浙江爲理學名邦，自吕成公與朱文公、陸文安公並倡道東南。吕學雖不傳，然朱學自勉齋而下，何、王、金、許四先生並在金華，陸學則楊、袁、舒、沈四大弟子皆在甬上。今金華四先生與楊文元諸公成書具在，其學業醇疵，規模大小，有能言其故者與？有明薛文清公私淑朱學，而傳者甚少；王文成公私淑陸學，而宗之者遍天下，其故何歟？

（李紱《穆堂類稿·初稿》卷四十四，道光十一年奉國堂刻本）

《陸子學譜》二則

李紱

私淑上・吴文正公澄

按《元史》撰於明初，總其事者，爲宋文憲、王忠文二公。其論議本於金華四先生，故吴文正公此傳，引用公元亨利貞之説，意在於尊朱。其實，此恃弱冠之説，不足以定文正公之學。必如晚年所作《尊德性道問學齋記》，乃足窺公所學之歸宿，確在於陸子。而鑽研文義之學，則皆公所深悔，謂爲墮此窠臼垂四十年，而始覺其非者也。

（李紱《陸子學譜》卷十八，雍正無怒軒刻本）

後學辯論

宋潛溪濂學於黄文獻溍，溍學於許白雲謙，蓋其淵源固由金華四先生以上遡朱子之傳者也。其爲《金谿縣孔子廟碑》，而末系以詩云：「金谿之山，翔躍猶龍。下有學宫，靈氣所宗。篤生大賢，惟我陸子。究明本心，遠探聖髓，其道朗融。白日青天，纖塵不飛，萬象著縣。」其推崇如此。

（李紱《陸子學譜》卷之二十，雍正無怒軒刻本）

萬卷樓初稿序

曹一士

自時文盛而古文之學微，大江以南名能古文者，予知兩人焉，曰古瞟張樸邨、義興儲六雅。樸邨議論法度，一稟於朱子，嘗語余曰：「余始以韓、歐之文爲至矣，觀於朱子，然後知韓、歐未得爲至也。微獨其理勝，亦古文之法，至朱子而大昌矣。」六雅之言曰：「蘇氏馳騁筆力，横絶千古，今世才士往往慕效之，顧易入粗豪，成習氣，不如學南豐質實而不佻，有法度可據依。」故六雅之文拗折古宕，得之南豐氏者居多。是兩君子者，余皆畏服之。其後乃遇梁谿顧子震滄，蓋自丙申冬云。時余就試暨陽，震滄訪余僧舍，各出所作古文辭數篇相示，相善也。己亥，復會於暨陽，因得復觀震滄近作，則序事筆力尤雅健，得史遷法，予自愧弗如矣。

震滄往與余論文，酒酣耳熱，縱論秦漢以及唐宋元諸家，夜盡燭九寸不倦，聲徹户牖。余每斂衽推先，獨於有明三百年作者力尊宋潛溪氏，以爲當與唐宋六家抗行，奚啻冠絶明代？余疑之曰：「潛溪之學則博矣，體則備矣，然其文境坦夷，一往易盡，較其師吴公立夫《淵潁集》，風神頓挫，猶若遜其峻健者。子以爲抗行六家，毋乃尊之或過與？」震滄曰：「此潛溪之所以爲大也。蓋其學之博，故沛然達之，如江湖之流，不自知夫滔滔者之爲險與平也；其體之備，故盎然出之，如草木之茁，不自計夫芃芃者之爲疎與密也。」余曰：「善哉！余之所未聞也。雖然，潛溪不嘗有述乎？曰作文之法，以群經爲根本，以遷、固二史爲波瀾，故其置力於諸經者最久。而後讀遷、固之書，若破竹焉。定諸子百家之異同，若別黑白焉。然後發之於文，大小畢貫。吾與子毋亦群經之是務，以求夫潛溪之所以大者，而遑曰潛溪云爾哉？」震滄曰：「然。吾子之言，潛溪之志也。」

庚子，震滄既舉於鄉，將與計偕，門人王發等刻其集若干篇既成，屬余一言。余惟世之志科舉者，爭敝精竭力於時文，而古文之學爲無所用。有涉其藩者，類酬應，牽率假途於近代一二家，不復知以古人爲師。若震滄旁搜遠紹，多所自得，方將脱去場屋羈瑣，翺翔乎作者之林，其所成就固不可量，無事以潛溪相盡也。抑又聞潛溪生何、王、金、許之鄉，熟聞朱子遺緒，故其文純正，有南宋之遺。而朱子所爲文，實出藍於南豐曾氏。古之作者，豈不如川澤之相灌輸，跗萼之相承接者哉？今樸村、六雅皆在京師，震滄攜是編往與商略源流本末之故，必有講於世之所未講者。惜余不得從震滄後，一與之上下其議論也。姑次向時所往復者，以待兩君子折衷焉。

（曹一士《四焉齋文集》卷三，乾隆十五年海上曹氏刻本）

□嵛永禪師語録序

徐文駒

學儒者必宗孔孟，學佛者必宗如來。雖大旨不同，而其淵源授受之統則一。儒者之道，自洙泗以達之濂洛，自濂洛以達之新安，其後遂有何、王、金、許之學，而有明諸儒繼之。

（徐文駒《師經堂集》卷三，康熙五十一年刻本）

《删後文集》一則

陳梓

東白樓記

此余所謂東既白，而東不白也。然瀕海吉貝村，何地無樓，而惟此一樓，坐兩賢焉。講求於韓、歐、李、杜，切磋於何、王、金、許，以淑諸友朋，而傳諸子孫，此余所謂東不白而東自白也。

（陳梓《删後文集》卷三，嘉慶二十年胡氏敬義堂刻本）

謝遯庵先生墓誌銘

公諱廷賓，字爾嘉，一字稻孫，别號遯庵，太學生。……生平闢佛極嚴，鈔書及仙佛字輒漫去，他如巫覡、堪輿、子平、姑布，凡不衷於聖者，一切屏絶。浙東儒者何、王、金、許而後，咸以洛閩爲宗，自王文成首倡邪説，諸狂且和之，即蕺山、證人不免鶻突。生其鄉者，耳濡目染，汩没不得出。公獨歸然，築紫陽之隄以遏其衝，雖横流潰決，一手不足以障之，亦可謂豪傑之士矣。

（陳梓《删後文集》卷三，嘉慶二十年胡氏敬義堂刻本）

理學備考序

王　寬

程子曰性即理也。此理也，命之於天。率之爲道，修之爲教，具於人倫，達於萬受。至善無惡，無内無外，際地幡天，徹上徹下，聖賢不以之或豐，庸衆不以之或歉，藏而爲内聖之基，顯而爲外王之道。堯、舜之「精一執中」，傳此理也。禹、湯、文、武之祇召，聖敬敬止，明此理也。周公以此而制禮作樂，孔子以此而删定贊修，顔、曾、思、孟以此廣聖教之序，端來學之歸。存之則爲君子，舍之則爲小人，修之則致治，悖之則兆亂。理之關於世教人心要矣，而學尤其要也。蓋理者，即以性也。學者學此理也。孔孟尚矣。廣川、昌黎、河汾而後，業此學者莫過於宋周、程、張、朱數大儒，著述表章發明此理。而朱子獨集諸儒之大成，定前後之統緒。由宋迄元，金華四子咸知宗旨，得正統者惟許魯齋一人。明興三百年中，人文蔚起，薛、胡、吕、高、羅、馮諸大儒心得、躬行、著書、立説，各有詣極。薛子復性之學，獨得其宗。其他諸儒雖所由之途未盡同，所立之説未盡一，總皆此理此學同也。

（范鄗鼎《理學備考》卷首，康熙范氏五經堂刻本）

東林書院志序

胡　慎

自宋以來，海内以書院名者，不可勝數。而東林一席，實爲洛閩道脈之樞，其廢興之故，所係綦重矣。蓋自周元公繼孔孟之道統於千四百年之後，二程先生得之以倡明於伊洛閒。而龜山楊氏得其宗，其學成而歸也，淳公目送之曰：「吾道南矣。」龜山往來毘陵、梁溪閒，講學於東林者十有八年。於是由豫章羅氏、延平李氏傳至考亭夫子，遂集群儒之大成，爲萬世理學宗主，是繼洛而開閩者，東林也。顧朱子之學，歷元世百年閒，雖有何、王、金、許以次相傳，綿緜延延，不絶如綫。

至明弘正之世，則姚江之學大行，而伊洛之傳幾晦，東林亦廢爲邱墟。至萬曆之季，始有端文顧子、忠憲高子振興東林，修復道南之祀，倣《白鹿洞規》爲講學會，力闡性善之旨，以闢無善無惡之説，海内翕然宗之，伊洛之統復昌明於世。而龜山承前啓後之功至是益大，淳公道南之語固先爲之兆矣。然而，「莫爲之前，雖美弗彰；莫爲之後，雖盛弗傳。」東林盛衰之故係於道統者如此，顧使後世有文獻無徵之歎，其可乎？則東林重，而東林之《志》亦綦重矣。

（高廷珍《東林書院志》卷首，雍正十一年刊本）

四書詮義序

汪 紱

元明以來，以八股取士，則於是復移朱子之説，以役辭章。而講章家治經亦都爲八股計，便於八股者收之，不便於八股者棄焉，而投疵抵隙，講訟益繁。嗟乎！自勉齋諸賢躬承師説，惟間能有所發明，何、王、金、許、陳、胡、吴、史而下，已浸浸乎失微言之緒。況有明《大全》之纂，上之爲成祖篡弑之君，下之成於胡廣、金幼孜諸附逆庸人之手，又安能得聖賢之旨，而決擇於群言得失之林？以故朱子所非者而復載之，朱子所取者而復畔焉。

（汪紱《雙池文集》卷五，道光一經堂刻本）

外篇・道統類

汪紱

陸氏之偏，歷歷可指如此，真所謂假佛氏之似，以混孔孟之實者也。第以生與朱子同時，賴有朱子反覆指陳其弊，故學者尚知所宗主而不爲之惑。朱子之門，若蔡季通之英邁而該洽，智深而行謹，朱子所稱老友。而其弟子，則節齋之於《易》，九峰之於《書》，皆有以勝父師之托而無隕。黄勉齋志堅思苦，朱子托以《禮經》而望之任道。輔漢卿淳謹勤恪，閉門自守，纂疏《四書》。陳安卿義理貫通，恬退自踐。陳才卿一室蕭然，工夫精進。李弘齋進學可畏，處事不苟。劉雲莊發明道學，爲諸儒倡。劉韜仲一以謀道明理爲心。張元德用力於敬，勇於爲義。李果齋大本有見，此心泰然。廖德明學有根據，學道愛人。徐子融志氣剛決，鄭子上子細精密，方賓王親切的當，晏亞夫意氣激昂，徐方叔道德穩實。此皆有以與於斯道。

而他若余大雅、葉賀孫、董銖、李季札、萬人傑、楊道夫、黄義剛、潘履孫、劉砥、劉礪、黄灝、滕璘、滕珙之徒，皆有以反覆辨論，講明斯道，而陸學不能以與之爭。繼此而真西山《大學衍義》、魏了翁《九經要義》，皆有以興起斯文，維持聖學。而金華四子何基、王柏、許謙、金履祥，婺源三胡胡雙湖、胡玉齋、胡雲峰以及許平仲、陳雲莊、王雙溪、程復心諸賢，亦有以守先緒而無愧。然而世遠澤微，諸儒心長力短，兢兢自守，猶懼不足。況乃吴草廬意爲區別，以朱子爲道問學，以陸氏爲尊德性，而朱、陸得以相衡矣。夫道問學與尊德性之功，豈可判爲兩途？而朱子豈偏於問學不尊德性者？吴澄第以與陸氏同鄉而曲爲之庇正，猶子静之回護介甫，而豈通論也哉？

張九成直詆《大學》，陳白沙一宗自然，王陽明纘其緒而張之，而其學益錯亂顛倒，不知究極。嗟乎！有明一代之儒有可數者，則薛敬軒著《讀書録》，曹月川著《存疑》，吴康齋堅凝任道，胡居仁著《居業録》，羅整庵有《困知録》，汪登源作《中詮》，蔡介夫著《蒙引》，陳丹崖注《小學》，林次崖有《四書存疑》。此皆私淑朱子而得其正者也。其若羅一峰之剛毅，陳克庵之克已，陳剩夫以《大學》爲據，章德懋有三巨擔，陳建之《學蔀通辨》，邵文莊爲真士，夫其亦庶乎！明儒之醇，首屈敬軒，乃敬軒私淑朱子，而從之者寥寥然。及王陽明挹陸氏之波，倡良知之説，而天下乃翕然從之。風捲潮湧，舉世若狂。噫！何邪説之中人若斯易乎？以上論朱子門人及元、明諸儒。

嗟乎！斯道日在人心，固無時而或息。然道非徒滋口説以務勝人之謂，謂實踐諸身以廣於天下，使天下之人皆有以域於斯道之中，而無過不及焉，而後可謂之凝道，而後可與於道統。今者朱子之書，家弦户誦，莫敢異同，而究不可謂朱子之道之果已大行於世，何則？必有朱子其人，以使天下之人皆爲朱子，而不敢不爲朱子，則誠哉其行朱子之道；今讀朱子之書，而立身修德之必，其則傚朱子，如朱子之則傚孔子者，果伊誰哉？況陰畔朱子而思爲異説以勝朱子者，固往往而是也。然則道統其將何所寄乎？曰：自朱子而來，至於今五百有餘歲矣。今聖朝治運休隆，崇儒尚道，當必有起而輔之於下，以承先聖之緒，而正天下之人心者。

（汪紱《理學逢源》卷十二，道光十八年敬業堂刻本）

明儒講學考

程嗣章

史自馬、班而後，俱有《儒林傳》，誠重之也。至《宋史》創立《道學傳》於《儒林》之前，以言性理者爲道學，談經術者爲儒林，寓抑揚軒輊之意，議者非之。明代道學固不及洛閩之醇，而窮經通儒亦罕聞焉。獨講學之風，較前代爲盛。太祖之世，學者皆承何、王、金、許之緒，篤守宋儒矩矱。永、宣以還，循而未改。迨至公甫倡道於嶺表，伯安立幟於姚江，海内人士從者如歸，學舍、講堂所在皆有。蓋是時，搢紳士大夫以及草野之間，無不以講學爲事焉。張叔大當國稍稍抑之，而其風未嘗或衰。神宗末年，王氏之學愈遠而愈失其真。其邪説横興，支離謬妄，無所底止。於是，涇陽、景逸諸君子起而正之，務躬行實踐，一以程朱爲的，然大概以節義相矜尚，以聲氣相緣飾，和者甚衆。而黨禍旋作，迄於國亡，蓋講學之風與一代相終始焉。爰考其支流派分，作《明儒講學考》，至諸儒言語、文章各有著述，德行、事業，具載史册，故今但疏其姓氏爵里云。

（程嗣章《明儒講學考》，道光四年刻本）

《弢甫集》二則

桑調元

觀察處南定巖董君墓誌銘

君姓董，諱榕，字念青，號定巖，北直豐潤縣人。……金華表吕、何、王、金、許遺書，並禮其後，尤以尊崇學校、興起人文爲己任。鼎新夏邑黌宫，各境内書院，並修葺優禮。

（桑調元《弢甫集》卷十八，乾隆刻本）

餘山先生行狀

朱子之學遞傳至何、王、金、許，至河東、餘干切實無弊，楊園、稼書兩先生承一脈緒系，導學者於大中至正之歸。縱下學未能至極，亦循循在途轍中，未至流蕩而無所坊，以得文行忠信之傳也。

（桑調元《弢甫集》卷二十一，乾隆刻本）

《道古堂全集·文集》二則

杭世駿

李芳遠詩序

吾浙十一郡，南宋而後，金華理學獨盛於浙東。其一派爲唐説齋；其一派爲吕成公；其一派源於子朱子，何、王、金、許迭相推衍，至明初而宋文憲、王忠文兩公得其宗。忠文死節於滇中，文憲傳方臨海正學，成仁取義，皦然爭日月之光。其女夫王青城稌，即忠文之孫，復以節概著。夫其人誦法周孔，必其胸中有至剛至大之氣，浩然而不可磨研，辨於天人理欲之介，齗齗不肯絲毫假借，故觀其外，彪炳宇宙，卓然爲一代之完人，而不知其素所蓄積者深而景仰者高也。

（杭世駿《道古堂全集·文集》卷十二，乾隆四十一年刻、光緒十四年汪曾唯修本）

蘭溪范氏重修香溪先生祠記

金華之學，始於先生。而吕伯恭兄弟繼之，何、王、金、許四先生昌之。楓山章氏謂：「道學之傳於斯爲盛，實先生之功。」至其出處，審之有素。相檜當國，屢薦不起，遯世無悶，闇然日章。言顧行，行顧言，胡不慥慥，先生有焉。惜泮宫從祀，無有議及之者，豈非闕事哉？

（杭世駿《道古堂全集·文集》卷十八，清乾隆四十一年刻、光緒十四年汪曾唯修本）

質疑稿序

雷　鋐

余向見陽明先生《傳習録》，罅漏百出，欲爲條辨，使汩没其説者知所返。顧自念學力不足以取信於天下後世，而其大端，則當湖陸清獻公已辭而闢之，果能讀程朱之書，則其説亦不待辨而明。然而俗學既惘惘無所知，一二有志自好者，每多誤於厥趨，則以程朱之書爲舉業所口饜而不知其味，忽見異味而好焉，而不知其有毒也。近校士婺州，每樂引諸生，共追溯何、王、金、許之遺緒。東陽學官奉孫石臺先生《質疑稿》來請曰：「石臺先生《定志編》已有刊本，此編諸生欲梓以公世，覬一言以序之。」余敬受而展閲，則余所欲條辨者，先生皆已先我爲之，心平而語覈，識精而理明，余即爲之，安能及此也？

嗟乎！先生猶及見陽明，嘗挾所疑以面質，使陽明能虚受以自返，何至學術之紛紛哉？使先生此書得早流布海内，又何至陽明之學煽動遠邇，以變亂學者之耳目哉？先生每述其父覺齋先生，惜乎其書不傳。先生所著尚有《儀禮經傳正蒙集注》、《中庸答問》諸書，今亦不獲見。然即此編有功正學非小矣。《定志》一編，則又初學之先務也。

乾隆二十年八月下浣，後學雷鋐敬序。

（孫揚《孫石臺先生遺集》附録卷下，乾隆四十四年盧衍仁刻本）

定志編序

彭啓豐

金華自吕成公倡明正學，何、王、金、許四大儒繼之，東陽孫文孝石臺先生接傳於數百年後，所著有《定志編》，採集諸儒遺矩格言，編次成帙，以授盧子。夫聖門教人，據德依仁，必先志道。蓋志苟不立，無以進步。程子云：「若將第一等人讓與别人作，即是自棄。」故言學便以道爲志，言人便以聖爲志。遵先儒之遺矩格言，體驗力行，何患不馴至聖賢地位。

東陽吴司諭重刊是編，固欲學者有所遵循，非徒托諸空言也。余嘗慨浙中人士詞章藻采之功勝，敦龐渾厚之意微。苟能溯金華四先生之理學於微茫墜緒中，庶不愧爲明體達用之儒歟！抑聞孫先生所著述，有《儀禮經傳》、《正蒙集注》、《中庸答問》諸書，今皆不可復見。倘東陽人士有能搜羅而表揚之，其爲功於後學，更非小補云。

乾隆十七年歲次壬申三月下浣，長洲彭啓豐序。

（孫揚《孫石臺先生遺集》附録卷下，乾隆四十四年盧衍仁刻本）

理學邵念魯先生墓表

陶思淵

先生方弱冠耳，厚重嚴慤，已卓然不肯墜其家規。比長，出就外傅。韓遺韓，故姚江老宿，淑艾於王文成公者，示以入門梯級，謂聖人可學而至。先生則益私心嚮往，有志於性命宗旨。往時，余從先生遊。先生執余手，娓娓道文成天泉夜論時光景，及横山、緒山相繼之統，曰：「人心不死，端賴斯脈。昔遺韓師教我如是。」言訖，淚琅琅下。夫王門師弟之功過，在先生原未嘗偏執依附於其間，特以衛孔、孟者攻二氏，衛君父者攻楊、墨。王門非二氏、楊墨比，則吾亦第有謹持師説以體驗於毫釐而已。若夫執兩用中，聖人復起，自有歸宿。故夫後之人有能指陽明無善無惡之教，推尋以至於朱子之不偏不倚，又推尋之至於孔孟門庭。講其是而去其非，隆隆然，無纖絲緊障，不可謂非先生之藴，久有以發之也。

先生上窺下逮，自封建、學校、農屯、軍政、天官、輿圖諸書，無所不讀。而獨不雜於神仙、浮圖、蟲魚小説，其他則皆發爲文章，顧尤殫精史事。嘗自謂生平頭白汗青，西清東觀，差堪以老布衣與聞掌故。自先生没後，豈惟東南道學一傳景響頓絶，即欲求三百年遺案與夫勝國軼事，而訛舛隱諱，亦無從徵信於萬一已。勝朝作者如歸震川、茅鹿門、錢虞山，本朝如侯朝宗、汪鈍翁、魏叔子，古文碑版滿天下，惟肆其力於文詞，故工力所到，遂亦行遠。今先生之文，未知於之數子後先何如？抑傳不傳亦有命焉。惟是百十年餘，學者聞風興起，慨然欲從金華四君子以追閩洛，因而求先生之文以溯洄陽明遺緒，則先生固抱祭器之塚子也。數小宗大宗者，其必由是矣。然則如先生姚江書院等文，烏在其不傳，傳亦遠在歸、茅數子以上無疑也。

（邵廷采《思復堂集》附録，康熙刻本）

學耨堂文集序

齊召南

浙東數郡士，宋元明以來，能講朱子之學，各有源流。其一脈相承，四傳不替，前有東萊吕成公，後有黄、柳、吴、宋，偉然名冠一代。此外以文辭見者，如汲仲、九靈、仲申、子充，指不勝屈，遺風餘韻，久而益彰，惟婺最盛，講學之益大矣哉！

余讀東陽王鶴潭先生《學耨堂集》，如讀黄、柳、吴、宋諸公文，不覺爲之三嘆也。自明中葉，海内講學頗多，求如婺宋元時恪守矩度不可得，即婺自章楓山後，未聞再有碩儒。夫以婺鍾山川神秀，人材輩出，秦時即有顔烏，東漢即有楊璇，孫吴即有駱統，唐有二馮之才猷、志和之隱逸，名著史册。宋代益磊落相望，其功在社稷如宗忠簡，德化九世如鄭冲素，皆不以講學名。

即明季，婺學久衰，忠臣義烈，猶堪頡頏前哲。由斯以談，天地生材似有定數。雖師僅俗儒，學止舉業，性善自得於天，經書已傳於古。苟能立志不怠，行誼必有可觀。然而古人所重，必在講學，講學所重，又在得師，以人生氣質之懸殊，習染之易誤也。不學者既迷於面牆而立，向學者又苦於途徑多歧，將使下士亦可希賢，英才必思法聖。得一二碩儒，以身立教，守先待後，其所陶鎔造就之人材，不當尤盛乎？先生夙負文章重名，好學深思，鄙俗儒舉業之陋，沿流溯源，志在紹何、王、金、許之傳，以上承朱子，並由東萊以兼綜金谿。多聞多見，採擇至精。家居教授，一言一動，皆足楷模後學。

有子三人，稟承庭訓，學行俱冠一鄉。鄉人言儒必首推鶴潭王氏。郡城之建麗正書院也，禮聘爲師。論者謂婺學既微復著，恃先生克尋墜緒。乃先生序記所言，隱隱然若有未盡之心期，詎非謂道在尊經，課惟舉業，積習既久，解惑甚難。其視麗澤、北山、魯齋、仁山、八華所講之學，人知信從，期於成德達材者，不猶有閒歟？讀先生集者，即可以知先生之志也。東陽與台接壤，先生季子齊五於余爲舊交，今攜已刻集求序。余謂先生可傳者，豈徒在文章乎哉？學者能以先生之志爲志，則儒先講學之實，可以復興。斯集所係，固不止婺學之有源流也已。

（齊召南《寶綸堂詩文鈔·文鈔》卷五，嘉慶二年刻本）

詩經逢原・總論

胡文英

而今之序次，則鄭氏所云經師移其文，非聖經之舊也。《左傳・昭公元年》，子皮賦《野有死麕》之卒章，趙孟賦《常棣》，且曰：「吾兄弟比以安，尨也可使無吠。」穆叔、子皮及曹大夫與拜，舉兕爵曰：「小國賴子，知免於戾矣。」是詩人取義，以無使尨也吠比旁人不得藉口滋事。旁人藉口滋事，猶楚靈欲戮魯使叔孫穆子之類。詩人本以告兄弟之國，衛序《野有死麕》，惡無禮也。天下大亂，彊暴相陵，遂成淫風。被文王之化，雖當亂世，猶惡無禮也，誤認以爲真女子。《集傳》亦以爲女子，王魯齋遂以此詩爲淫詩，金仁山、許白雲皆以爲然。許氏曰：「其陰邪猾賊，形於言辭者也。其鄭、衛之風歟！」王、金諸公皆朱子的派，而其説與朱子不同者，誤以爲女子，則其説誠然也。《禮記》與《左氏》同異者雖不多，然如「鶉之賁賁，以畜寡人」之類，其字既不同，則其義亦各有短長，一概同之，恐遭皮傅之誚耳。

（胡文英《詩經逢原》卷一，乾隆刻本）

《鮚埼亭集外編》四則

全祖望

澤山書院記

東發先生本貫定海，其後徙於慈溪。晚年自官歸，復居定海靈緒鄉之澤山，榜其門曰「澤山行館」，其室曰「歸來之廬」。已而僑寓鄞之南湖，已而遷寓桓溪，自署杖錫山居士。已而又避地同谷。然先生殁後，其子孫多居澤山者，蓋先生慈溪舊宅在鳴鶴鄉之古窑，其去澤山甚近故也。澤山本名櫟山，先生始改名焉。

元至正中，學者建澤山書院以祀之。其去行館十里，不久而燬。黄氏後人禮之，復建焉，今廢矣。《日鈔》舊槧藏於院中，亦不復存。予謂當復行館之址，而以澤山書院名之，以從先生之舊，定海諸公皆以爲然，請予記之。

先生講堂在山南，望江阻海，環植松菊，最稱一方之勝，汪翔龍詩所云「高風河影動，斜月竹身寒。潮海秋聲闊，山林客夢安」是也。然其爲定海重不在此。朱徽公之學統，累傳至雙峰、北溪諸子，流入訓詁一派。迨至咸淳而後，北山、魯齋、仁山起於婺，先生起於明，所造博大精深，徽公瓣香爲之重振。婺學出於長樂黄氏，建安之心法所歸，其淵源固極盛，先生則獨得之遺籍，默識而冥搜，其功尤巨。試讀其《日鈔》諸經説，間或不盡主建安舊講，大抵求其心之所安而止，斯其所以爲功臣也。西山爲建安大宗，先生獨深惜其晚節之玷，其嚴密如此。婺學由白雲以傳潛溪，諸公以文章著，故倍發揚其師説。先生獨與其子弟唱歎於海隅，傳之者少，遂稍暗淡。

予嘗謂婺中四先生從祀，而獨遺東發，儒林之月旦有未當者。抑不獨從祀之典有闕。《宋史·儒林》所作傳，本之剡源《墓表》，其於先生之學無所發明，清容則但稱先生之清節。嗚呼！聖人所以歎知德之鮮也。先生之祀於慈，在杜洲六先生書院中。其祀於鄞，則予所建同谷三先生書院中，澤山之祀乃其專席。故詳其學之有功於聖門者。先生之子皆醇儒，當附表之。嗚呼！顔何人哉？希之則是。吾願過斯堂者，其勿自棄也。

（全祖望《鮚埼亭集外編》卷十六，嘉慶十六年刻本）

宋文憲公畫像記

宋文憲公之學，受之其鄉黄文獻公、柳文肅公、淵穎先生吴萊、凝默先生聞人夢吉。四家之學，並出於北山、魯齋、仁山、白雲之遞傳，上溯勉齋以爲徽公世嫡。予嘗謂婺中之學，至白雲而所求於道者疑若稍淺。觀其所著，漸流於章句訓詁，未有深造自得之語，視仁山遠遜之，婺中學統之一變也。義烏諸公師之，遂成文章之士，則再變也。至公而漸流於佞佛者流，則三變也。猶幸方文正公爲公高弟，一振而有光於先河，幾幾乎可以復振徽公之緒。惜其以凶終，未見其止，而并不得其傳。

（全祖望《鮚埼亭集外編》卷十九，嘉慶十六年刻本）

章文懿公從祀議

金華之學，昌於呂成公、忠公兄弟。二呂之躬行，角立張、朱，而又兼以中原文獻之傳，則爲史學。東萊嘗應詞科，則爲文章之學。及門弟子固多賢者，然漸趨於三者之學，而躬行少減。四先生起而中振之，躬行者醇矣。白雲所造稍淺，及門之士如潛溪、華川、仲子又變而爲文章之學，而躬行益疏。

天順、成化之間，楓山先生出而中振之。先生學以躬行爲主，涵養深至，居常龐朴和厚，不知其胷中之海涵地負，臨大節而不可奪也。昔儒謂先生之功業，雖不如司馬温公之宏，而其人則極似之。蓋先生惟其龐朴，所以海涵地負，臨大節而不可奪，而非文章家致飾於外者之所能也。先生嘗言：「斯人形天地之氣，性天地之理，須與天地之體同其廣大，天地之用同其周流，方謂之人。」又言：「心大則萬物皆通，心小則萬理皆晰。」至哉言乎！先生與白沙講學，白沙謂：「今人陷溺於名利汙濁之中，先令看『浴沂風雩』章，以洗其心。」先生曰：「每日『浴沂風雩』，祇恐流入老莊去也。」白沙之説，未始非救時之教，而先生之箴之者，則逆知後來之流弊。予謂白沙似康節，而先生則涑水、橫渠一路人。先生之地步，較之白沙爲平正而無疵。先生致政而歸，所入稻田不足供其食之半，出入徒步。故其及門唐尚書龍、潘侍郎希曾、侄尚書章拯，皆徒步。拯傳先生之家學，其歸家有贏俸，先生即爲不樂，而拯亦自有慙色。公子敝衣垢履，道爲巡檢所笞，先生不以爲忤。嗚呼！此三代以上人也。浙中學統，自方文正公後，當接以先生，而後可及陽明。

（全祖望《鮚埼亭集外編》卷三十九，嘉慶十六年刻本）

與謝石林御史論古本大學帖子

古本《大學》之奏出，無不駭者，此其説未可以口舌爭也。然奏中亦有一言之失，關係不小。執事謂明人崇朱子之學，不無因同鄉同姓之故，此在蕭山毛氏固曾言之，然其實最無據。朱子之學，大表章於理宗之世，其時真西山、魏華甫乃大宗也。南北尚未混一，而趙江漢亦以其説行於中原，則可謂不介而孚矣。故南宗自真、魏之後，有金華四子而益盛，北宗則有許仲平。迨元人混一中原，仲平入爲祭酒，而普天無異學。有如草廬之稍參會於陸氏，即不能稍行其説，則不自明始也。豈惟不自明始，抑亦明太祖之初政嘗欲變之而不能。

（全祖望《鮚埼亭集外編》卷四十一，嘉慶十六年刻本）

道驛集叙

唐文德

今夫士君子讀書砥行，所貴辨析至理，維持名教，不愧爲天下之完人已耳。而真儒卒難概見者，大約由於自炫其明聰，誤用其才力，以文章爲標榜之資，以呫嗶爲干進之路，而性情學問，遂因之而日趨於薄且僞焉矣。

湯溪張子申伯，宋南軒先生之裔人也。少穎異而嗜學，長而湛深經術，砥勵廉隅，不屑苟同於摘句尋章之士，卓然以斯道爲己任。爰舉其數十年攻苦得力之故，著爲成書，而顏之曰「道驛」。余披其卷，見其原原本本。微則闡發性天之藴，而列聖心傳之脈，犂然其可見焉；顯則究論經史之義，而前人未盡之旨，尤焕然以相釋焉。即其偶焉吟咏，莫非本此以發抒性靈；偶焉贈答，亦莫非即此以相切劘。殆於無微不入，有美斯章，真不愧綱常之羽翼，大道之干城矣。

曩者金郡理學名儒輩出，如何、王、金、許四先生振鐸一時。郡守趙公汝騰、蔡公杭特薦兩先生於朝以崇實學，俾海内咸知所宗。厥後楓山章先生相繼而起，郡守趙公鶴曾輯五先生文爲《金華正學編》。比年申伯脩訂其書，重刊行世，遂使聖賢之精藴、先儒之緒論，益炳燿於寰中。兹《道驛》一書，實與《正學編》相爲表裏。蓋五先生之宗旨，固異苔而岑，而南軒先生之淵源，愈見其挹注而無窮也。

方今聖天子崇尚理學，特升朱夫子座，配祀文廟，正學昌明，無異雲漢昭回。如申伯者，真所稱盛朝人瑞也。佇看虎觀談經，共覩日星之炳烺，誠斯道傳命之驛，豈小補之津梁已乎？余也一麾鞅掌，不獲踵趙、蔡諸先進芳軌，猶幸賨婺名區，舊産巨儒，流風餘韻，應多碩彦，示我周行，竊心焉異之。今果得此真儒，將不但頌熙朝久道化成之效，更自幸有道在望，而無俟溯洄溯游之致嘆於阻長也。爰爲叙其簡端如此。

康熙癸巳莫春，婺州守宛陵唐文德拜譔。

（張祖年《道驛集》卷首，康熙四十六年刻本）

東林書院志・會語四・高景逸先生東林論學語下

高廷珍

先生曰：「魯齋有用夏變夷之才，與子見南子意思同。」又曰：「有魯齋之志，有魯齋之德，則可。不然，只學金華四先生爲安穩。」

（高廷珍《東林書院志》卷六，雍正十一年刊本）

書《程巽隱先生全集》後

朱坤

張楊園推程巽隱爲吾鄉道學之□□。考其授受淵源，自黄文肅公傳朱子之學，而金華四子相繼接緒。厥後，丹溪朱氏出許白雲之門，而先生又得私淑焉。若同里鮑西溪、貝清江，則義兼師友者也。集中深斥西江徑造頓悟之學爲絶無科級次第，並咎學朱子者徒誦習其章句，以應主司之舉，而不知實用其力，可謂不墮一偏矣。其謫居雲南，撫綏諸蠻，不遺餘力。及靖難師起，殉節舍生，豈非篤信好學、守死善道者歟？爰書此以證楊園之言。

（《餘暨叢書》乙卷，乾隆刻本）

金華四先生理學源流考

陶元藻

四先生者，何文定基、王文憲柏、金文安履祥而許文懿謙也。基父伯熭爲臨川令，基隨侍，因得受學於勉齋黄榦。榦告以聖賢之學，必實心地、刻苦工夫方可。基乃悚然自勵，卒爲東南大儒。嘗以聞於榦者告諸從學曰：「立志貴堅，規模貴大。充踐力行，死而後已。」然則在金、王、許先生之先，而親接勉齋之脈，以爲金華理學之宗者，莫如何基。柏與基同邑，以基從黄榦得朱熹之學，因拜於門，得通「立志居敬」之旨。鄉人事柏一如其事基者，凜凜然多執子弟禮。

當時高弟，則惟履祥。少好學，有經世志。十九慕濂、洛之學，遂棄舉子業。柏時舉何基「立志居敬」之説以諭履祥。履祥悦甚，又請從柏登北山基之門。由是講貫愈精，造詣益邃。何示以省察克治，王示以涵養充拓，時往來於二先生之門，而二先生之薪傳於焉不墜。履祥死，謙學大振。然謙亦履祥弟子，多所自得。其教以五性人倫爲本，以開明心術、變化氣質爲先。晚年尤以涵養本原爲事。夫涵養之説，即履祥得之於柏者，而基「居敬」之論，亦可一以貫之矣。譬之一家，基爲祖，柏爲禰，履祥爲孫。事禰兼事祖，而謙則其重孫，以綿數世之緒者。婺州理學源流，其可考有如此。

（陶元藻《泊鷗山房集》卷十，清刻本）

乾隆二十四年福建鄉試策問

王鳴盛

道學莫盛於宋，而濂溪周子實開其先。自周子傳之程子，程子以下數傳而得朱子。朱子又遞傳至何、王、金、許諸人。其間源流授受，大略何如？諸生究心正學，其各述所見以對。

（王鳴盛《西莊始存稿》卷三十六，乾隆三十年刻本）

汪先生行狀

余元遴

先生嘗云：「自有知識以來，未嘗輟書。然三十以前，於經學猶或作輟；三十以後，盡焚其雜著數百萬言，而一於經。研經則參考衆説，而一衷於朱子，志專一而用力勤。至五十時，覺此理明白坦易，浩然沛然，無復向日艱難之態矣。」先生之於《四書》也，謂朱子《集注》而後，惟勉齋諸賢躬承師説，有所發明，何、王、金、許、陳、胡、吴、史而下，已浸失微言之緒，有明《大全》之纂，當日君若臣皆失其道，安能得聖賢之旨，而決擇於群賢得失之林？故朱子所非者或載之，或朱子所取者復畔焉，或朱子所嘗言而意旨别屬者，又彼此混附，而不能察其言之有因。及姚江、龍溪以後，多以叛傳離經爲事，其號墨守程朱，如蔡、林、顧、劉輩立言，亦有陰與注背而不自知者，於是糾繆辨譌，成《四書詮義》一書。

（汪紱《理學逢源》卷一，道光十八年俞氏敬業堂刻本）

宋文憲公年譜序

朱興悌

宋文憲公生於吕成公及何、王、金、許四先生倡明道學之後，金華人才爲極盛，涵濡浸灌，彬彬然後先輩出。元初魁儒葉通齋、方嵒南，胡汲仲、穆仲、仍仲，吴子善、石一鼇、劉山南諸先生，爲公所不及見。同時歸然並峙者，公之鄉前哲金華有張公子長、聞人公應之，蘭谿有吴公正傳，東陽有陳公君采、胡公古愚，義烏有黄公晋卿、朱公彦修，浦江有吴公立夫、柳公道傳。

（朱興悌《宋文憲公年譜》，民國五年刻本）

《風希堂文集》五則

戴殿泗

金華理學粹編序

金華從祀兩廡者五人，吕成公、何文定公、王文憲公、金文安公、許文懿公是也。開其先而爲朱子所深許者，有范香溪先生。入明有章文懿公，此其最醇者也。朱、吕倡學受業者至衆，四先生及楓山先生皆有受業，門人盡金華人也。……聿自周東遷而夫子生，宋南渡而文公出，大道淵源於斯見焉。異學鳴而清獻生，清獻祀而群論息，斯文衡鑒於斯備焉。無朱子則洙泗之淵源不明，無清獻則徽國之衡鑒不顯。於是本《朱子全書》爲圭臬，奉《三魚堂集》爲準繩，此吾兄坐萬卷樓讀書十餘年，久而有得之所至也。得朱子之傳者，惟勉齋氏，遂以「真實心地，刻苦工夫」傳何文定公，以遞傳王、金、許氏，朱子之學粹然無出其右者，遂以婺學爲學之大宗。

是道也，惟清獻論之最切且至，故從而定之，而楓山先生與焉。當其時有象山之學，朱子排之，遂以不傳。迨其後有陽明之學，力排之者，清獻公也。其言曰「爲學當自羞乞墦，賤龍斷，辨陽儒陰釋之學始」，蓋剖析不遺餘力也。而金華孫石臺先生，於正德間獨守父訓，與陽明面爭，著《質疑稿》三卷，條辨而句析之。後人謂辨陽明於本朝易，於正德時難。先生蓋爲其難者，是誠私淑朱子門人也。清獻公雖未見石臺書，而其所論若合符節，是則金華之後勁矣。吾兄若曰：「有能紹明金華之學者，其必視石臺先生乎？」此《理學粹編》之所爲作也。後有讀是編者，無負吾兄上下千古之盛心，謂不係一郡之書，而爲千載學統之所由定，可質諸先聖而無疑，可垂諸百世而不惑，則庶乎其爲知言矣。

（戴殿泗《風希堂文集》卷二，道光八年九靈山房刻本）

宋文憲全集序

（宋濂）文主六經而奴百氏，莫不根極理要，闡發雄渾。蓋公乘濂、洛、關、閩之後，生東萊、四子講道之鄉，得方、吴、黄、柳之傳，集厥大成。其所以自爲者，道也，文云乎哉？

（戴殿泗《風希堂文集》卷二，道光八年九靈山房刻本）

伯兄履齋先生行述

歲戊午，兄年六十四，以所纂《金華理學粹編》寄京示泗。泗觀其條舉件係，無一之不純者。其大意以朱子之學，惟勉齋爲大宗。勉齋之傳，惟何、王、金、許得其正。朱子同時有呂成公倡明道學，而范香溪實開其先。四子之後，章楓山得其純備。而孫先生揚在正、嘉時，力辨陽明之蔽，是亦朱子私淑之徒。留心婺學者，當如孫先生之百折不磨也。此編殆非金華一郡之書，而天下之書也。嗣是，凡有著述，悉本此意。

（戴殿泗《風希堂文集》卷四，道光八年九靈山房刻本）

金華三擔録

蘭溪章文懿公嘗語學者曰：「金華有三擔，棄置道旁，子知之乎？自朱子一傳爲黄勉齋，再傳爲何、王、金、許，而東萊呂公則親與朱子相麗澤者也。道學正宗，我金華實得之。乃若宗忠簡、鄭忠愍輩，以政事名世，其他以文章名者，亦不多讓古人，子盍圖之？」文懿之誨人，可謂重以專者矣。

本鄉土之熟習，以興起夫登造峻極之思，其感人也易入，而其任之身也尤不容以少怠。此文懿志也。且擔也者，擔也。天地生人，偉然七尺之軀，炯然徑寸之靈，至强而有力，至大而匪小。德功言之不朽，自其既成而言之，當仁不讓。自任以天下之重，則自其擔之者言之，是豈有間哉？第人不知所以自用，而其擔則亡。内外不辨，德以不立，僥倖嘗試，政以不成，多華無本，文以不充，是不可以咎乎他人者也。

金華爲郡，土氣深厚，山澤雄偉，往往多生强有力之人，以克敦大匪小之學。雖然，自文懿設此三論之後，能擔此者幾人哉？而何況乎其在於今也？今非不足，而昔非有餘，特患乎其不加之思耳。抑又聞之，兹三者，其擔則殊，其道唯一。蓋政事而不本於正學，則操習悉管、商之靡；文章而不本於正學，則曼衍咸聲利之資。此乃擔之所由以大壞，而不可以不亟講焉者。兹敢約舉舊聞，疏列時地、姓名、官謚之略，擬爲《金華三擔録》，朝夕循玩，以慰余志。道學有在朱子之前者，而德莫大於孝，竊本子夏，吾必謂學之義，以孝行次焉。政事者，忠之實也，舉其最大，一官一邑之才，不能數數。文章衆矣，取其不讓古人者，録若干人。方將進求思學深博善詮擇者，列叙諸公行事爲一編，垂示後人，庶幾無忘文懿之誨焉耳。

（戴殿泗《風希堂文集》卷四，道光八年九靈山房刻本）

題蝸室銘并序

東陽李從仲尚書諱大同，初受學於朱文公之門，繼成進士。理宗朝陳謹獨之戒，星變陳言，不激不隨。上爲傾聽，進侍御史。真西山進講《大學》，與上下其議論。進工部尚書，知平江府，又知福州致仕，年八十七卒。晚自號蝸室老人，有《蝸室銘》。生平著述甚夥，皆不傳，獨存《蝸室銘》一首。夫以侍御史之榮，進位尚書，且莅平江府、福州二任，而致仕後所居惟一蝸室。此其清風高節，與義烏徐文清公競烈，始信受業考亭，心傳爲不偶然。當時鄉學，不僅何、王、金、許爲稱重也。慨慕無已，爲題《蝸室銘》以見意。

（戴殿泗《風希堂詩集》卷六《歸田集》，道光八年九靈山房刻本）

何晉書先生墓誌銘

王紹蘭

紹蘭嘗考宋儒，有何基者，字子恭，婺州金華人，師事黄榦直卿，榦告以必有真實心地、刻苦功夫而後可，基悚惕受命。嘗謂「爲學立志貴堅，規模貴大，充踐服行，死而後已」。王柏既執贄爲弟子，質問難疑，或一事至十往返，基終不變。《文集》三十卷，與柏問辯者十八卷，卒謚文定。王柏，字會之，亦婺州金華人，號魯齋，往從基學。基授以立志居敬之恉，質實堅苦，有疑必從基質，卒謚文憲。又有金履祥，字吉父，婺之蘭谿人，從王柏登基門，學者稱仁山先生，卒謚文安。又有許謙，其先由平江徙婺之金華，受業履祥，有《自省篇》，晝之所爲，夜必書之，不可書者則不爲，世稱白雲先生，卒謚文懿，受業文安。文安事文憲，與文憲同游文定之門。而文定學於黄直卿。直卿實親承朱子之傳，朱子又得正傳於二程夫子，《伊洛淵源録》所由作也。後之學者，以何、王、金、許皆婺州人，故稱此四人爲金華四先生。今先生之系出自金華浦江，其受姓也，與文定同，其本貫金華，與夫宗程朱學，録檢過編，教人悃誠，勵志堅白，一一與四先生吻合。自今以往，雖謂金華有五先生，其誰曰不宜？

（王紹蘭《許鄭學廬存稾》卷八，民國二十八年影印本）

頌朱子書謝恩呈看詳

李祖陶

看得唐、虞、夏、商而後，道在東周。禹、湯、文、武以來，學宗孔子，顔、曾翼其緒，思、孟承其傳。自大義之攸乖，遂微言之幾絶。秦用申、韓而道以裂，漢尊黄老而儒寖衰，六經皆殘缺之餘，諸子多分離之論。厪守章句訓詁之業，用紀王、鄭、賈、服之名。迨濂洛之學既興，而洙泗之道乃著。關中本原，則一比於伊尹、伯夷；龜山的緒，是承同於卜商、言偃。定夫、顯道，其末已分；豫章、延平，其傳未顯。

惟我文公之出，始集諸儒之成。窮理致知，極庶物人倫之幽頤；正心誠意，凜戒慎恐懼於幾微。爲六藝之折衷，《詩》《書》《易》《禮》之旨大明。煌煌乎如日月之經天，江河之行地；立萬世之標準，《語》《孟》《學》《庸》之注既定。鑿鑿乎如藥石之可以伐病，五穀之可以療饑。剖從來不決之疑訛，發自昔未宣之藴秘。疏奏封事，莫非帝典王謨之精；叙記碑銘，亦皆天理民彝之奥。

象山以虚無爲捷徑，力攻其溺於老、釋之非；同父以功利分歧途，大破其流於管、商之失。發揮所及，殘篇斷簡，俱布帛菽粟之文；風指所傳，隻字單辭，若天球、河圖之重論。其道實孔子以後一人比，其功亦生民以來未有。乃删修纂輯之作，具有成書；而文章議論之垂，未曾裁定。全集、别集、續集之不無煩雜，池録、饒録、建録之或有混淆。詮次者，博采廣搜而未考其前後；編次者，件分條繫而未辨其異同。間入他文，且增贅語。

勉齋、果齋之承學，誰能不負其傳？西山、鶴山之勃興，亦祇無失其舊。因循既久，散逸莫釐。至《四書》之訓説最多，尤生平精力所寄。而諸家之抄撰不一，乃後世學術所關。集編止於《學》《庸》，略而未備；《纂疏》及於陳、蔡，擇焉不詳。雲峰之通，頗爲紛舛；道川之釋，未極删除。彼何、王、金、許之云，尚疑醇醨之異味；况胡、楊、蕭、陳之輩，何止黑白之殊觀。制雖重於膠庠，説或同於燕郢。致使外同者得窺間隙，並令墨守者轉見瑕疵。横肆觝排，公行删削。譏摸索之影響，誚辨析以支離。考亭之書，幾爲厲禁；尼山之旨，别入旁門。幸《否》《泰》之循環，斯晦明之遞轉。

（李祖陶《國朝文録續編·白田草堂文録》，同治刻本）

何王金許合論

姚椿

三代以降，有任道之儒，有傳道之儒。任道者，自孔、孟以逮趙宋之五子，無所興起而卓然自立，孔子所謂聖人君子，孟子所謂豪傑之士也。傳道者，自七十子之徒以逮董仲舒、鄭玄、王通、韓愈，其於道皆概乎與有聞焉。任道者不必言傳，而傳道者未嘗不兼有所任，是固不可混然合而爲一，亦不可截然分而爲二也。

宋之南渡，朱子始出，合會周、程諸説，以上溯孔、孟千載之傳，其爲任道，固無可疑。朱子門人中，黄榦直卿最爲傳授親切。自榦以真實心地、刻苦工夫之説傳何基，由是而王柏、金履祥、許謙遞相循衍，世謂之金華四先生。元明以來，稱許無異詞。善乎義烏王氏禕之言曰：「程氏之道至朱子而始明，朱子之道至黄氏、許氏而益著，使百年以來，學者有所宗嚮，不爲異説所遷，而道術必出於一，可謂有功於斯道。大抵儒者之功，莫大於爲經。經者，斯道之所載焉者也。有功於經，即其所以有功於道。」其言可謂明且篤矣。

國朝平湖陸氏隴其，傳道之儒而兼任道者也。其引石門友人某氏語，謂儒者正學，自朱子後，黄氏諸人僅足自守，不能發皇恢張，再傳盡失其旨，如何、王、金、許之徒，皆潛畔師説，自是講章之派，日繁月盛，而儒者之學遂亡。其言蓋爲永樂間輯《四書大全》諸人而發。以爲後此致禪學之誤天下，其咎蓋由於講章。夫謂永樂諸人所爲講章之不足爲學則可，以爲何、王、金、許之學之皆爲講章則不可；謂何、王、金、許之弊之啓講章猶可，謂何、王、金、許之非儒者之學則必不可。陸氏既引其言，而又釋之曰：某氏之言惡禪學，而追咎於何、王、金、許以及明初諸儒，乃《春秋》責備賢者之義，亦儒者拔本塞源之論也。然使朱子殁後，無諸儒開章發明，則其樊籬不待晚明而始裂。而今之欲闢邪崇正者，亦且益難。且諸人之所擇，雖不能盡當，夫固程朱之緒餘也。學者苟能擇其精而去其粗，無惑乎拘牽破碎支離之説，而克繼乎守先待後之功，是在後人之善學而已。

至謂四氏之説，或有潛畔其師者，雖陸氏亦有是言。夫毫釐秒忽之間，誠不可以不辨。然而辨之綦難，且亦有不必深辨者。曾之説不盡同乎孔，思之説不盡同乎曾，而孟之説亦不盡同乎三子，所謂禮之相因損益可知也。蓋盡舉而斥之曰：是異端之涉廣，爲彼驅除難耳，則因瑕廢瑜，程朱之道，豈不益孤立而難行哉？

某氏好爲高論，而躬行不足，其去四先生遠甚，没遭大罰，未爲不幸。陸氏不深斥之，夫亦節取焉耳。愚誠恐猶有惑其説者，故不可以不論。若夫近世之説，則又有大不然者。自漢學盛行，競言訓詁，學使者試士，至以四先生之學爲背繆。夫四先生之學，愚誠不敢謂其與孔、孟、程、朱無絲毫之異。然言漢學者，不敢詆孔、孟，而無不詆程、朱。詆程、朱者，詆孔、孟之漸也。夫既以程、朱爲非，則其於四先生也何有是？視向者觝排之微辭，其相去益以遠矣。夫四家言行，各有所至，要皆力務私淑，以維朱子之緒，其居心不可謂不正，而立言不可謂不公。小小異同之間，是猶孟之於孔，朱之於程，特於其間又加究論焉爾。是以謙之弟子，由宋濂而有方孝孺，及孝孺殉義，而一綫始絶。由孝孺觀之，是烏可以盡非耶？謙之言曰：道固無所不在，聖人修之以爲教，故後欲聞聖教者，必求諸經。然經非道也，而道以經存；傳注非經也，而經以傳顯。由傳注以求經，由經以知道，藴之爲德行，發之爲文章事業，皆不倍乎聖人，則所謂行道也。傳注固不能盡聖人之意，能自得者，是在熟讀而深思之耳。四氏之學，大約盡於此言。由此觀之，四氏誠不得爲聖人，與孟子之所謂大且神者，將不得爲有恒善人，與夫信美之列邪？

（姚椿《通藝閣文集》卷二，道光二十年刻本）

守道學案

唐鑒

惟虞廷之精一執中、孔門之博約求仁爲宗旨焉。其大如是，其小可知也。道豈有所不傳者乎？然而斯師也，非旦暮可遇，或數十百年而乃一出。韓子之前，顔、曾、思、孟、有、閔、卜、言尚矣，而董、管、葛、王亦庶幾焉。韓子之後，周、程、張、朱尚矣，而蔡、黄、魏、何、王、金、許、許、竇、劉、吴、曹、薛、胡、羅、陳、魏、蔡、林，國朝若陸清獻、楊文定、蔡文勤亦庶幾焉。

（唐鑒《學案小識》卷九，道光二十六年四砭齋刻本）

訪石臺先生遺跡誌感

盧曰珩

吾婺理學，自宋元何、王、金、許嫡受晦庵朱子宗旨以來，有小鄒魯之稱。洎勝代姚江一派，浪開講席，聖學宗傳，隳入禪寂，至今問學德性，尚苦聚訟不休。幸有東山石臺孫先生《質疑稿》、《中庸答問》二書，能從性天實地透悟本來真詮，足使後之學者確見指歸。珩嘗從墜緒茫茫中反覆展閲，竊嘆其堪爲狂瀾之砥障，厥功不淺也。噫！高山長水，伊人宛在，能無追撫榛苓而心企乎？因僭咏一律，聊伸曠世之感云。

康熙甲戌月在黄鍾既望，錦溪後學盧曰珩拜題於鹿峰别墅。

（孫揚《孫石臺先生遺集》附録卷下，乾隆四十四年盧衍仁等刻本）

從祀鄉賢議

盧曰珩

古人祭有道有德者於瞽宗，又謂鄉先生歿而祭於社。又謂學者居國，當各祀其先師，則鄉賢之有祀，由來舊矣。吾婺向稱小鄒魯，在宋時曾祀梅節愍、宗忠簡、潘默成三賢於學宫，祀東萊吕成公於麗澤書院。元則有四賢書院，祀何、王、金、許。成化初，奏立四賢正學之祠。

弘治間，復擇郡中名德最盛者而祔祀焉。時東邑亦有崇正書院、復初書院、八華書院，山川猶舊，風氣不殊，而前修既邈，寥寥數百年，竟莫有嗣其徽音，是豈古今人之相越遠乎？實由世漓俗薄，不得一化民導俗者振興於上耳。

（孫揚《孫石臺先生遺集》附録卷下，乾隆四十四年盧衍仁等刻本）

詩

盧曰珩

考亭嫡衍婺東賢，金許遺芳昔已然。不謂姚江標異幟，頓教濂洛誤薪傳。幸餘兩峴東山石，尚溯雙溪鄒魯天。景仰高山猶可即，幾回登眺思流連。

（孫揚《孫石臺先生遺集》附録卷下，乾隆四十四年盧衍仁等刻本）

與孫石臺書

趙祖鵬

久違道範，無日不馳企。適從邑邸來歸，與台友葉太乙並轡行道，閒數婺中人物，鵬輒以先生爲稱首。太乙固奇士，聞説欣然，有懷東山石臺，恨不早尋覓也。舍鐙，忽尊使在門，接得手教，跫然以喜，不暇啓緘，輒持以誇諸太乙，共發盡讀。仰見執事不忘先哲之盛心，下問之勤，提掖之重也。自師法不明，俗學無統，寥寥百年，誰復有以儒先爲言者？僭不自揆，訪遐剔幽，靡所不至。去春得王、許手澤於郡城，既又得畫像而登拜之。夏復得《仁山稿》數種。入秋又得吕、何、王、許四公之家乘於倪氏。一年之間，獲覩五公之蹟略遍，亦一奇也。許公實生邑西之笠津，其從叔文乃徙居金華，無子，乞得先生於笠津，立以爲嗣，時蓋七歲矣。笠津今在白雲洞北，而先生之號以之，亦一驗也。先生二子：長元，字存仁；次亨，字存禮，仕國初，俱爲大寮，高皇實受業焉，以詿誤被刑，嗣子遂絶。族屬疏於法罔之嚴，考信亡於學術之廢，遂使先生之世衆罔聞知，重可慨也。

古者鄉先生没，以祭於社。學者居國，各祀其先師，所以傳緒明，學業精也。南宋以來，濂、洛之學行，諸賢偶有經行之地，皆設書院以祀，況於生長之地乎？昔奉使滕公生於我東，而再徙吴越，國史書爲吴人，宋太史力辨，以爲宜從本生。若先生之道之學，濂、洛世嫡，使生他郡，亦將因其經行而封埴其蹟，以風學者，況於實生我東如滕公乎？鞍馬方疲，卒歲以東，人事繁冗，書籍亦復散亂，欲一一檢呈，紛不可得。奉復草草，殊歉鄙懷。倘沐惠顧，當敬帚性學新堂，傾盡於法座之側也。伏惟照亮。

（《孫石臺先生遺集》附録卷上，乾隆四十四年盧衍仁等刻本）

石臺孫文孝先生像贊

費宗璵

先生亦猶人也。何以德容道貌，令人肅然敬而怡然親也？蓋其得於天者厚，而養於人者深也；稟於性者全，而積於學者醇也。利禄不以攖其念，邪説不足惑其心也。先生之衛道嚴，任道勇，垂諸編摹者，將歷久而彌見其真也。斯誠紫陽氏之世嫡，而吾婺何、王、金、許之流風未泯也。余小子顧瞻遺像，嘆先生之身雖没而名長存也。嗚呼！先生亦猶人也。

（《孫石臺先生遺集》附録卷下，乾隆四十四年盧衍仁等刻本）

與施濂夫書

張海珊

濂夫足下：珊嘗讀《隰桑》之詩，既曰「見君子矣」，而又曰：「心乎愛矣，遐不謂矣。」又曰：「中心藏之，何日忘之。」蓋愛之結於中者深，故存之久而發之遲耳。珊於此歎古人之善用情，類非世俗之人之所得知也。珊自去歲識足下，未得領教誨而遽言别，且若落落無以合也。珊固深懼足下之或鄙棄駑下，而又竊自計，抱此區區，又或有當於詩人之意，而得自獻於君子之前也。

珊少既失學，長又紛雜，凡諸經史、天文、地志、兵刑、律曆，欲無所不究，終日搜討，倉皇奔迫，敝敝乎至於今，而不知所以善其後也。近讀朱子諸書，深歎循序漸進、熟讀精思之説，爲朱子一生之得力，即萬世學者之正軌，蓋此不惟可馴至於深造自得之途，亦正變化氣質、涵養本原之法。居敬、窮理，固屬二事，然善窮理者，固未有不兼居敬者也。

延平師弟授受，所謂理不患其不一，難其分殊，又所謂反覆推尋以究斯理者。朱子自少時用力幾十年，尋進尋悔而卒歸宿於是，精察妙契，著書數十萬言，莫不由此。厥後何、王、金、許諸君子，家法相承，守以勿墜。至明儒出，而始譁其説，則此道今日之不明不行，豈無故乎？珊於此事，亦何敢與知。然竊以爲學之道，舍朱子無從，而學朱子者，舍循序漸進數語，更無從也。

前在鹿城，承教以讀《小學》，私心且感且愧。夫朱子教人，惟《小學》《四書》。今博辨之徒，必以爲古《小學》唯《六書》訓，故敢於疑孔門孝弟，謹信一定之成法。於是朱子之《小學》爲一家杜撰之書，自號博雅者，或終其身未曾一讀。若夫《四書》之在今日，則更有難言者。《章句集注》之定極簡極嚴，蓋欲人思量尋索，優游自得，而後來《通義》、《輯釋》諸書，綴緝增益，務誇深博，即無論與朱子之定説印合與否，而適資學者以口耳之便，扃錮其憤悱自得之由。及明蔡、林、陳氏之書出，穿插紐合，破碎生疏，亦多所未免，爲舉業者復相窟穴。其中新説競起，醜態百出，珊向欲以一生精力爲之洗刷而扶持之，顧自視體中如此憒憒，即何敢僭踰及此，聊與知我者一言之耳。珊質輕氣弱，邇更患心氣，日用應酬，如或不勝。頃閲《上蔡語録》有云五元化氣法，行之能於事無滯礙。珊不得其解，幸試考之。恃相愛之意，肆筆直書，語無倫次，惟鑒其區區，而有以惠教之。

（張海珊《小安樂窩文集》卷三，道光十年刻本）

宋元學案考略

王梓材　馮雲濠

梓材謹案：謝山稿底零星件繫，誠如所云。然悉心尋究，仍復脈絡貫通。梨洲後人校補本爲卷八十有六，而冠謝山百卷《序録》於首。蓋亦以學案次第，當遵《序録》。特欲如謝山卷數而不得，故以泰山、徂徠各爲一卷，而不知徂徠之當合泰山也；高平、廬陵底稿無存，即缺其卷，而不知高平家學可分自安定，廬陵學派間見於盧氏藏稿也。華陽、景迂、説齋皆在藏稿，而是本無之；兼山流派與陳、鄒諸儒藏稿有之，而是本亦無；劉李、滄洲、嶽麓、麗澤、槐堂可自伊川、晦翁、南軒、東萊、象山分卷，而未别其卷；蛟峰、江漢卷第所無，而不知蛟峰之當附北山，江漢之當冠魯齋；北山四先生合爲一卷，而分卷者四；李張、胡熊、李俞、九江亦卷第所無，不知各歸學派，而徒冠《序録》於首，亦贅矣！然盧氏藏底所遺，如百源、伊川、三陸固具有之，則是本亦安可少哉？

（王梓材、馮雲濠《宋元學案考略》，黄宗羲原著、全祖望補修《宋元學案》卷首，道光二十六年刻本）

楊氏譜序

謝應芝

吾常州西門道南書院，祀宋儒楊龜山先生。政和、宣和間，先生寓於常幾十年，朝命監常州市易務，不受。既而以秘書郎召。子孫有家此者，世奉祠焉。裔孫丙修宗譜請序，芝肅敬而序之曰：

先生受學於明道、伊川二程子，傳豫章羅先生，豫章傳延平李先生，延平傳晦庵朱子，爲道學大宗。蓋伊古以來，聖賢之統緒絶而續，隱而顯，愈變而其傳愈久。孔子以前，堯、舜、湯、文道統在上，至孔子而始變。堯、舜、湯、文、孔子率五百餘歲，聖聖相承，或見而知，或聞而知。孔子後，顔、曾、子思、孟子遞傳，歷董仲舒、諸葛孔明、王仲淹、韓退之，千五百餘歲而生周、張、程、朱五子，不又變歟？孔、顔、曾、子思、孟子四傳，久於啓、太甲、成、康之一再傳而中衰。周、程、楊、羅、李、朱六傳至黄勉齋，以迄何、王、金、許又五傳，更久於萬章、公孫丑之徒。故曰絶而續，隱而顯，愈變而其傳愈久也。濟水發源於王屋，曲折數千里，入海其間，三伏三見，而伏愈久則沿流愈長。龜山先生當程、朱授受間，緜延道學之統緒而爲大宗，其猶濟水之滎澤歟？

先生以前明弘治間從祀，而程門謝上蔡先生之學，博大精微，朱子爲編校語録，采遺説入四子書注，顧曩未從祀也，道光間始與龜山先生並列兩廡。因序《楊氏宗譜》而及此，蓋非獨裔孫之願，而天下萬世學者，心理之同然也已。

（《會稽山齋文》，光緒刻本）

重修淳安縣學記

沈曰富

余視浙學之三年，淳安教諭嘉興田君方宣謁來告曰：縣學大修在乾隆癸卯，後續整葺，止塗外觀。楝柱之材，中朽外裂，宇不障日，牖不隔風，神座欹傾，像壞剥蝕。由櫺星門達崇聖宫，旁及鄉賢、名宦、忠孝、朱子四祠，無在不爾。降而博士之廨，地無片瓦，以至前官借尊經閣以置帑。方宣受事以來，寢不貼席，既别賃屋以居，而溯閣之建，歷年二百八十。

本邑地形極高，時有怪風振撼摇戛，覆壓可虞。上無以妥六籍及禮樂之器，下無以歡士子弦誦。用是岌岌謀諸縣令某邑盧君，首相割俸，隨同勸輸。召工師量度，言當用白金以兩計者三千六百。時則有捐封州同邑人某請獨修正殿大門，其餘贏寡不同，樂躍正等諸役有賴。諏吉興工，出款入額，助者爵名各登於版。經始某年，落成某月，爲日若干。外仍其伉將，内復其噲噦。方宣輒於閣外西墉掘得舊碑一片，石缺字漶，略可辨讀。上載此閣爲訓士藏書重地，不許校官據爲私室。仰喜昔人論與己合，遂加拂剔，立諸衆目之所。復就閣東創小屋四間，永爲教諭衙齋。而閣之上下，益務蠲潔，嚴其啓閉。此縣學重修之始末也。惟是古人作室，猶必勒銘。矧兹聖賢式憑，士夫觀禮之地，苟無一言，曷諗後來？敢以爲請。

某讀其文牒，剴明懇款，蓋非泛常博名以干薦剡者比，誠哉用意之周也。嚴於浙東八郡，號爲安靜輯睦，其士樂學，其民力田。而淳安爲郡西大縣，邇江南之徽州，南接壤於金華何、王、金、許之鄉。朱文公之故居，風韻波及，淪浹已久。今復得醇行之師與良有司以教以養，予復何言哉！田君又言：「學西舊有門，名曰桃李，邑人聲言其鄉商文毅公登三元入宰相時，實有是門，今宜復建，已諾之矣。」夫復之誠是邑士求爲文毅意亦甚善，善乎田文之言，人生有命，命受於天，抑受於户。文毅彪炳有明，豈在三元，豈在宰相耶？區區一門，何力之有？吾願田君允其請，而仍解其惑也。

（沈日富《受恆受漸齋集》卷五，光緒十三年刻本）

國朝學案小識序

沈維鐈

近儒桐城姚氏曰：「孔、孟之統必歸程、朱者，非謂朝廷之功令不敢違也。以程、朱生平行己立身，固無愧於聖門，而其論説所闡發，上當於聖人之旨，下合乎天下之公心，使後賢果能篤信遵而守之，爲無病也。」又曰：「宋之儒得聖人之旨，諸經略有定説。元、明守之，著爲功令。士大夫維持綱紀，遵守節義，使明久而後亡，其宋儒論學之效哉。」旨哉斯言！程、朱之爲功於天下萬世，即孔孟之有功於天下萬世也。尊程、朱，所以宗孔、孟之道也。且夫道亘古今而不敝也，學所以範賢智而出於一也。

由孔、孟而來，道亦幾經晦明絶續矣。賴有爲之羽翼者，相與講明而恪守之。七十二賢尚矣。江都、昌黎，間世相望。至宋而吕、張、黄、真、魏諸公、金華四子，元之魯齋，明之敬軒、敬齋、整庵，以逮國初諸名賢，遞相祖述，所以啓迪人心，昌明世運，燭重昏而發豐蔀，惟其皆以孔、孟、程、朱之道爲道，以孔、孟程、朱之學爲學故也。

（唐鑒《國朝學案小識》卷首，道光二十五年刻本）

毛母匡太孺人八十壽序代

劉毓崧

昔朱丹溪以通儒而兼良醫，胥本於其母戚太夫人之訓。蓋自丹溪幼稚之日，即教以義方。及其稍長，聞同邑許白雲先生爲當代經師、人師，命丹溪踵門受業，且典質簪珥，以供丹溪遊學貲糧……戚太夫人訓子以嚴，毫不姑息，故丹溪奉教惟謹，遂能由金華四先生以溯勉齋之傳，而紹新安之緒。

（劉毓崧《通義堂文集》卷十六，民國劉氏刻《求恕齋叢書》本）

《望雲館文稿》二則

章　鋆

題丁大令書庫抱殘圖

余弱冠赴省試，輒至湖上文瀾閣天禄琳琅，敬謹瞻仰。以寓會日少，未克請於守者，祇領而讀之。吾郡天一閣藏書，甲於海内。伏讀純廟《御製詩》，有「范家天一於斯近，幸也文瀾乃得雙」之句。余家相距里許，然亦於髫年一至其地而已，未獲登閣觀書。既通籍，久離鄉土，時往來於中不能釋。

辛酉郡城陷，次年克復，余方由粤西差竣，假歸省親，思觀天一閣書，而存者絶少，深以爲憾。省垣被害爲尤烈，甲子方收復。文瀾閣頽垣僅存，而丁君松生乃能與令兄竹舟於賊未退時，掇拾遺書於昏夜之中，尚得什一，用心可謂摯矣。君急公好義，協理善後事宜，全活難民無算。左制府以君名入奏，稱君懇惻而有條理。今觀此圖，益信。余忝膺講席，而區區之忱，竊願偕多士，先行後文，刮浮華，趨本實，與君商抄閣書，刊布儒先遺籍，冀有志者其相砥礪，企吾鄉私淑紫陽、何、王、金、許諸子，與夫正學、文成、蕺山、楊園、清獻之遺風，而無沾沾於藻繪詞章之習。君頗以余言爲然，則所以正學術、端士風者，尤望於君之匡其不逮矣。

（章鋆《望雲館文稿》，光緒十四年刻本）

重修崇文書院記

皇上御極之元年，大方伯薌泉蔣公統兵來浙，進剿粤匪。三年秋，浙東西悉盪平。冬，公奉命護理巡撫事，百廢具舉。西湖崇文書院燬於賊，僅存大門及朱公、葉公二祠，餘皆焦土。公涖其地，慨然以振興文教爲任，捐廉修之，使李司馬國賢與杭丁明府丙、周廣文鴻渚、高廣文人驥、徐廣文恩綬董其役。其左若敬脩堂、願學齋、勸學齋、御碑亭、景行堂、仰山樓、味經軒，皆即舊址重建，規制廓於前。其右增建學舍，可居來學之士數百人。其課士經費籌支公帑羡餘，釐定章程，足垂永久。

今年春，余膺公聘主講，公屬余記之。余惟書院初設，即崇奉朱子。我朝聖祖仁皇帝南巡，賜額曰正學闡教，煌煌聖訓，照耀湖山，教者當體此意以爲教，學者亦當體此意以爲學。吾浙自唐陸宣公蔚爲大儒，至宋吕成公得中原文獻之傳，昌明正學。厥後何、王、金、許，逮明方正學、王陽明、劉蕺山，以及國朝陸清獻，其學者粹然一出於正，千百年來流風尚在。余願諸生勉企前修，用端趨嚮，他時理學、經濟胥出其中，則公此舉厥功甚鉅也。爰於工之既竣，述其事而爲之記。

（章鋆《望雲館文稿》，光緒十四年刻本）

朱子詩傳源流

成　僎

按朱子《詩傳》，學者宗之。其親炙朱子之門，尊其師説，著《詩童子問》，以羽翼《集傳》者，輔漢卿廣也。其取公《文集》、《語録》論《詩》之語，彙編爲《遺説》者，文公孫朱鑑也。其所謂四傳有衍無間，益大以尊者，則元吴師道序許氏《詩集傳名物鈔》云。自北山何先生基得勉齋黄公榦淵源之傳，而魯齋王先生柏、仁山金先生履祥，授受相承，逮白雲許先生謙是也。此外如胡一桂《詩傳附録纂疏》、梁益《詩傳旁通》、汪克寬《集傳音義會通》、劉瑾《詩傳通釋》、朱公遷《詩經疏義》、劉玉汝《詩纘緒》，明朱善《詩解頤》，皆以朱子爲宗，故其所撰述，皆以《集傳》爲圭臬。

然北宋以前，説《詩》者無異學。自歐、蘇以後，别解漸生。鄭樵、周孚以後，爭端大起。紹興、紹熙之間，左右佩劍，相笑不休，故朱子《集傳》在宋猶未列學官也。元延祐中，行科舉法，始定《詩》義用朱子，猶參用古注疏也。明永樂中，命胡廣修《詩經大全》，始獨以《集傳》試士。自是以來，諸儒多引據古義，竊相辨詰，不啻當日之攻《小序》矣。

（成僎《詩説考略》卷二，道光王氏信芳閣刻本）

鄂垣浙江會館碑記

胡鳳丹

浙江會館，在鄂城忠孝門内之東北隅，故清淨巷遺址也。……中設木龕，合祀吾鄉先賢，計神主十有二，首唐陸宣公，次宋吕成公、袁正獻、何文定、王文憲，次元金文安、許文懿，又次明方正學、王文成、劉念臺、張楊園先生，而國朝陸清獻亦列其末。觀於是，而道誼之淵源，歷歷可溯也。

（胡鳳丹《退補齋詩文存二編》卷四，光緒七年退補齋刻本）

書明儒學案後

王家振

梨洲先生入國朝堅卧不出，日事著述。《學案》一書，尤明儒微言所寄。迄今二百載，諸先生之集已什不存五矣，裒輯之功，豈不偉哉！然予觀雲間王氏《道統考》，載有明翼統先儒三十五人，《學案》遺者十四人，梨洲豈未見其書歟？抑見而裁汰之歟？梨洲嘗病孫氏《理學宗傳》雜收，不復甄别，則似乎其爲裁汰矣。而十四人中，若朱文恪善之解經衛道，出處一致；何文肅喬新之窮理博物，言動不苟；章恭毅綸之力肩何、王、金、許之任；楊文恪廉之篤信程、朱；邵文莊寶之家稱孝子，世號純儒，宜皆在所甄録。謝山《題楊文懿諸經私抄》云：文懿在宣正間，與黄南山講學，不立門户，深造實踐。梨洲但爲《南山學案》，而不及文懿。《理學宗傳》於王門弟子裁四人，猶可説也，於諸儒裁鄭端簡曉一人。端簡立朝甚有可觀，而獨從删削，何也？梨洲自謂一人聞見有限，屬望於海内有斯文之責者。

夫君子立言，亦舉吾所知而已。吾所不知，以聽後賢之掇拾可也。是編爲鄭氏二老閣本，續完萬五河之未刻者。其先有清河賈氏本，間與原本不同。如原本首康齋，賈本改首敬軒。原本《王門學案》，賈本改《相傳學案》，似失梨洲本旨。又有道光辛巳會稽莫氏晋本，一仍萬氏之舊，而首列梨洲自序，是編無之。其他檢校未審，有總目所署與傳目異者，有總目不署而傳目加之者，體例不能畫一。貢士吴覲華先生目存而傳佚，賈、莫本亦然，皆不可不亟爲補正也。卷末載顔副使冲宇傳，南溪及見黄子親筆，何妨次補諸儒之列。附案四人，疑亦南溪所採，彝、周、盧三人亦王門弟子，杜則再傳矣。愚謂後有嗣梨洲之作者，搜羅宜博，别裁宜嚴。石齋、蕺山兩先生宜别立學案，其門下多忠義節操之士，但無令魚目燕石爲珠璧累，是固梨洲之志也。

（王家振《西江文稿》卷十六，光緒三十四年刻本）

祭宋潛溪先生六百歲生日文

趙爾巽等

先生實産婺邦。仙華孕奇，雙溪流長。朱、吕之嫡，何、王、金、許。先生嗣之，若繩其武。

（丁立中輯、孫鏘增補《潛溪録》卷三《祠墓》，宣統二年刻本）

《佩弦齋詩文存·佩弦齋文存》二則

朱一新

范香溪先生從祀議

婺州，理學之區也。自東萊吕公而後，何、王、金、許薪傳勿替。迄於今，莘莘俎豆，輝映兩廡。而其先肩守待之責者，則香溪范先生也。

（朱一新《佩弦齋詩文存·佩弦齋文存》卷上，光緒二十二年刻《拙盦叢稿》本）

章楓山先生從祀議

婺學盛於宋元之際，而絶續於元明之交。吕、何、王、金、許尚已。同時，徐僑、葉由庚、張潤之、楊與立諸先生皆揚搉義理，闡述奥旨，份份稱盛。後此或以政事著，或以文章顯，鏗鍧炳麟，耀人耳目。要皆矩矱先民，非苟爲曲學以阿世也。故元明之交，婺學微而不絶。厥後百餘年，承五先生遺緒，上窺孔孟堂奥者，則有楓山章先生……先生致仕後，學使者胡榮欲爲建書院，堅卻之，惟以杜門讀書爲事，使明季士大夫能知此義，東林之郤奚自而開，其卓識更有非諸賢所敢跂者。

明隆慶間，因御史言，崇祀金華正學祠。祀何、王、金、許及先生五人。咸豐九年，郡人士合詞請於前督學張公申，從祀之議不果。夫闡揚正學，盛朝之事也。婺州四先生皆雍正四年增祀，即先生同時陳、胡諸公亦皆躋於兩廡，而德行純懿如先生者，獨不得與，豈非當事所亟宜表章者哉？伏望下郡縣學校，録其事實及遺書，題請從祀，以章聖代之鉅典，以端後進之步趨。謹議。

（朱一新《佩弦齋詩文存·佩弦齋文存》卷上，光緒二十二年刻《拙盦叢稿》本）

浦江縣申建宋學士祠文

孫鏘

竊見金華舊有四賢祠，蘭溪舊有金仁山、章文懿祠，近又新建范香溪祠，各邑追崇，後先相望，蓋將表揚乎先德，亦欲興起乎後人。

（丁立中輯、孫鏘增補《潛溪録》卷三《祠墓》，宣統二年刻本）

故明宋文憲公潛溪先生六百歲生辰徵詩略

高麟超

凝熙授之麟史，淵穎示以鴻文，摳衣黄、柳之門。《宋元學案》：何基，學者稱北山先生。

北山遺緒。……考亭閩學之宗，本稱世嫡。金華何、王、金、許四先生，世稱朱子嫡傳。（丁立中輯、孫鏘增補《潛溪録》卷三《祠墓》，宣統二年刻本）

《夢選樓文鈔》二則

胡宗楙

續金華叢書序

金華，古烏傷地，名儁代興。東漢楊喬、三國駱統，敻乎尚矣。史稱七表，今廑零篇，逮至六朝，幼瑜《禮經》已匙傳本，無疑《齊諧》今剩佚文。一載《隋志》，一登《七録》外，此巨帙什襲罕見。李唐以降，著述漸夥。趙宋南渡，婺學益昌，鈎稽派別，約分爲三：一曰政學。盧牟六合，厥惟仲友，纂書八百，浩無涯涘，《帝王經世》，允推傑作。至於龍川廷對，排奡一時。石陵輿地，旁搜遠紹。凡兹紀載事功爲近。二曰理學。香溪《心箴》，導其先河。東萊吕氏，麗澤講席。北山、魯齋，溯源揚波。仁山、白雲，一脈相嬗。莘莘學子，追蹤鄒魯。咸淳之際，於斯爲盛。三曰文學，臨海駱丞，蔚爲詞宗，今蜀刻本最稱完帙。馮舒遺著，迺見它書。自時厥後，文肅、文獻，并轡有元。文憲、文忠，冠冕明代，應運而興，無愧作者。是皆萬流仰鏡，薄海希風，衆制紛如，雅材彌劭。

（胡宗楙《夢選樓文鈔》卷上，民國二十五年刊本）

夏少華先生傳

先生與楙一燈相對，孳討忘倦。既而篤嗜程朱，爲楙辨鵝湖、姚江之異同，與不能合並之所以然。

金華爲呂東萊講學之鄉，何、王、金、許四先生所自出，又嘗舉其流風餘韻以相劘，以是得聞居敬窮理之訓，蓋匪獨佔嗶之學而已。

（胡宗楙《夢選樓文鈔》卷下，民國二十五年刊本）

金華五賢祠田碑記

金兆豐

宋之南也，吾道從而南。朱子、張子喤然導先聲，而呂氏成公實應龢之。於是成公自洛從嫛，且數世矣。郡人士合而祠之，爲南極宗，牓曰麗澤書院，故海寓學者號朱、張、呂，訇焉踵出。若何文定、王文憲、許文懿皆學洞聖原，而吾家文安尤稱明達體用。郡人士合而祠之，爲嫛學宗。元時敕名正學，明更崇正書院，故海寓學者號金華四賢。

有清康熙末葉，郡守張公坦讓合兩祠爲一，祀七賢以櫻埻的，題改麗正書院。朱、張非婺産不備述，東萊、北山暨徽雖別，而所以揚洙泗之瀾、睎鄒嶧之室者，彼此自崖於一揆，故海寓學者號小鄒魯，並不以金華著。學重其身，身重其地，地重其人也。

阤及德宗中祀，邑令曹師礪成創建長山書院，堂開景行，瓣香五賢矣。然椇樸下窄，不足以揭虔妥靈。且地偪鄽邸，弗稱製作。意夫蠶娟麥叟，追溯本原，坎鼓啾箎，猶隆報賽，矧以揭揭群哲，範圍百世，不有嫥享，其閫以憲後嗣？

郡故有成公祠，公講學舊廬也。其左扉毗麗正衡舍。歲月綿曖，陊剝不治而隳，潦毀廥屋欹亙。長白繼師良簡逮郡事，慨言更新磐阯，礎翦蘱薈，增埤振積，巋然而爲睢築。而以五賢無特祠，恒嗛嗛置意中。適族祖光熊叔、國鈞二公詔余曰：「五賢舊本有祀田，畝額二十有奇。岓穀播攎，爲某胥所蔽亡誰何，胡弗釐之肅秩祀？」余曰：「麗澤、四賢諸目，賦役全書令甲章較，胥何人敢漁劫？」乃圖形圍，志疆畔，與孝廉王君國楨、范君晉、汪君庚年白之繼師。廉得寔，遴倅履其畝，召編户與語，租挈踵故，田遂復。匝期月，繼師晉道負去甚遽，薛公邦龢來受代，邑令某故祖胥者，抵郤以熒新政，新政弗能辯。會秋分槁定，矯虔吏虎而冠，怒訩訩，帥役敚其禾，騂然恐揭之曰：「繼自今若曹敢有不承者，罰無赦。」山甿夙敦惷，覗狀益慘臬。疇敢觸羅網，則田暫得而復失。官爲胥酣，胥爲士蠹，人亦有言，余猶未忍概而呰誚之。逮與王君等牒爭之不得，躬謁之又拒弗見，然後知上下交爲匿，大足蠹鄉里，相與銜報而茹氣者半，歲時壬寅冬也。

明季春，余遊京輦，提筆入貢士列，每念斯事，輒抑騷不自怡，此而可容，孰干憲牘？迺走書護橅翁公曾桂言狀，翁公財幸頗弗善，某令所爲也。佗從去而急檄郡守海公福，大懲胥。胥縮而觳始執服，於是侵田既去而復得。衆憒迺亨慁，謂春秋大復，地宜有幖徽，具顛末，趾門以相屬。余以酺禄於朝，懼闞曠素，屑屑未有暇。其時，先大夫城公以明經銓直隸州州判，仲弟兆棪以孝廉秩舍人，先後監督中校，校故革麗正書院而運脩也。迺就成公祠中楹，置四賢木主而五之，而與王君等審祀事，膮膷柤梪，始有載彝典。居亡何，范、汪二君相繼殁，仲弟亦出爲議郎。中更數載，季弟兆梓復長斯校以祀事，眇未有阼真力，與王君相楙勉，籍歲所入墆鬻而息之，亦既積有羡緡矣。而又被調入譯署，繇是迺顓其責於王君一身。王君迺從容布算，罄劑所蓄，甿建神宇。雖曰人境，實少浮喧，郝繹攝觀，金碧森動。積歲，劬劇蘭然，成就偉夫，王君之獨勤也。法宜特書。

余唯祀典替興，與士習相表裏。董子祀河間，邵子祀河南，濂溪祀道州，范文正祀姑蘇，率皆彰厥梓里，以風厥後進。登其臺者，道氣氤氳，學蝂隱躍，不必湥沫暍陰而思樂令模，則而象之，自足以冥合榘劇者，有以哉，有以哉。自頃新説嵬喬，士呻笘畢，唾古咲樸，正學或式微焉。區區寶嫠一隅，詩書弢如，弦歌窅如，五賢徽猷，亦散落而籲忖然則兹事肇緝，亦轉捩吾嫠一冥樞歟？昔孟子叙道統，猶倦倦於近聖人居，則夫坐卧五賢几案下者，宜何如感念邦粹抗志前驅乎？吾婺號稱文獻藪，度必有禮緯樂英遊起而蒸蒸嚮風，以同規於先達者，此復田與建祠者之微意也。其先後釐務者，度支部主政劉君兆桐、孝廉張君恭；職員族曾祖文棠公；明經舅氏蔣公彬、朱君錫疇、葉君熙；茂才鄭君法、葉君賓池、劉君慶棠；族弟正聲，皆與有成勞，坿書。

誥授資政大夫賜進士出身二品銜記名提學使實録館纂修前翰林院編修邑人金兆豐譔書。

誥授光禄大夫賜進士出身賞戴花翎頭品頂戴實録館提調前翰林院侍講合肥李經畬篆額。

（石碑拓本）

史傳

明憲宗實録・天順八年十月

學士劉定之議，謂：「瑄直躬慕古，談道淑徒，進不附麗，退不慕戀，允爲一代名臣。然論其於朱熹之道，所得尚未。若黄榦、輔廣之親承微言，金履祥、許謙之推衍緒論，而遽言從祀，恐建言者非愚則諛。」一時公論，謂所議允當。

（《明憲宗實録》卷十）

明憲宗實録・成化元年十二月二十七日

命直隸容城縣立祠，祀元儒劉因。初，國子監助教李伸奏請因及本朝故禮部左侍郎兼翰林院學士薛瑄從祀，歷速因之墓表、祠記與薦因從祀章奏，謂因物故太早，復當兵燹之餘，故其著述多殘缺不備。觀其遺文所載《河圖辨》《太極圖後記》諸篇，皆足以繼往開來，有功名教，不必在於著述之多。而況當時請列因從祀者，皆以許衡、吴澄並稱。衡既從祀於當時，而澄亦褒崇於今日，獨因未得通祀，實爲缺典。謂：「瑄潛心體道，篤志力行，所著《讀書録》《河汾集》諸書，足以發明往聖，垂惠後學，亦宜從祀。」

先是，山東濟南府知府陳銓，亦以瑄亦從祀爲言……太常寺少卿兼侍講學士劉定之議曰：「謹按元儒劉因，德性剛正，學識明悟，所作詩文，理趣出人意表，而進退之際，安於義命，是以裕宗不能留，世祖不能致，可謂賢矣。然而建言者遽欲以因列諸孔廟從祀，則事體甚重，不可以不辨。建言者謂顔子未嘗著書而配享孔子，不可以因未書而不之取。夫顔子何可當也？孔子之道，傳之顔子。後世取信於孔子之言，其言具於《論語》，載於《中庸》，見於《孟子》，存於《易・繫辭》等書，不一而足。雖顔子未嘗著書，何害其爲傳道哉？譬如蕭何無戰功，而高祖取爲漢臣之首；房喬無戰功，而太宗取爲唐臣之首。所謂知臣莫若君，知子弟莫若師者，此之謂也。今以因未嘗著書而仰攀顔子爲比，則是人臣無汗馬之功者，皆得攀蕭、房爲比，惡有是理也哉？建言者又謂從祀諸賢，其中亦有可疵議者，因無可疵議，奈何反不得從祀？夫及門速肖之徒，其中雖間有可議，然皆親受業於聖人。至於左丘明以下，經師二十二人。雖其中不無可議，然當世六藝，其所成就，恐非後人所及。高者名列四科，餘者亦皆身通衰道微，火於秦，黄老於漢，佛於魏晋之時，而此二十二人者，守其遺經，轉相付授，講説注釋，各竭其才，以待後之學者，則其爲功，殆亦猶文、武、成、康之子孫，雖衰替微弱，無所振作，尚能保守姬姓之宗祀譜諜，以閲歷春秋戰國，不亡而幸存者也。雖有大過，亦當宥之，況小失乎？今以因無可疵議，與七十子、二十二經師之有可疵議者較量彼此，欲登因於從祀。愚竊以爲仲尼，素王也，七十子助其創業者也，二十二經師，助其垂統者也。遇其有過議而貸之，猶得陪從也。非是之比，而徒曰我無過，可以陪從，未之前聞也。建言者又謂與因同時，若許衡、吴澄，其德學無以踰於因，而亦得從祀，因豈得獨遺？夫因之與衡、澄，其德學無大弗若也，其功則有弗若也。何也？衡以其行道之功，澄以其明道之功，當元氏奮自朔漠統，據函夏，其君臣懵焉不知。堯、舜、禹、湯、文、武、周公之道傳之孔子。孔子傳之其徒以至於宋之周、程、張、朱者，其道足以撫世御極，而衡首倡率誨誘之，使知是道之可行。至於澄所作《諸經纂言》，發揮洞達，自朱子以後，依經立説者，鮮克儷之。是以我朝太宗文皇帝命儒臣修輯《五經四書性理大全》，於澄之説多所採入，可謂能明是道者矣。而因之説未有採者，則是因既未若衡之道行於當時，又未若澄之道明於後世，其不從祀，未必爲闕典者矣。乃若薛學士瑄，直躬慕古，談道淑徒，進無附麗，退不慕戀，勤學好問，可謂文矣；歸潔其身，可謂清矣。是以薦蒙聖知，殁賜美謚，其爲一代名臣，夫何間然？然論其於道，所得以與朱子諸徒相比並。若黄榦、輔廣之親承微言，金履祥、許謙之推衍諸説，尚未知可伯仲其間否也。而遽言從祀，竊恐世之君子，將以建言者爲非，愚則謏孰敢和附其説哉？故愚以爲瑄可無施行，因宜准楊龜山例。

（《明憲宗實録》卷二十四）

明憲宗實録·成化三年二月二十一日

禮部奏：「浙江按察司僉事辛訪言，欲將宋儒何基等賜以封爵，俾之從祀。」下禮部尚書兼翰林院學士陳文等議：「從祀孔廟者，必有得於聖道之傳，公論攸在，焉敢輕爲進止？當進而進之，固以重聖道；不當進而止之，亦以重聖道。昔宋朱文公熹與吕成公祖謙皆傳聖道，而金華郡儒者何基、王柏、金履祥、許謙師徒累葉，出於文公之後，以居於成公之鄉，其於斯道，不爲不造其涯涘，然達淵源則未也。今欲攀援胡安國、蔡沈、真德秀、吴澄例，以之從祀，夫曷敢焉？何也？安國作《春秋傳》，蔡沈作《尚書傳》，學校以育士，科目以取才，其用專矣。德秀所述《大學衍義》，以之進讀，以之勸講；澄所述《諸經纂言》，羽翼聖經，折衷諸子，其功偉矣。何、王、金、許四子之所以爲書，其用心恐未若是專，其功恐未若是偉，奚敢輕進之哉。訪又曰：「何、王、金、許，朱子之世適。」夫作於朱子之先，而賢賢相承，若朱子之曾祖稱者楊中立、羅仲素願中，既不得以是之故，而列從祀矣。出於朱子之後，而賢賢相承，若朱子之子孫曾玄者，何、王、金、許，尚安得以是之故而列從祀焉。矧聖道猶天地，仰觀於天，水星微也，然以其從日，以其緯天，故得與於五星之列，他星有大於水者，不得以與；俯察於地，濟瀆微也，然以其清入地，以其近宗海，故得與於四瀆之列，他水有大於濟者，不得以與。由是言之，何、王、金、許不得攀胡、蔡、〔真〕、吴四子從祀之列，亦難加賜封爵，止可若龜山楊中立之例，立祠鄉郡，春秋祭祀，於理爲當。宜行本院定擬祠額，譔祭文，類行浙江金華府建立祠廟，每歲春秋備儀遣本府官致祭。」從之。

（《明憲宗實録》卷三十九）

明憲宗實録·成化四年五月二十九日

戊子，太子少保兵部尚書兼文淵閣大學士彭時等言：「廣東博羅縣儒學訓導游宣等奏，乞將先賢熊禾從祀，下臣等議。臣等會同本院學士柯潛等議得：舉祀典以崇有德、報有功，寔治化之所關，人心風俗之所係，古今皆慎之。若孔廟從祀，必其人修行足以繼往聖，明理足以啓後人，著書立言足以羽翼聖經，傳之萬世而無弊，然後得與於斯，非止於一德一功之可稱者比，此尤不可不慎也。

熊禾，福建建陽人，字去非，號勿軒。嘗受學於朱子之門人輔廣，在宋而仕，入元而隱。其向道之心，出處之節，蓋亦有足取矣。然其姓名不載於史傳，學術未造於精微，所立之言，雖間見於經書，然羽翼之功則亦未甚著也。今訓導游宣謂其學問與許衡、吴澄不相上下，而過於馬融、范甯諸人，宜並升從祀之列。此但見其畧，而未論其詳。蓋漢晋之時，道統無傳，所幸之有專門之師，講誦聖經，以詔學者，斯文賴以不墜。此融、甯諸人，雖學行未純，亦有取也。衡於經傳、子史、禮樂、名物、星曆、兵刑、食貨、水利之類，無所不講，遭時得君，道化大行。澄早以斯文自任，著書有《易》、《書》、《春秋》、《禮記》纂言，議論詳密，造詣精深，恐皆非禾所能及。矧儒先君子，講學修德，可與禾並，或優於禾者尚多。以其同邑言之，有若游酢、蔡元定及其子淵、孫模；以其同郡言之，有若劉子翬、劉勉之、胡憲、胡寅、胡宏；以其同省言之，有若楊時、羅從彦、李侗、黄榦；以天下言之，有若吕大臨、謝良佐、陸九淵、金履祥、許謙、劉因諸賢，皆不得列於從祀，奚宜獨進禾哉？乞令禮部行下本府縣，如舊有先賢祠則增入禾致祭，無則别立祠堂致祭爲宜。」從之。

（《明憲宗實録》卷五十四）

明孝宗實録・弘治元年八月十二日

禮科給事中張九功言：「文廟從祀，世教所關，不可不慎。如蘭陵伯荀況、扶風伯馬融、偃師伯王弼、成都伯揚雄，俱得罪名教，宜黜之。本朝文清公薛瑄，篤志好學，於道有見，宜進之從祀之列。」詹事府少詹事兼翰林院侍講學士程敏政亦言：「馬融、劉向、賈逵、王弼、何休、戴聖、王肅、杜預八人，雖有訓詁，其行不足稱，宜褫爵罷祀。鄭衆、盧植、鄭玄、服虔、范甯五人，雖若無過，而所著未能發明聖學，止宜各祀於其鄉。申棖、申黨，其實一人，位號宜存其一。公伯寮、秦冉、顔何、蘧瑗、林放五人，《家語》不載，亦宜罷祀。如以瑗、放爲不可無祀，則祀瑗於衛，祀放於魯，或各附祭於鄉賢祠。又后蒼有功於《禮記》，宜與王通、胡瑗二人俱加爵從祀。又顔子、曾子、子思配享在廟，而其父顔無繇、曾點、孔鯉列坐廡下，於義未安，請令各處廟學如鄉賢祠之制，别立一祠，中祀啓聖王叔梁紇，而以無繇、點、鯉及孟子父邾國公孟孫氏配享，程子父永年伯程珦、朱子父獻靖公朱松從祀，則重道之典，明倫之義兩得之。」俱下禮部會官議。

於是禮部等衙門尚書周洪謨等言：「揚雄，洪武中因行人楊砥之請，已罷從祀。薛瑄在成化初亦議其於明道著書，尚未若黄榦、輔廣之親承微言，金履祥、許謙之推衍緒説。若后蒼雖能明高堂生之禮，然漢以二戴、慶普三家立於學官，而蒼之禮不與焉。王通、汾之師道雖存，而於聖人之經，固不免吴、楚僭王之罪。胡瑗蘇、湖之教雖立，而於聖人之道，亦安望覃懷迓續之功？若遽欲躋之從祀，俱未敢以爲然也。至若啓聖王及泗水侯，各爲廟以祀於闕里久矣。今欲通祀於天下，而遂升孟子、程朱之父以配之，則於禮爲太過。置無繇、點、鯉於别廟，而遂不得預享孔子萬世之祀，則於義爲不及。况朱子在當時，嘗因釋奠狀申禮部考正兩廡諸賢位次，亦未嘗有一言謂荀況、馬融、王弼、戴聖、劉向、賈逵、何休、王肅、杜預、鄭衆、盧植、鄭玄、服虔、范甯等非所當祀者，此非慎於闕疑，則必志於從厚者也。又况南京國子監廟庭之祀，嘗經我太祖神謀聖斷之所詳定，今百有餘年矣。臣等何敢復致議於其間哉？謹僉議曰仍舊。」上是之。

（《明孝宗實録》卷十七）

明孝宗實録·弘治十二年十月十四日

刑科給事中吴世忠以闕里災，言八事：

一、孔子爲萬世帝王之師，固當祀以天子之禮。今禮用天子，而號猶稱王；説者謂孔子周之陪臣，故當稱王，而不當稱皇稱帝。不知尊卑之名，惟君所命。乞加封曰『文祖大成至聖帝』，庶尊稱之典無遺憾矣。

一、子雖齊聖，不先父食。今顔子、曾子、子思既在配享之位，而其父顔無繇、曾點、孔鯉猶列兩廡，子食於前，父食於後。子諱其姓，父稱其名，使三子有知，必不享此祭。今孔廟正殿後有啓聖殿，乞以無繇、點、鯉爲之侑。後來儒者之父，如程珦、朱松亦得列於其次，封謚儀物，一視其子，祭祀以二丁前一日行禮。

一、宋升孟子、曾子、子思於配享，而十哲之數不升有若而升子張。近代及我朝黜王安石、揚雄，而淫侈之馬融，奢濁之范甯，猶未之黜。乞於十哲，去子張而升有若於兩廡，如公孫龍、公伯寮、荀況、王弼之徒，亦所當去，而融、甯二人則決去之。

一、程朱之後，如上蔡之謝良佐，洛陽之尹焞，藍田之吕大臨，建陽之游酢、蔡元定，劍浦之羅從彦，延平之李侗，金谿之陸九淵，閩縣之黄榦，龍溪之陳淳，清江之張洽，邛州之魏了翁，金華之何基、王柏，元容城之劉因，國朝崇仁之吴與弼，河東之薛瑄，其道其功，視程朱雖不及。至其平生刻苦，動依聖訓，視唐太宗所升漢、晋諸儒，匪直無愧而已。乞各令從祀於其鄉學。必欲有所分别，則以侗、從彦、榦並祀於郡學尤善。

一、各處文廟多損壞，祀禮苟簡。乞令有司修整。每四位共一龕，每一龕共一几，簾幙常垂，門户常鎖，非朔望行香，不得擅開。

一、國學之外，禮樂罕行。乞依國學，樂舞之器與聲容節奏之數，刊爲《圖説》，頒布各學，選樂舞生寄籍道觀，食以公田，令其能者互相教習。二丁之祭，所在舉行，使窮鄉下邑，得覩禮樂之全。

一、乞起謝鐸、張元禎、陳獻章、周瑛及召還王恕、戴珊、劉大夏、何喬新，與今二三儒臣同入柄用，以存前輩之典刑，以銷後習之猥薄。

一、乞慎選學官並提學官，沙汰生員，縣不過四十，州不過六十，府不過八十。各處鄉試，苟無其人，寧虚其額。命下所司知之。

（《明孝宗實録》卷一百五十五）

明神宗實録・萬曆元年三月五日

乙酉，巡按浙江御史謝廷傑請崇祀禮部故尚書金華章懋，言：「金華乃古婺郡，宋、元之世有何基、王柏、金履祥、許謙，皆以理學名於當時。嗣是而後，繇舉業進。以功名顯者，固多其人。若潛心理學，媲美四儒，則僅僅惟一章懋焉。四儒尚留心於著述，章懋則專志於力行，節操所昭，誠足表儀於後學。《語録》所載，亦能羽翼乎聖經。合無與四賢一體崇祀於正學祠。不惟慰此鄉邦後學，且以彰我國家人文。」下禮部覆議，從之。

（《明神宗實録》卷十一）

清世宗實録・雍正二年五月十九日

禮部等衙門遵旨議奏：古昔聖王制祀，凡有道有德施教於學者，祀於瞽宗。漢文翁立學宫於成都，首祀孔子，又畫七十二子之像於壁，此諸賢從祀之始也。厥後有功經傳皆得從祀，謂之經師。自唐至明，歷代進退不一，而當代賢儒得預於祀典，蓋自宋始。伏讀《聖諭》云：「附饗廟庭諸賢，或有先罷而今宜復者。」臣等議得明嘉靖時釐定祀典，改祀於鄉者七人：林放、蘧瑗、鄭康成、鄭衆、盧植、服虔、范甯，罷祀者四人：秦冉、顏何、戴聖、何休，今俱宜復其從祀也。聖諭云：「有舊缺而今宜增者。」臣等公同詳考先儒事實，請增入兩廡從祀者共十八人：孟子門人樂正子、公都子、萬章、公孫丑，漢諸葛亮，唐陸贄，宋韓琦、尹焞、黄榦、陳淳、何基、王柏，元金履祥、許謙、陳澔，明羅欽順、蔡清，本朝陸隴其，允宜增入祀典者也。聖諭云：「崇聖祠或有可升而附者。」臣等議得：宋張子横渠之父張迪一人，可以附入崇聖祠。聖諭云：「先賢先儒之後，孰當增置五經博士。」臣等議得：孔門弟子冉伯牛、仲弓、冉求、宰予、子張、有若六子，均宜確訪嫡裔，賜以世襲《五經》博士，以昭崇報者也。以上四條，恭候睿鑒裁定。

得旨：「先儒從祀文廟，關係學術人心，典至重也，宜復宜增，必詳加考證，折衷盡善，庶使萬世遵守，永無異議。爾等所議復祀諸儒，雖皆有功經學，然戴聖、何休未爲純儒。鄭衆、盧植、服虔、范甯，謹守一家言，轉相傳述，視鄭康成之淳質深通，似乎有間。至若唐之陸贄、宋之韓琦，勳業昭垂史册，自是千古名臣，然於孔孟心傳，果有授受而能表彰羽翼乎？其他諸儒是否允協，以及宰予、冉有增置博士之處，著再公同確議，務期至當不易具奏。」

（《清世宗實録》卷二十）

清世宗實録・雍正二年八月二十四日

禮部等衙門遵旨再議，從祀孔廟宜復祀者六人：林放、蘧瑗、秦冉、顔何、鄭康成、范甯。宜增祀者二十人：縣亶、牧皮、樂正子、公都子、萬章、公孫丑、諸葛亮、尹焞、魏了翁、黄榦、陳淳、何基、王柏、趙復、金履祥、許謙、陳澔、羅欽順、蔡清、陸隴其。入崇聖祠者一人：張迪。宜增置博士者四人：冉雍、冉伯牛、子張、有若。此三十一人，或親承訓論，遞衍源流；或遠契心傳，倡明正學，升諸從祀之列，予以延世之賞，人心公論，皆爲允合。得旨：「朕念先賢先儒，扶持名教，羽翼聖經，有關學術人心，爰命九卿詳議。今諸臣參考周詳，評論公正，甚合朕心，着依議行。」

（《清世宗實録》卷二十三）

金華賢達傳・儒學・吕肅傳

鄭　柏

吕肅，字伯剛，金華人。清修志學，受經於葉儀，研究旨趣，隱居栗山，喜爲歌詩，大篇短韻，震蕩耳目。有《栗山稿》傳於世。

贊曰：吾郡性理之學，由何、王、金、許承考亭之傳，遞相授受，以啓來學。後進之士，能深探其旨奥者，葉、范是已。繼其緒者，惟壽朋、與立其人焉。仲壽之博涉經史，端臣之兼治三經，浩、雨、誠、傳、翊、塤、沂、肅又皆見乎著述，以發其藴。信乎吾郡之不乏賢矣。

（鄭柏《金華賢達傳》卷十一，康熙四十七年鄭璧刻本）

《金華先民傳》二則

應廷育

道學傳

語曰：君子學以致其道。夫天地設位而道立焉，聖人所以參天地而爲三者，亦道焉耳矣。是故道學也者，聖學也。孟子所謂由堯、舜、湯、文至於孔子，其所聞而知之者此也。及孟子没而其傳泯焉，更兩漢、三國、六朝、唐、五季，寥寥千數百年，道術將爲天下裂矣。至宋周、程、張、朱者出，然後道學之傳復續。當時忌者或乃刺取其名，用爲詆訶排擯之地，而不知此適所以爲借譽之深也。其後元人纂修《宋史》，因遂以道學立傳而表章之，是可以見夫理之在人心，雖或暫晦於一時，而弗能終掩於萬世矣。吾婺道學，倡自東萊吕先生，寔與朱子及南軒張子爲友。後徐毅齋則嘗親及朱子之門，而何北山又得朱子再傳之學於勉齋黄氏，授諸王魯齋、金仁山、許白雲。論者咸謂呂、朱、張爲南宋斯文鼎峙，而以何、王、金、許爲朱學之世嫡，且號吾郡曰小鄒魯，不其諒哉！

夫四海之廣，千歲之遠，寥寥絶響者，而乃肩駢踵接，疊見於一郡百數十年之間，可謂盛矣。今特考論其世，並以我朝楓山章先生續焉，述爲《道學傳》，冠於諸傳之首。孟子有言：「去聖人之世，若此其未遠也；近聖人之居，若此其甚也。然而無有乎爾，則亦無有乎爾。」吾衰，殊以無聞爲懼，同志之士，其亦有觀感而興者乎？

（應廷育《金華先民傳》卷一，明鈔本）

隱逸傳

語曰：隱居以求其志，行義以達其道。然則君子固非期於必行，亦非期於必隱，其時焉已也。是故孔子嘆若人之未見，而又每惜荷蕢之果，譏微生之固，且嘗自謂其異於逸民矣。夫豈偏以隱逸爲高哉？由夫世之溺志利禄，沈身富貴，毁節喪生，覆轍相尋，而後車猶不知戒，是猶蛣蜣轉丸於糞土，而不覺其爲汙；犬豕矜飫於糟糠，而自忘其爲禍者也。於是有高不事之志如嚴光，決見機之智如梅福，安食力之分、審遺安之謀如徐孺子、龐德公之流者，真猶鳳凰翔于千仞之表，而超然其弗可及也已。是故前史每從而歆嚮之，論其品目，直欲躋諸王公之上，豈非將以激揚風流，爲世勸戒哉！

吾郡壤接釣臺，俗尚志節，如龍丘先生，實與嚴光同時而隱，繼此不應徵辟，光昭史册者，代有其人。揭其大者，如何、王、金、許四先生，已見《道學》。范浚、傅寅、張潤之、張樞、陳樵、葉儀、范祖幹，已見《名儒》外，謹裒録其餘爲《隱逸傳》。

（應廷育《金華先民傳》卷九，明鈔本）

楚紀・大理寺・汪文盛傳

廖道南

汪文盛，字希周，崇陽人……遷浙江按察副使，提督學政，肇闡文公正學，以闢異論；次飭天真書院，以育俊髦；而又謁白傳、坡翁之祠，以振高躅；弔武穆、忠愍之塋，以慰忠魂；溯龍門，以繹何、王、金、許之緒；躡天台，以紹劉、宋、王、方之蹤。禁西湖冶遊，以屏侈靡，訂東淛鄉約，以敦俗尚，浙人稱之。

（廖道南《楚紀》卷十六，嘉靖二十五年向城李桂刻本）

南雍志・列傳四・吴沉

黄佐

吴沉，字濬仲，金華蘭谿人。父師道，元禮部郎中，博涉群書，其爲文多尊信朱、吕、何、王、金、許之學。沉嗜學有文，克世其家，累辟爲縣學訓導，不就。洪武十二年十月，郡以博學儒士舉至京師。

（黄佐《南雍志》卷二十三，民國景嘉靖二十三年刻增修本）

續文獻通考·氏族考

王圻

何、王、金、許：何基、王柏、金履祥、許謙，皆傳朱子之學。

（王圻《續文獻通考》卷二百十三，萬曆三十年松江府刻本）

熙朝名臣實録·侍郎程公

焦竑

程公文德，字舜敷，嘉靖己丑進士。方上臨軒策士，覽公對，嘉之，賜御批，擢第一甲第二人，官翰林編修。……在廣中，舉何、王、金、許之學誨諸生，遷信宜學，建麗澤書院。至安福，行鄉約，處里役，摧强節，用下士愛民，建復古書院。

（焦竑《熙朝名臣實録》卷二十，明末刻本）

虔州守湛源陸公化淳傳

瞿汝稷

公諱化淳，字君復。……初海州張公朝瑞守婺，創崇正書院，祀宋何文定、王文憲，元金文安、許文懿，明章文懿五公，且置田以供諸生。張公去，祠蕪而出廢，公力爲繕復，録九學之俊，躬爲校養。婺士之舉於鄉者往甚尠，是秋得雋七人，皆院中士，遠近翕然，嘖嘖直指。

（焦竑《國朝獻徵録》卷八十七《江西二》，萬曆四十四年徐象橒曼山館刻本）

《罪惟録》二則

查繼佐

列傳·宋濂

（宋濂）夫既主聖經而奴百氏，入仙華山胡爲乎？帝曰：「濂無毁言餙行，十九年如一日。」足概文憲生平矣。考亭之傳，入元爲何、王、金、許，文憲固許氏門人，而究其説。夫家教不嚴，孫慎就吏，斯文在兹，豈宜輕屬？

（查繼佐《罪惟録·列傳》卷八，《四部叢刊三編》景手稿本）

下外志

餘姚方伯克已初入學，母夢天降一龍於其家，取稻桶盛之。十八年後，正德甲子鄉試，父夢天降一龍於其家，取稻桶盛之。疑前後一龍，係飛騰之象，而稻桶不解所以。是科主考策問何、王、金、許道統之由，克已對策悉甚，總批道統一策，究心理學，非章句士也。蓋稻桶音同云。

（查繼佐《罪惟録》卷三十二，《四部叢刊三編》景手稿本）

明書·列傳九·宋濂傳

傅維鱗

史官曰：有謂明之學，始於濂，蓋猶考亭之傳也。考亭一再傳爲何、王、金、許，濂因許氏門人而究其説，而《别録》謂濂一生多流於禪，以其聰明博洽，能根極理性，其所成就，必有過人，舍周鼎而問康匏，大爲濂惜，然亦不必深辯。獨是文章議論施於朝廷，達於夷夏，真超拔群倫者矣。聞老衲一言而悟，卒死於禪，即不嗜殺人之語，王道也，而極乎禪哉。

（傅維鱗《明書》卷一百四十四，《畿輔叢書》本）

《明史》二則

萬斯同

藝文志

高宗南渡，搜訪遺闕，臨安之有，不減東都。迨伯顏南下，試朱清、張瑄海運之議皆載而之北，故元奎章、崇文之積不下於歷朝。其猶可嘉尚者，郡邑儒生之著述，多由本路進呈。下翰林看詳，可傳者命江浙行省或所在各路儒學刊行，故何、王、金、許之書多賴以傳。鄱陽馬氏之《通考》，且出於羽流之薦達。其他或命以官，或給以禄，亦古今來所未有。蓋自姚樞得趙復江漢之傳，紫陽之學盛行於北。而大儒許衡輩復提生其間，故文雅彬郁，度越從前諸代，惜修《元史》者不爲特志，殊足憾焉。

（萬斯同《明史》卷一百三十三，清鈔本）

儒林傳・盧可久

盧可久，字一松，永康人。爲諸生，有志聖賢之學。聞王守仁倡道山陰，偕同邑程梓往師事之。刻厲精思，盡得其指要，守仁深器之。比歸，送之曰：「吾道東矣。」邑有五峰書院，爲祀守仁其中，而授徒講學焉。梓及邑人應典亦來聚講，一時從遊甚衆，文教以興。同門程文德極稱之。尚書東陽許弘綱謂其直接何、王、金、許之傳。其没也，鄉人即祀之書院，配享守仁，梓及典亦與焉。

（萬斯同《明史》卷三百八十四，清鈔本）

明史稿·儒林傳序

王鴻緒

明代二百七十餘年間，能昌明理學者頗衆，顧堪與程朱鼎峙，殆難其人。國初諸儒，乃朱氏門徒何、王、金、許之苗裔也。雖稍式微，而矩矱繩墨，儼然具在。其後曹端、薛瑄、吴與弼、胡居仁輩，持論最篤，造詣亦純，庶幾希風伊洛矣。學術之分，則自陳獻章始，至王守仁而別立宗旨，顯與朱氏枘鑿。宗獻章者曰江門之學，孤行獨詣，教未宏而弊亦少。宗守仁者曰姚江之學，以穎悟爲主，聰明才智之士，爭相倡和，門徒遍天下，流傳逾百年，其教大行，其弊滋甚。考夫正嘉以後，篤信程朱，不遷異説者，無復幾人。如吕柟、羅欽順、高攀龍、顧憲成輩，乃其卓卓者。蓋明代諸儒，原不逮宋，故不別標《道學》之名，而止核其品詣無疵者，作《儒林傳》。

（王鴻緒《明史稿》列傳第一百五十八，敬慎堂刊本）

《金華徵獻略》四則

王崇炳

忠義傳

論曰：蕺山劉氏《道統録》云何、王、金、許遞承考亭之傳，皆屬婺産。宋、王二公生於其後。其私淑諸人者，與宋公應運而起，綴輯二帝三王之禮樂，以黼黻皇猷，昭一代文明之治，厥功偉矣。王公《祈天永命》一疏，雖伊傅所以啓告其君者，不是過也。南中之死，其節義又爲本朝儒臣之冠，皆所謂文章莫真大焉者乎！

（王崇炳《金華徵獻略》卷三，雍正十年刻本）

儒學傳

論曰：文憲之學，源本金、許，而張之以文，時出於少林之宗旨，故明祖目以文人，後人譏以佞佛。然讀其文，考其所爲人，與同時名輩之所稱許，則文行兼優，卓然聞道之大儒，無疑也。

（王崇炳《金華徵獻略》卷六，雍正十年刻本）

儒學傳

論曰：賢弟子之難，過於子孫。故孟子以得天下英才而教育之爲三樂之一。古來弟子之盛，莫過二程，次則紫陽，次則姚江，前挽後推，卒能使其道大光於世。蓋師猶範也，弟子猶器也。觀其器之所出，莫不精良，則知其範之善矣。楓山倡道蘭江，一時英才，應時並起。功業文章則有唐文襄，氣節則有陸汝亨，篤實則有董道卿、凌德容，廉介則有黄白露、李一清。自何、王、金、許四先生之後，百有餘年，而儒風復振於婺宿之墟。自此以後，家居砥行、聚徒講學之士，往往不乏，而敷揚道教，發邇見遠，則不能踵前儒之後塵。

（王崇炳《金華徵獻略》卷六，雍正十年刻本）

來宦傳

張朝瑞，直隸海州人，進士。萬曆十六年任金華知府，居官以重道造士爲先，聞郡有何、王、金、許四先生，慨然曰：「吾從此得師矣。」即建四先生祠，聚郡之弟子讀書其中，朔望延請各薦紳講學焉。

（王崇炳《金華徵獻略》卷十七，雍正十年刻本）

明儒言行録

沈　佳

佳按：考亭之學，傳之勉齋，再傳而得北山何氏，蓋正學獨盛於婺云。魯齋、仁山、白雲數子，纘述脩明之功懋焉。葉、范二先生皆出白雲之門，傳經守道，卓然爲一代醇儒，淵源有自來矣。

（沈佳《明儒言行録》卷一，文淵閣《四庫全書》本）

明儒言行録續編・宋濂

沈　佳

（宋濂）主於鄭氏者且二十年。而是時，俗尚波靡，獨其鄉猶傳考亭、東萊之學。考亭一再傳爲何、王、金、許四先生，稱朱學適派，心慕效之間，因許氏門人究其説。而又念東萊之傳且墜，每與人言，深慨然歎，思振其統，蓋志在聖賢。朱平涵《史概》

（沈佳《明儒言行録續編》卷一，文淵閣《四庫全書》本）

《史傳三編》二則

朱　軾

名儒傳六

論曰：自古名儒之興，必有名臣爲之佐佑、揚顯。傳緒而表微者，則及門也。程、張之時，名臣薦達有吕公著、司馬光諸人，及門游、楊、尹、謝，其最著也。朱子同朝名臣，如彭龜年、趙汝愚皆廣爲揚譽，及門黄、陳、李、蔡其最著也。程門尚有朱光庭等著聲臺諫，登高而呼，朱門則鮮位於朝者，時使然也。幹之學，歷金華四子而其緒有光，蓋其根深而源遠矣。

（朱軾《史傳三編》卷七，文淵閣《四庫全書》本）

名儒傳六

論曰：宋元之間，授受各有淵源。金華四子之學出自黄幹，故世以爲薪火之正傳。考其遺書，各有所至，要皆力務私淑，以維朱子之緒者也。謙之高第有宋濂，濂之高第有方孝孺。及孝孺殉義，而一綫始絶。

（朱軾《史傳三編》卷八，文淵閣《四庫全書》本）

《閩中理學淵源考》五則

李清馥

文肅黃勉齋先生榦學派

考朱子門徒在閩中者二百餘，在吴越、江右、楚黔者亦二百餘。惟勉齋黃氏之傳獨遠，流及元代，在閩如勿軒熊氏、石堂陳氏。明代虚齋蔡氏、剩夫陳氏、翠渠周氏皆能衍翼宗派，崇守家法，要皆謹紫陽、勉齋、北溪、瓜山、西山諸遺桀。其在今日，閩海派别，宗風墜緒，尤可尋遡。論者謂國朝先文貞公之學，淵源所漸，實鄉國之接武云。至金華四子，則又勉齋先生一派單傳。流及明代如章楓山，國朝如陸清獻公，皆是餘風所及者。馥曾過金華，仰止先賢，詩云：「鼓棹歸閩路，揚帆過越年。澄波來活水，佳氣起蒼煙。文獻渡江後，謂朱吕張講學及金華四子。忠良靖難前。謂宋文憲諸公。只疑學派在，猶自隔山川。」乾隆辛未五月念七日。

（李清馥《閩中理學淵源考》卷二十六，文淵閣《四庫全書》本）

教授徐進齋先生幾學派

按先生與何文定公基，同以布衣被召，其學出自紫陽、西山之傳。宋之末造宗朱學者儘多，其人往往托跡山長，晦匿海濱，未得與金華四子並傳者亦多矣。尋源溯派，望若晨星，余不能不憮然慨慕。

（李清馥《閩中理學淵源考》卷三十三，文淵閣《四庫全書》本）

温陵傅季謨先生定保學派

按宋元間學術派別棼如，惟文公之學遞傳不失。元代趙公仁甫並姚、許、竇、劉諸公倡明於燕北，何、王、金、許衍派於金華，二胡一桂、炳文，定宇陳櫟纂述於新安，熊禾、陳普、林以辨、丘葵傳薪於閩海。外此若郭公隚、歐陽公侁、傅公定保、盧公琦、黄公清老、丘公富國、鄭公獻翁、鄭公杓、黄公鎮成、練公耒、李公學遜、吴公海，亦皆晦跡甌閩，或優遊教席，或避世杜門，確守師説，是奮是程。若湖湘之際，真氏常言淵源最正。考仁甫趙公以遺俘北行，餘亦寥寥式微矣。四明之學，南渡後宗陸説者多。其崇朱子之學者，獨黄氏震、史氏蒙卿。迨元程氏端學、端禮亦篤信朱説。江右之學，如熊氏朋來、熊氏良輔、董氏真卿，亦朱門派的。至草廬先生早歲謹守朱學，晚年兼通陸説，叙襲朱子舍短集長之論，尚非如近世黨同伐異之爲也。然考公繼魯齋之後爲國子師，朝議以爲非朱學正的，有沮之者。可見當時持論尤嚴，閑道尤謹也。

噫！聖學湮晦，毫釐易差，諸君子天稟皆出乎等夷，而立論稍涉遊移者，世猶或譏之。則夫迴然立異鳴高，與前賢顯豎幟敵，又諸君子所爲戒矣。今考元一代，諸儒學術，大抵宗程朱取舍之意，雖文學、政事各有旨歸，而要皆原本於道德，不謬師承者矣。今録其著者載於篇。

乾隆戊辰七月望後三日書。

（李清馥《閩中理學淵源考》卷三十六，文淵閣《四庫全書》本）

恭敏馬孔養先生森學派

三山學派，傳習源流尚矣。王信伯開洛學之先，林少穎續紫陽之緒。厥後黄勉齋肩紫陽學統，遞有傳人，至今稱朱門派的者，曰何、王、金、許，萃於金華。然而閩之派别，薪傳未艾也。元明以來，遞相祖述，至成化以後，人材輩出矣。自吴聞過、林尚默、羅宗讓、林德敷而後，如恭敏馬公、恭介鄭公，尤篤守師説，典型屹峙，今著其師友派系載於篇。再按朱氏《經義考》謂恭敏亦守心學之説，與朱、蔡有違言者。而本傳稱其究心程、朱之學，今以本傳爲據。

（李清馥《閩中理學淵源考》卷四十五，文淵閣《四庫全書》本）

嘉隆以後諸先生學派

余録明代泉南派系，自洪、永、成化以後約數十家。其無師友可據者，總列以待考訂，外此遺録者不少。然此數十家者，多正、嘉以前守一先生之説者。嘉、隆以後，大抵風氣一變，多與程朱有違言者矣。如遵巖王公，與荆川、雙江諸公切劘其學，亦多良知之餘，然其任心廢學之弊，未甚紕繆也。先公嘗曰宋元以來，何、王、金、許也，二胡也雲峰、雙湖，蔡、陳、林也，皆家承師授，經學一時也。蔡、陳、林，其寡過矣乎？謂其規規於師説而不敢背也。

馥按：姚江王氏之學盛行，學者多趨簡便，宗而和之，惟閩掛弟子之録者甚少。隆、萬以降，風氣漸染，其所趨異矣。然其碩德雅望，在吾郡如蘇紫溪、黄文簡、李文節、王恭質、何鏡山、李衷一諸公，亦尚先民是程，著言立説，猶述舊規，可知一代風氣。自虚齋先生師弟講明倡起，流風數十世未艾，仁賢之遺教遠矣哉！《明史》載閩中一代學術，多宗虚齋之學，其來固有漸矣。

乾隆戊寅三月望日。

（李清馥《閩中理學淵源考》卷六十九，文淵閣《四庫全書》本）

五禮通考・吉禮一百二十

秦蕙田

劉蓕《四賢從祀奏》：「浙江布政使司金華府知府等官劉蓕等奏……臣望陛下隆重儒先，紹續道統，乞敕多官會議，將羅從彦、李侗、黄榦、何基等七人加其封爵，俾之從祀，使其不至淪没，則聖道有光，治道增重。」

蕙田案：此疏上而不行，故無年月可稽考。《蓰傳》知金華時，適當劉瑾敗後，則亦嘉靖初年也。而九年釐正祀典，竟未之及。觀其所議於朱子之後，學脈源流最有關係，附見於此，以俟論定。

……

蕙田案：孔廟配享之典，顏子定於三國魏正始二年，曾子定於唐睿宗太極元年，子思定於宋度宗咸淳三年，孟子定於宋神宗元豐七年。其從祀七十子定於後漢明帝永平五年，左、公、穀及漢魏以後釋經諸人定於唐太宗貞觀二年，周、程、張先賢定於宋理宗端平二年。其間進退升降，遞有遷改。求其義旨，大約有二：一曰傳道，一曰傳經。然有經與道合者，有經與道分者。

夫由堯、舜、禹、湯、文、武、周公至於我孔子，孔子删定纂修，集群聖之大成。聖人之門，若曾子之《大學》，子思之《中庸》，孟子之七篇，皆經與道合者也。自七十子没而微言絶，大義乖，先王之道，幾於墜地。賴有伏生、高堂、毛、鄭、孔、賈諸儒，抱殘守缺，以全於後，其功不可泯没。而其間如董江都、文中子、韓昌黎，則又能稍窺大道之要，皆得並列祀典，此則經與道分矣。

夫道與經無可分之理，然當時會遷流，亦出於勢之不得不然。逮乎前朝，或以真儒碩學，不見著作爲疑，或以注疏專家，不修實行被黜，其意似欲强而合之，然不如明嘉靖時禮臣之議，謂求士於漢唐之世，聖學榛蕪，固當專録其釋經之功；自有宋諸儒出，理學大明，雖議論罕傳，自當特取其履行之實爲篤論也。今據其説而詳考宋、元、明諸儒，其不愧傳道之列者，宋則周元公崛興數千載之後，上接鄒、魯，而二程、張、邵、朱子相繼而興，其淵源所在。程子之門，則由楊龜山時、羅仲素從彦、李延平侗，而遞傳於朱子；朱子之門，由黄勉齋榦、何文定基、王文憲柏、金文安履祥、許文懿謙，而遞傳於方正學孝孺，皆一線之宗。若夫薛文清瑄振起於河汾，王文成守仁倡道於姚江，顧端文憲成、高忠憲攀龍集成於東林，皆真修實悟，以道統爲己任，而詣極最高。

其他宋之胡安定瑗、陸文安九淵、張南軒栻、吕成公祖謙、西山德秀、蔡元定、仲默沈，元之許魯齋衡，明之曹靖修端、吴康齋與弼、胡敬齋居仁、陳白沙獻章、羅文恭洪先、劉念臺宗周，皆一代真儒，潛心正學。今觀祀典所載，精求博議，蓋亦極其矜慎。然或以代近而公議未孚，或以後起而推崇未及，蓋有之矣。若夫名臣如司馬、歐陽，固當酌祀於帝王之廟，而不必以頖宫之俎豆爲定論也。

（秦蕙田《五禮通考》卷一百二十《吉禮一百二十》，文淵閣《四庫全書》本）

闕里文獻考·叙考

孔繼汾

徽國文公集宋大成，千秋道統肩以一身，及門諸子各守其緒，載衍析傳何、王、金、許。卷之六十一，述朱子松、熹、蔡子元定、沉、黄子榦、陳子淳、何子基、王子柏、金子履祥、許子謙傳。

（孔繼汾《闕里文獻考》卷一百，乾隆刻本）

續資治通鑑·元紀·順帝

畢沅

（至正三年）冬十月癸酉日，赤如赭。乙亥……是月，金華處士許謙卒。當時學者稱何基、王柏、金履祥及謙爲金華四子。

（畢沅《續資治通鑑》卷二百七，嘉慶六年遞刻本）

史要·元

任啓運

超然不仕，仁山一人。

金履祥少從學同郡王柏、何基之門，二人蓋深得朱子之傳者。以宋將亡，絶意進取，屏居金華山中仁山之下。當時宋宗室趙孟頫及張伯淳等二十餘人皆仕於元，堅貞不仕者，仁山一人而已。

（任啓運《史要》卷六，嘉慶刻本）

兩浙輶軒録·邵向榮

阮元

邵向榮字邠標，又字東葵，號冬餘，餘姚人，康熙壬辰進士，官鎮海教諭，著《冬餘詩略》《姚江詩存》。東葵詩初學劍南，近則變而彌上，風格老蒼。嘗言：「何、王、金、許，學道之階級也；鄭、王、孔、賈，説經之原本也；陶、杜、韋、柳，作詩之圭臬也；歐、曾、姚、虞，行文之標準也。」晚而掌教海濱，遠近多所興起。

（阮元《兩浙輶軒録》卷十六，嘉慶刻本）

全浙詩話·胡東

陶元藻

（胡）東，字時震，湯溪人。正德癸酉舉人，官醴陵令，自號古愚。《金華詩録》：楓山先生與書云：「時震足下，别來許久，不知作何課程？大率學者誦法孔孟，不知舉業文字還有上一層工夫。即如朱、吕兩大儒講學金華，卒啓何、王、金、許四先生之傳，此吾郡重擔也。足下資學甚粹，可屬大任，幸相與勉之。」

（陶元藻《全浙詩話》卷三十二，嘉慶元年怡雲閣刻本）

金華理學粹編

戴殿江

理學大宗

潘府曰：吾鄉金華四先生，朱門黄直卿授之也。黄直卿可方楊中立，何、王、金、許與羅、李相當也。

（戴殿江《金華理學粹編》卷三，光緒十五年刻本）

理學大宗

熊孝感《答王藻如提學》曰：「二浙才藪也。在昔安定教授之法，昉自湖州，遺跡可考。而紫陽一派，亦唯金華四子得其正宗。自姚江新學提倡，而宗傳始晦。唯足下毅然倡明，盡去天泉證道之謬，則閑距之功，當不在河津、餘干諸君之下。若區區如趙孟頫、黄溍輩提學儒學，僅以詩文名世，豈足爲足下道哉？」

（戴殿江《金華理學粹編》卷四，光緒十五年刻本）

理學正傳・黄夢弼

夢弼諱傳，號白露，蘭溪純孝鄉人。少穎悟，遊鄉校。逾年，聞楓山學宗朱子，得何、王、金、許之傳，往受業其門而盡得其蘊，刻苦勵行，每過其師。

（戴殿江《金華理學粹編》卷八，光緒十五年刻本）

學術分塗

王虎文曰：一松之在王門，未能與龍溪、心齋諸人接席也。然恪守師法，行類乎狷，其淹博開拓，不如宋元五賢。然陽明之學，隨口傾吐，洞入心竅，又不在乎博學也。

江案：虎文之崇奉陽明，以力貶吾婺五賢，乃至此哉！夫聖門善誘，博文必先於約禮，而擇善固執，亦必以博學爲先，豈學者致知窮理而可藐視夫博學？且呂成公、四先生之道術，亦豈僅以博學稱者。真西山曰：「呂公扶持絶學，有千載之功。」

戚氏雄曰：「粤唯東萊實爲吾郡鼻祖，千古道學之源，因之始濬。朱、張大儒所期望許與，無非繼往開來之責。」

王子充曰：「儒者之學，莫大於爲經。經者，道之所載也。朱子傳注《六經》，而勉齋得其傳，推原統緒，四先生實爲朱學世嫡。」此陸清獻公所以津津推重婺賢，而曰：「朱子没後，使非何、王、金、許及明初諸儒發明其理，以開示來學，則其藩籬不待隆、萬而始裂。」且曰：「陽明諸弟子言語流傳者，宜倣陽明要書例，摘而辨之，庶後世勿使再惑。」其所以息邪説，放淫辭，而力扶正統者，可謂至矣。

（戴殿江《金華理學粹編》卷十，光緒十五年刻本）

學術分塗

又案：朱子之闢象山，早有定論，後人不能易也。迨陽明之教興，而陰主陸氏以顯詆朱子。雖婺中五峰諸子，亦相率而從之。當是時，正學之儒辭而闢之者，先後有人。至羅整庵、陳清瀾及高景逸、顧涇陽諸子，詆之爲最切。然而氣燄方張，未能遽絶也。百五十餘年後，有陸清獻公崛起排之，則其教遂衰。夫清獻公既黜陽明，遵朱子，而於吕成公之設教、四先生之遺澤、章楓山之德行，蓋惓惓焉惟恐表章之不至焉。豈不以朱學所在，不勝其高山仰止者乎？士生正學之邦，貿貿焉舍其嫡傳而馳心空妙之場，以震蕩而誇張之，是不第獲戾於朱子，亦清獻公之所深恫而顯拒之者矣。《詩》曰：「雖無老成人，尚有典型。」志道者，其敬念之。

（戴殿江《金華理學粹編》卷十，光緒十五年刻本）

台學統・性理

王　棻

棻按：孟長文與黄文肅、何文定、王文憲、金文安並祀，稱五先生，則其學術之正，名德之隆，當不減於四先生矣。史稱四方從遊者皆服焉，觀於此益信。

（王棻《台學統》卷二十六，民國七年吳興嘉業堂刊本）

疇人傳四編・胡應麟

黄鍾駿

胡應麟，字元瑞，幼有逸才。父僖，任儀制司。嘗過庭請質，曰：「吾鄉何、王、金、許四先生皆布衣也，何貴於科名？」自是睨睥一切。年十餘即能賦詩，丙子發解，間赴春官。時王弇州極重之。著《筆算》一書，至今購求者不絕。《尚友録》

（黄鍾駿《疇人傳四編》，光緒二十四年《留有餘齋叢書》本）

方志

永樂政和縣志

楊仲弘曰：朱子學者，遠自川蜀而至萬有餘人，升堂入室者四十四人。其嫡派則黄文肅公傳之何文定公，文定傳之王文憲公，文憲傳之仁山金先生，仁山傳之白雲許先生。朱子之書，流出於八極之表，雖言語不通，文字不同，譯之以衆人，無間中國。故魯齋先生、許文正公稱之爲再世夫子云。

（黄裳修、郭斯垕纂《永樂政和縣志》卷四，鈔本）

嘉靖潁州志・僑寓傳

若夫東萊先生，六世祖以前本壽春人，五世而下乃世家洛陽。及其父祖隨高宗南渡，卜居婺州。東萊倡道於婺，而何、王、金、許四先生相繼並出，自是金華號小鄒魯，何其盛也。

（呂景蒙修、胡袞纂《嘉靖潁州志》卷十九，嘉靖十五年刻本）

嘉靖六合縣志·秩官序

王敏，字勉之，浙之義烏人，國初名臣忠文公禕之嫡裔。……王華盛宗伯叙曰：「敦義崇禮，君子也。」一時士大夫僉曰「若勉之者，可謂無忝厥祖，有光於金華四先生」云。陞新淦教諭。

（董邦政修、黄紹文纂《嘉靖六合縣志》卷四，嘉靖刻本）

《萬曆金華府志》四則

科　第

正學祠，即正學書院，祀何文定公基、王文憲公柏、金文安公履祥、許文懿公謙。祠在旌孝門外，元時江浙行省建。本朝成化十四年，僉事辛昉奏請，特賜今額，郡守李嗣重建，大學士商輅記。嘉靖十四年，巡按御史張景命通判汪昉重修，知府陳京、陳元珂皆有記。萬曆元年，奉御史謝廷傑明文增入章文懿公懋同祀。

（王懋德修、陸鳳儀纂《萬曆金華府志》卷十八，萬曆刻本，又見卷二十三《祀典》）

崇德報功祠記

王　僎

成化辛卯七月廿有五日，致政龔公永吉卒。……公，金華烏傷人。在宋元若何文定、王文憲、金文安、許文懿數君子出，而宗主天下道學。享我朝之廟祀者，皆邦人也。公生數君子之鄉，起數君子之後，慨然有志於數君子之學，發朝魏科，官歷武□。公以韜略雄才，聖明倚重，五征胡虜，兩伐蠻苗，邊功兵績，不啻龜卜燭照……庸夫愚婦，亦將曰公之德何如其大，公之功何如其多，朝廷之崇報何如其盛，隆名偉望，與宋元數君子並駕而同稱，與天地悠久而弗磨矣。郡守李嗣請勒諸千秋之石。

（王懋德修、陸鳳儀纂《萬曆金華府志》卷二十七《藝文》，萬曆刻本）

宋潛溪先生祠記

戚　雄

先生諱濂，字景濂，世居婺之潛溪。幼有異質，長益習聞鄉先達緒論，以其餘力，又上友古之人。寤寐東萊，奮然思繼其絕學，而何、王、金、許四先生則風承響接，私淑而與有聞焉

（《萬曆金華府志》卷二十七《藝文》，萬曆刻本）

者也。

重修麗澤書院記

戚　雄

金華文獻之盛舊矣。粤惟東萊實爲吾郡之鼻祖，山川清淑之氣，因之而始鍾。千古道學之源，因之而始濬。朱、張大儒，因之始遊其地。中原文獻，因之始廣其傳。然考其淵源所自，實本於數君子聲應氣求、往復切劘之功。觀其所與論難，皆聖賢精藴。所期望許與，皆繼往開來之責。其心同，其道同。其出處去就，雖不必盡同，而亦不害其爲同。一時切問近思之情，千載之下，讀其書者，猶可想已。

蓋希世之真儒，古今之益友也。自是以來，北山何氏、魯齋王氏、仁山金氏、白雲許氏，聞風興起，更相授受。惟以刻苦工夫、真實心地爲首務，以居敬立志爲全功。其所論著造詣，宛然三先生家法也。婺之文獻，至是爲一再盛而駸駸乎且爲天下望矣。君子謂於麗澤見友道之敦，於四賢見師道之尊，詎弗信夫？

嗚呼！使今之學者能取法於是，則培養薰聒，大道坦然，何憂趨向之不正乎？趨向正則心學明，心學明則真儒出，真儒出則治可復古。而凡淫朋比德，與夫棄常珍、嗜異饌，倡爲私説以求勝者，皆將不攻而自息矣。此固侍御公與郡大夫彰化善俗之盛心，而拳拳崇報之不能已也。雄不佞垂老，覩茲盛事，方將酌雙溪清冷之淵，取瓣香一爇，爲吾婺人文遭際慶，且爲天下任師友者告也。

（《萬曆金華府志》卷二十七《藝文》，萬曆刻本）

《萬曆金華縣志》三則

方輿風俗

古者觀風考俗，設之教以軌民於正，則風俗所繫，豈細故哉？吾鄉呂、何、王、許輩起，禮教大明，在昔有小鄒魯之風，何今去古未遠，遂不逮之甚也。

（熊鳴夏等纂《萬曆金華縣志》卷二，日本東洋文庫據萬曆刻本謄抄本）

人物類·道學

贊云：吾道崑崙，趨而東萊。南軒紫陽，麗澤徘徊。衍茲一脈，光啓後來。何王與許，迭登孔階。猗歟正傳，三賢是培。顧瞻簡册，踵武誰哉？

（《萬曆金華縣志》卷五，日本東洋文庫據萬曆刻本謄抄本）

雜志

愚按：吾邑遺書而核之幾三百部，凡數千卷，不啻盈鄴侯之架而溢朱家之船矣。乃今落落晨星，百不存一，豈果永樂借抄，原本失去之故耶？抑亦世代寥落，斷簡殘編都化烏有耶？嗟嗟！何、王、金、許四先生親承紫陽嫡脈，曾不得列孔廡享乾豆，與胡餘干輩分半席而坐，文何唏噓嘆惜其鄉賢遺書爲哉？

（《萬曆金華縣志》卷七，日本東洋文庫據萬曆刻本謄抄本）

《崇禎義烏縣志》二則

人物傳・金涓

金涓，字德原，天性高朗，淹博經史，聞白雲先生許謙講學八華山中，涓往從之。謙語曰：「學以五性人倫爲本，以爲己爲立心之要。」涓體認踐履，深造自得。時婺何、王、金、許稱朱學嫡傳，疏解益細。涓獨超然冥悟，賦詩云：「至理從來無古今，只因箋注轉迷沉。遺經獨抱加潛玩，始識義文廣大心。」益已會朱陸之同矣。

（周士英修《崇禎義烏縣志》卷十二，崇禎刻本）

人物傳・虞守隨

虞守隨，字惟貞，別號芝叢。幼穎異好學。年十三，補諸生……登正德甲戌進士，特旨授四川道御史，首疏金華何、王、金、許不宜止溷鄉賢，宜與從祀之列；宋濂黼黻王猷，宜賜贈謚；王禕死節不屈，當廕其子孫。

（《崇禎義烏縣志》卷十四，崇禎刻本）

金華縣文昌閣記

方元彦

憶夫趙、王二公詳記橋役顛末矣，恐閣無專記，來兹晦焉。猥以凡刹目之，遂漫爲中文昌之義。夫經緯成章曰文，上應星則天文也，下應地則人文也。又太上立德，次立功、立言。粤稽爾鄉先哲，若東萊吕氏、北山何氏、魯齋王氏、仁山金氏、白雲許氏、香溪范氏、楓山章氏，謂與濂洛不朽可也。他如宗忠簡誓復靖康，王莊敏忤權憂國，王忠文仗節滇南，宋潛溪黼黻皇畎，更僕未易數，詎曰功業、文章、德基之焉。雖不皆邑産，而淵源則同。

（王世功等纂《順治金華縣志》卷九《藝文》，清刻本）

修學宫記

李鐸

浙本吴越故都，春秋以來，人材特盛。高、孝南蹕此邦，遂稱帝闕。有大儒子朱子者出，匯聚濂、洛之學，以上繼洙、泗，屹然以斯道自任。其詣闕上書，辨邪正危微之關，即此地也。朱子之學，一傳爲何、王、金、許，再傳爲宋景濂、方正學，一代節義密勿之臣，若東嘉經制、永康事功、金華文學，烏傷、臨海、餘姚之忠介，誠意、新建、忠肅之勛業，照耀今古，數其祖則皆本徽國。而杭郡山川，實爲諸賢所篤生之地。

（馬如龍等纂修、李鐸等增修《康熙杭州府志》卷三十九《藝文下》，康熙二十五年刻三十三年增刻本）

《康熙金華府志》五則

錢學孔

錢學孔字以時，嘉靖癸未進士。授大明府推官，詳讞明允。擢北臺御史，巡視皇城，京師肅清。奉墨刷卷，疏上五事，切中時宜。清軍蘇松等處，奏行補伍之法。差滿，復奏責巡江設兵備等四事。奉命按順天，疏上興華四議，上俱採納施行。又疏上金華何、王、金、許四大儒宜崇祀，以崇正學，留中不行。

（張藎修、沈麟趾纂《康熙金華府志》卷十七《人物三》，宣統元年嵩連石印本）

國朝重建金華府學記

張安豫

宋既南，中原之文獻獨傳於婺。於時，吕成公倡其學，宗忠簡立其功，何、王、金、許四君子濬其源，而明之文憲、忠文、文懿諸公導其流，道術用彰。其屬文摛詞，彬蔚有關者，自駱丞以降，代不乏人，則風教之盛也。

（《康熙金華府志》卷二十六《藝文》，宣統元年嵩連石印本）

國朝重建吕成公祠記

張　藎

甚哉！大道之不容滅亡，而正學之久久而勿熄也，即一祠廟而已知之矣。婺自成公倡文獻之宗，而東南道統，實吕氏爲之鼻祖。後之慕其懿範者，自孔廟從祀外，有麗澤書院以俎豆之，又有專祠以尸祝之，相傳有年。及世遠多故，俄而麗澤書院廢矣，俄而五賢正學祠亦廢矣。僅成公專祠尚存，惟寥寥數椽與遺像焉。然而風雨飄摇，狐鼠與宅。問之長老，而長老祇慨然太息也。問之子孫，而子孫幾束手無何也。

予忝牧兹土，而忍令先賢廟貌如是之委頓而剥啄乎？爰諏時卜日，選料鳩工，正堂皇，闢中霤，嚴門閾，而且繚以周垣，塗以丹雘。公於是垂紳正笏於其上，峩峩然可瞻而可拜矣。夫《禮》曰：「有其舉之，莫敢廢也。」況祀典之大有關於名教者。廟存斯禮存，禮存，斯大道之在人心者亦無不存。故讀其書可以見其人，奉其貌益可以肅於心。蓋惟任大道之責，與繼正學之傳者，不以年齒爲存亡，不以子孫爲衰盛，不以歲月爲廢興。如公止四十五而終，是生且不及下壽，而公之英靈，固萬古而如在也。

自宋及今，公之苗裔無大顯者，近更式微殆甚。然公之聲名，豈因箕裘不振而稍減乎？世之淫祠，忽興而忽滅。俗之家廟，忽創而忽湮。而公所憑依，丹楹畫桷，獨巋焉而長存。雖歷之千百世之久，亦寧有艾哉？故曰：不以年齒爲存亡，不以子孫爲衰盛，不以歲月爲廢興也。

吾意公之好友，如紫陽朱公、南軒張公、龍川陳公，當風清月白之辰，安知不靈氣往來於其中？而嫡派遞承，如何文定、王文憲、金文安、許文懿、章文懿，心心相印，方且坐風立雪於左右焉。公顧此不大愉快乎哉？雖然，予之爲此，亦由力之不足，而僅興斯役耳。後之同志蒞兹邦者，尚其景仰前修，振舉廢墜，大廣予之所未逮也哉！

知府三韓張蓋撰。

（《康熙金華府志》卷二十七《藝文二》，宣統元年嵩連石印本）

一覽亭記

王　傑

竊維金華業號文獻邦。按郡乘所載，昔有亭曰「極目」，在東南隅。郡守周彦廣集群賢於此，嘗取米元章所書三大字扁其額。當時韓無咎作記，今亭失，所賴文尚存。其山川之秀麗，人物之庶富甲於他郡，蓋昔然矣。當宋南渡有若三魁、四相迭出，踵武於時。東萊吕成公會朱文公、張宣公講道之，上泝洙、泗之淵源，下嗚濂、洛之統緒。逮何、王、金、許四賢發前人之所未發，開來學之所未開，其流風遺韻、聲華氣習至今猶有可徵。

（《康熙金華府志》卷二十八《藝文三》，宣統元年嵩連石印本）

送靈新庵集序

程正誼

宋興，當治教休明之會，真儒輩出，表章《六經》，提孔孟之宗旨而昭揭之，使與日星並曜，無復晦蝕之災，豈獨學子經生之幸，千百年道脈之幸也。元主中夏，正學衰微。然何、王、金、許四公皆婺産也，猶然倡理學於八婺之中。其要歸以究心地、刻苦功夫爲主，雖各得其資之所近，然其説不詭於聖賢。

（《康熙金華府志》卷三十，宣統元年嵩連石印本）

《康熙金華縣志》四則

選舉・章僑

章僑，字處仁，蘭溪人，著籍金華。嘗受業楓田之門，舉鄉魁，登進士。初授行人司主事，陸震以諫杖死闕下，僑負而□士論偉之。歷給事七年，每論列，輒束裝待次，有劾閹幸蕭敬等置疎斥，請從祀何、王、金、許及正學等疏。而正學疏，則嘗頒行於學校。

（趙泰甡增修《康熙金華縣志》卷三，康熙三十四年增刊本）

崇正書院學田碑記

龍遇奇

若乃多士乘時鼓策，以自致身青雲之上，澤道德，矜節義，仰止鄉先哲，令企踵何、王、金、許芳躅者不越此，余雖去長山，而藉爲光龍孔□矣。因爲次其梗概，議其置田欵署於碑陰。

（《康熙金華縣志》卷三《官政》，康熙三十四年增刊本）

雜志類・道學里

道學里，在府學前西偏，舊名三魁坊。郡守趙鶴爲呂、何、王、金、許五先生，更今名。

（《康熙金華縣志》卷七，康熙三十四年增刊本）

重修金華縣學碑記

王治國

金華縣學始而建，□而遷，繼而修，修而復傾。傾而修宜矣，宜則寫乎記。記其盛歟，記其難爾。曷難乎爾？婺邑帶瀫水而枕蓉峰，地靈人傑，固文獻邦。自東萊公道風高倡，何、王、金、許諸先生名流輩出，代不乏人，稱小鄒魯焉。

（《康熙金華縣志》卷九《藝文類》，康熙三十四年增刊本）

永康縣學教思碑序

程正誼

宋淳熙間，吾邑龍川陳公、金華東萊吕公、新安紫陽朱公倡明理學於永康，迨宋元初，則有北山何公、魯齋王公、仁山金公、白雲許公相出於金華，而吾婺稱小鄒魯。

（沈藻等修、朱謹等纂《康熙永康縣志》卷八，康熙三十七年刊本）

重修尊經閣記

吴應臺

浦陽學脈，宋文憲開之也。宋淑於柳、王，復禰於宋、王，曰小浦江，不以餘姚著也。宋曰小金華，不以浦江著也。而先此，何、王、金、許四先生踵麗澤後者，亦曰小鄒魯，並不以金華著。學重其身，身重其地，地重其人。

（毛文埜修、張一煒纂《康熙浦江縣志》卷十《藝文志》，康熙十二年刻本）

康熙錢塘縣志・人物・楊承憲

楊承憲字毅庵，九歲能屬文，由歲貢授海鹽訓導，課□有法，改金華蘭溪。與士子講明理學，以金華四先生爲宗。一時，士子咸知爲學之本。尋遷教諭新昌，未及行，卒於署。

（魏嵊修、裘璉纂《康熙錢塘縣志》卷二十，康熙五十七年刊本）

《雍正浙江通志》七則

圖說

郡名金華，肇於陳代。……然郡之擅名於浙東者，不以山川，不以財賦，而以人文。顔氏子孝感群烏，古郡所由以烏傷名也。龍邱萇抱道自處，有伯夷、原憲之行。自吕成公倡明正學，而後何、王、金、許並以道傳，晋卿、潛溪並以文著。道爲出治之本，文爲載道之器也。至宋忠簡之力扶宋室，王忠文之守節不屈，浦江鄭氏之一門義行，非皆所以激忠藎而植彝紀者乎？他如孝標授詩山留講堂，隱侯嘯歌樓名玄暢，則又《風雅》之緒餘，而爲一郡之標表也。

按圖而求之，其人斯在。

（嵇曾筠等修《雍正浙江通志》卷一，文淵閣《四庫全書》本）

學校四書院附・金華府

正學書院在旌孝門外。《金華縣志》：「元江浙行省建，祀郡儒何基、王柏、金履祥、許謙。明成化十四年，僉事辛訪奏請特額，郡守李嗣重建。萬曆元年，增入章懋，稱五賢祠。崇禎十六年燬。」

麗正書院在府治西北。雍正四年，知府張坦讓即金衢嚴道故基建。中奉朱文公、吕成公、張宣公並何、王、金、許四先生，爲七賢祠。前設講堂，列齋左右，以爲書院。

（《雍正浙江通志》卷二十八，文淵閣《四庫全書》本）

名宦・李嗣

李嗣。《獻徵録》：字克承，南海人，景泰進士。知金華府，下車行鄉飲酒禮，有司設主席，豰核視賓倍，遽命撤之。由是吏民知風指，不敢干以私。奏立正學書院，祀先儒何、王、金、許四賢，重修麗澤書院，俾郡人知所嚮。以治地僻遠，民苦賦役，奏請割三郡近地設湯溪縣以便之。遷浙江右參政，轉左。修築長堤，以禦紹興、寧波海漲，二郡民賴其利。又上軍政數十事，皆行之。仕至户部右侍郎。

（《雍正浙江通志》卷一百四十八，文淵閣《四庫全書》本）

名宦・劉蒞

劉蒞。萬曆《金華府志》：字惟馨，涪州人。正德初，以給事中論劉瑾，去官。起知金華府。政尚大體，重風教，嘗追復先儒何文定公丘墓，又疏乞何、王、金、許四先生從祀文廟，不果行。時隣郡告警，蒞率屬戒嚴，民賴以安。

（《雍正浙江通志》卷一百五十五，文淵閣《四庫全書》本）

名宦・張朝瑞

張朝瑞。舊《浙江通志》：海州人。萬曆中，知金華，以重道造士爲先。立何、王、金、許四先生祠，聚郡弟子員誦讀其中，朔望講學，人文蔚起。

（《雍正浙江通志》卷一百五十五，文淵閣《四庫全書》本）

儒林・程梓

程梓。舊《浙江通志》：字養之，永康人。性敏慧，少聞何、王、金、許之學，欣然慕之。讀

《正學編》，躍然曰：「道在是矣。」弱冠爲諸生，徒步往姚江師事王守仁，與王畿互相印正。歸即壽山石洞倡明正學。

（《雍正浙江通志》卷一百七十六，文淵閣《四庫全書》本）

四賢從祀奏疏

劉　蒞

浙江等處承宣布政使司金華府知府等官臣劉蒞等謹奏，爲褒崇正學，以隆治道事。准本府知府劉蒞關：

竊惟道之顯晦有時，人之抑揚有數。時可矣，而道不顯，是天欲終晦之也；數可矣，而人不揚，是天欲終抑之也。然道顯則人亦揚，顧所遭何如耳。昔孟軻氏没，吾道絶學千五百年，而周、程、張、朱始續其傳。朱熹之門，聞道者衆，可以繼道統之傳者，亦只二三子，黄榦乃其巨擘也。熹臨終，悉以深衣幅巾及平生遺書付之曰：「吾道之托，盡在子矣。」若然，則繼朱熹者非黄榦乎？榦爲臨川令，婺州金華人何伯㷆適爲縣丞，因命其子何基師事焉。榦一見器重之，因告以聖賢之學，必有真實心地、刻苦工夫而後可。基乃悚惕受命。於是因黄榦之言，明朱熹之旨，精思新意，愈出不窮。

熹門人楊與立一見推服，當時學者霧滃雲集。基盡以所聞於榦者淑之曰：「立志貴堅，規模貴大，充踐力行，死而後已。」學者翕然從之，斯道遂大盛於東南。然則功並黄榦者，非何基乎？一傳而得同郡王柏，資稟英邁，勇於求道，盡探何基之秘。蔡杭、楊棟相繼守婺，趙景緯守台，聘爲麗澤、上蔡兩書院講師。鄉之耆德斑白皆執弟子之禮，而師道爲之再盛。然則繼何基者，非王柏乎？再傳而得同郡金履祥，講貫益密，造詣益邃，盎然春融，怡然冰釋，訓迪後學，諄切無倦。宋祚將移，樊、襄圍急，履祥因進牽制擣虚之策，請以重兵由海道直趨燕、薊，則樊、襄之圍自解。時不能用，遂不復仕。觀其所充拓，所論著，蓋親得何、王之傳而並擴之。然則繼王柏者，金履祥也。又傳而得同郡許謙，致遠鉤深，以聖人爲準的，旁搜博採，以義理爲折衷。其規模益宏大，其涵蓄益深遠。開門講學，遠而幽、冀、齊、魯，近而荆、揚、吴、越，不憚千里，皆來受業，四方之人以不及其門爲耻。當時中外名臣薦者百數，至以其身之安否，爲斯道之隆替。觀其所體驗，所著述，蓋盡得何、王、金之藴而益充之。然則繼履祥者，許謙也。是四子者，皆親接黄榦之傳，以上續朱熹之統，寥寥三百年餘，未從孔門之祀。

成化間，按察司僉事辛訪亦嘗具奏，未蒙准行。當時議者曰：「朱文公熹與吕成公祖謙講道金華。郡儒何基、王柏、金履祥、許謙師徒累葉，出於文公之後，而居於成公之鄉，其於斯道不爲不造其徑庭，然造堂奥則未也。」爲是説者誤矣。聖道之奥，在顔子且曰未達一間，由、夏輩升堂，未入於室，七十子宫墻外，望者不知其幾而可輕造哉。要在其有羽翼斯道之功，生而可以淑斯人，没而有以啓後學。如四子者，亦可無愧於孔門矣。

議者又曰：「羽翼斯道，莫如著述。程朱之後，如胡安國之《春秋傳》、蔡沈之《書傳》、真德秀之《大學衍義》、吴澄之《五經纂言》，學校以之育才，經筵以之勸講，其功偉矣。何、王、金、許之所以爲書，其用恐未若是之專，其功恐未若是之偉。」嗚呼！爲是説者，或未多得何、王、金、許之書而讀之也。何基所著《大學》《中庸》發揮，《大傳》《易啓蒙》發揮，《通書》《近思録》發揮。王柏所著《讀易記》《涵古易説》《大象衍義》《涵古圖書》《書疑》《詩辨説》《讀春秋記》《論語衍義》《太極衍義》《伊洛精義》《研幾圖》《魯經章句》《論語孟子通旨》《朱子指要》《詩可言》《天文地理考》《墨林考》《帝王曆數》等書。金履祥所著有《論孟考證》，補《集注》之所未備，《通鑑前編》，多先儒之所未發，其他如《大學疏義》《尚書表注》，天曆初，廉訪使鄭允中曾上其書於朝矣。許謙所著有《四書叢説》《讀詩集傳名物鈔》《觀史治忽幾微》，其他如天文、地理、典章、制度、食貨、刑法、字學、音韻等書，國初亦已梓行矣。雖不能如胡安國、蔡沈、真德秀之顯行於時，亦皆發明聖道，裨益程朱不少。其視吴澄、許衡，蓋不知其孰兄而孰弟也。

孔門從祀，若專取著述，不知當時多欲如申棖、漆子路，沮孔子之道如公伯寮，所著何書？雖不能無磯激警醒之功，而終作聖門之梗，方且偃然坐食兩廡，其視何、王、金、許何如也？亦有僭經叛經，詭道非聖，惡人性而詆孔子，善桀紂而僞堯舜，作奸犯科，得罪名教，亂天下而禍後世者，當時徒以注疏附會取之。而今理學大明，則糟粕棄餘，積於無用，今亦在巍坐侑食之列。其爲人，其爲書，視何、王、金、許又何如也？議者又曰：「作於朱子之先，而賢賢相承，若朱子之曾祖禰者，楊時、羅從彦、李侗既不得以是之故而列從祀矣。出於朱子之後，而賢賢相承，若朱子之子孫曾玄者，何、王、金、許尚安得以是之故而列從祀焉？」爲是説者，蓋專以世次言也。

吾論祀道也。夫庸知世次之先後乎？如必以世次，則顔無繇、曾晳、孔伯魚固當升之堂上，不當在弟子之列、兩廡之間矣。臣又嘗聞之朱熹初見李侗，侗語之曰：「理一而分則殊。今君於何處騰空理會得一箇大道理，説天下之事，理一而已，更不去分殊上體認。」熹乃幡然悔悟，盡向分殊上尋求理一。由是言之，朱子翼道之功，李侗實啓之，從彦實傳之。今楊時既列從祀，而從彦、李侗不與，則是曾享祀而祖禰不與也。夫人在堂上，方能辨堂下人曲直，臣亦隨衆觀場者也。且學不足以博古，才不足以通今，未望聖道之蹊徑，安敢品題道學於數百載之上？但質之以大儒之格言，以觀其取與否；考之以諸儒之操存，以觀其醇與否；參之以各儒之著述，以觀其有發明聖賢之道否；察之以古今天下之嚮慕，以觀其淑於後學否。今儒先之許可既如此，諸儒之操存之著述又如此，古今後學無不尊仰又如此，則人心未嘗一日而忘諸儒之功也。

臣望陛下隆重儒先，紹續道統，乞敕多官會議，將羅從彦、李侗、黄榦、何基等七人，加其封爵，俾之從祀，使其不至淪没，則聖道有光，治道增重。臣嘗思之，理學大明莫如有宋，治道大行莫如我朝。理學屬知，治道屬行，而知行未嘗不相因也。今陛下誠能尊禮往哲，闡明理學，豈不知行並進，政教兼舉，感人心而風後世，綿國祚於無疆乎？此天下之公議，非一人之私言。臣所以先爲之倡者，誠以何基等地方之産，臣地方之官，已嘗祭掃其墓，搜求其書，瞻其圭田，而禮其後裔，有司之職，如此而已。若夫主張之任，表章之權，端有望於今日之聖天子、賢輔弼也。當此有道之時，而不得一遇，則諸儒之道終晦，而其人終於不揚矣。臣是以不避僭踰，合關本府轉奏等因。緣係褒崇正學，以隆治道事理，未敢擅便，合行具本，差吏傅暹齎奏以聞。

（《雍正浙江通志》卷二百五十九《藝文》，文淵閣《四庫全書》本）

雍正山東通志・人物四・趙泰甡

趙泰甡，膠州人。康熙壬戌進士，初除浙江金華縣，尋擢湖州府同知。居官有治績，表彰先賢。何、王、金、許《正學淵源書》並《鄭愍忠文集》湮没數百年，重刊以廣其傳。至如修吕成公祠堂，復文定公書院，建滋蘭書院，設四鄉義學，作養人材，振興文教，皆其善政之卓卓可紀者。

（岳濬修、杜詔纂《雍正山東通志》卷二十八，文淵閣《四庫全書》本）

《乾隆柘城縣志》二則

理學正宗序

耿介

然程子正宗，實自龜山載道而南，由豫章、延平以傳之朱子。朱子正宗實自勉齋受深衣之托，以傳之何、王、金、許，此似續脈絡之不爽者也。《易》取「麗澤」，在朋友講習」，南軒、東萊當鵞湖同異離合之會，獨能見道精確，與朱子聲應氣求，詳加參訂，均爲有功聖道、夾輔正宗者也。

（李志魯纂修《乾隆柘城縣志》卷十四《藝文志》，乾隆三十八年刻本）

理學正宗序

竇克勤

如龜山載道而南，歷豫章、延平而朱子出焉，大有功於程門矣。勉齋授以深衣，遞傳何、王、金、許，雖四子之所造，不無讓於前人，然當時論之者以爲基似和靖，柏似上蔡，履祥親得之二氏，而並克於己，則夫陶成而啓佑之者，居何等耶？勉齋之有功於朱門也，不待言矣。此得其師傳者，爲大道所寄托，斷斷缺一不可者也。

（李志魯纂修《乾隆柘城縣志》卷十四《藝文志》，乾隆三十八年刻本）

賢母祠記

張 侗

賢母，姓彭氏，陝西西安府盩厔縣死義士信吾李君之婦，徵君二曲先生之母也……昔尹母有言：「吾願子以善養，不願子以禄養。」程子稱之曰：「賢哉母也。」蓋歷宋、元、明七百餘年，於今爲烈矣。近日徵書屢下，督撫州縣，飛檄造廬，迫促就道，而先生堅卧不起，有金華四子之風焉，非賢母之遺教使然與？夫德足以風厲後人與勤於王事，宜載祀典。

（楊儀修、王開沃纂《乾隆盩厔縣志》卷十一，乾隆五十八年補刻本）

孫惲兩先生從祀東林書院議

張 夏

鄉貢士遜庵惲先生，諱日初，武進縣人。入孝出弟，内剛外柔。一經傳習，憲副公祖硯尚存；五禮考求，比部公宗規無斁。雅慕林宗有道，早稱國士無雙。喪親而居廬三載，不酒肉，不寢内，行流俗之所難行；敬兄而讓産千金，創宗祠，創祭田，舉家禮之所當舉。南尋禹穴，講弟子之禮於蕺山先生；誤中副車，結文字之知於晉江相國。護亡友張清惠之喪，臨終受諾，悉卻當道遺金；贊故人楊解元以義，出檄誅奸，其向上方請劍。既而憤皇輿敗績，上端平六君子之書；未幾感風會遷流，效金華四先生之隱。間關粤閩，巢卵俱傾；棲遯天台，身心益究。因而來訪道南，偕高學憲諸公講於麗澤，垂二十餘年。

（王祖肅修、虞鳴球纂《乾隆武進縣志》卷十二《藝文志》，乾隆刻本）

陸清獻公祠碑記

彭啓豐

聖人之道，如日中天，其綿綿延延，薪傳勿替，必賴有昌明理學之大儒起而負荷之。南宋而後，配享諸儒，若元之許魯齋，明之薛文清、胡敬齋，尤其純者。聖朝隆重理學，碩彦蔚生，天下之士，瞻泰山而仰北斗，首推湯文正、陸清獻兩公。清獻，平湖人也，由縣令拜御史，清風勁節，惠政嘉謨，迄今猶流傳人口。其爲學在於居敬窮理，擇善固執，教人必宗朱子《小學》，讀書必依程氏《日程》。而於派别支流，防維甚切……其遠承孔、孟之傳，近接程、朱之派而負荷斯道者歟！國家以清獻有功聖教，既褒以《謚法》，復從祀文廟，崇儒之典，曠古獨隆。顧考諸邑乘，二丁釋奠，僅祔祭於陸宣公祠，崇報未專，爲慨然久之。甲子春，邑令三韓高君國楹首捐廉俸，卜基繪圖，鳩工集事。逾數月，門廡堂宇，巍然焕然，秩秩有序；俎豆駿奔，不懈益虔。陸氏子孫請予文以記。

余維浙中人士，類多尚詞華，鶩聲氣，罕有能紹述金華四先生之理學，而講明濂、洛、關、閩之旨者。微清獻，則斯道之傳，曷其有賴？今公所著述具在，苟讀遺書而附於私淑艾之列，則教澤流於無垠。平湖即鄒魯也，祠宇之新，豈惟邑令之賢有足誌？

（高國楹修、沈光曾纂《乾隆平湖縣志》卷八《藝文志》，乾隆十年刻本）

乾隆僊遊縣志·人物志四·仕蹟·鄭遠

鄭遠，字懷伯，唐中郎將莊之後。遠於康熙五十六年鄉薦，雍正五年成進士，授直隸隆平縣知縣……有聲績，爲畿輔循良第一。擢守延安，丁內艱歸。服闋，補授金華。至，則崇文教，修麗正書院，置膏火，親與諸生講學，士習爲變。又拓修呂成公祠墓，釐復祀田；以及何、王、金、許四先正墓，皆修庀如禮；置義租，收哺棄孩，存活甚衆。

（王椿修、葉和侃纂《乾隆僊遊縣志》卷三十六，同治重刊本）

雍正二年禮部尚書張伯行等奏疏

宋代宜增入從祀者六人。……三曰黃榦。濂、洛、關、閩而後，任斯道之統者，斷推黃勉齋。朱子授以所著書，曰：「吾道之托在此，吾無恨矣。」厥後金華四子，遞衍其傳，正學賴以不絶。四曰陳淳。淳著《論語》《大學》《中庸》四義等書，其言太極、言仁諸篇，發明天理全體，示學者標的。朱子故又以「南來吾道，喜得陳淳」。五曰何基。基，黄榦弟子，得淵源之懿，所著解釋《大學》《中庸》《書大傳》《易啓蒙》《通書》《近思録》，皆以《發揮》爲名。其學本於「純實心地，刻苦工夫」，所謂謹之又謹者也。六曰王柏。柏，何基弟子，綜核點校《四書》《通鑑綱目》，最爲精密。推明《河圖》、八卦、《洛書》、《九疇》之旨，及訂正《詩經》《春秋》《大學》《中庸》等書。所著有《讀易記涵》《大象衍義》《書疑》《詩辨説》《讀春秋記》《論語衍義》《太極衍義》《伊洛精義》《論語孟子通旨》等數十種，百餘萬言，皆闡發濂洛精義，淵源道德。此六人者，皆宜增入者也。元代宜增入從祀者三人：一曰金履祥。祥，何基弟子，所著書有《大學章句疏義》《論語孟子集注考證》《書表注》及《通鑑前編》，多先儒未發之義，學者稱仁山先生。二曰許謙。謙，金履祥弟子。讀書窮探淵微，雖殘文羡語，皆不敢忽。所著有《四書叢説》《詩名物鈔》《書傳叢説》《自省編》。其爲詩文，非扶翼經義，綱維世教，不輕筆之於書，世稱白雲先生。何基、王柏、金履祥之學，至謙而益顯著，故學者推原統緒，以爲朱子世適云。

（張許等修《嘉慶蘭溪縣志》卷八《學校志》，嘉慶五年刊本）

《嘉慶義烏縣志》五則

理學

古《志》不標理學，標理學，康熙壬申《志》始也。自朱子講道於婺，同時郡人東萊吕氏、同甫陳氏、悦齋唐氏皆以學著。何、王、金、許又遞傳朱子之學於黄氏焉。文清徐氏、敬子傅氏並親受業於朱子、吕氏、唐氏，則仲文傳之伯經、伯强，乃守範於陳氏者也。厲志朱氏、子厚康氏、唐卿王氏、通齋葉氏輩皆文清高第，而通齋爲尤著。唐卿、通齋傳南稜王氏，唐卿後傳晋卿石氏，至希善登北山之門，丹溪、青村承東陽之緒。雖或派别流分，遞相師祖，要皆可以馴致聖賢之域，而躪中庸之庭也。

（諸自穀修《嘉慶義烏縣志》卷十四，嘉慶七年刊本）

祭朱崇魯文

于　漣

其學正誼明道，不域章句，不媒聲利，遠宗濂、洛、關、閩，近衍婺學何、王、金、許。聚簡編之文，無不博洽；研天下之理，澄心體認。該攝洞貫，各有綱而條不紊。非謂致辨於分之殊，要歸於理之一。益肆宏闡，多所自得者也。其教以知禮成性、鑄變氣質爲先，以克己爲明心之鵠，以分辨義利爲見性之衡。不言之喻，而疵吝自消。凡益人神智，牖入强明，如聚砂而雨之。其諸靜參未發氣象而求厥中，追尋所樂何事，而有吟風弄月之概也耶？予灑然異之，心竊嚮往之。

（《嘉慶義烏縣志》卷十五《文苑》，嘉慶七年刊本）

補訂黄文獻公集序

王廷曾

孔子，顔、曾、思、孟四子，七十子，其所言學也，而文莫大於是。董子文不出於學，其文爲最高。韓氏、歐陽氏以文衍其學，文爲最工。周、程、張、朱五子，學外無文焉。烏之傳朱學，始文清徐氏，與直卿黄氏同時，而在何、王、金、許四氏之前。……蓋通齋、唐卿得先生而三傳，而先生後得忠文王氏，是亦足比蹤何、王、金、許四氏。抑四氏産金、蘭、東三邑，諸氏并産烏。

（《嘉慶義烏縣志》卷二十一《藝文》，嘉慶七年刊本）

重刊王忠文公文集序

王廷曾

又八十三年萬曆甲辰，邑令張公維樞復梓之，謂公以文雄也，而不獨以文雄，惟得就義之烈，而雄文乃益傳。今又八十八年，顧人知重公文，而文原於節；人知重公節，而節由於學。公之傳《儒林》也，於金氏履祥、許氏謙爲之論曰：「朱氏之徒亦衆矣。得其宗者，惟黄榦氏，榦傳何基氏，基傳王柏氏，柏之傳爲履祥，爲謙。程氏之道至朱氏而始明，朱氏之道至金氏、許氏而益尊。」其序《宋公濂文集》也曰：「景濂亦遊柳、黄二公之門，又因許氏門人以究夫道學之旨，是公生平以學爲的矣。」山陰劉子宗周作《道統録》，首以景濂而繼之以公，謂先生《祈天永命》一疏，雖伊傳告其君不是過，使非有程朱之學，安能爲伊傳哉？……劉山陰所謂生何、王、金、許之後，遞承考亭之傳，文章莫大焉者乎？

（《嘉慶義烏縣志》卷二十一《藝文》，嘉慶七年刊本）

樓氏忠孝節義序

張坦讓

余自己亥歲，奉命來守此邦，夙慕小鄒魯之名。幸而承乏兹土，下車之日，即訪求四先生之遺蹤。八婺之内，代多名賢，指不勝屈。而於公餘之下，晋接諸生，每有談及先世軼事者，余不厭亹亹傾聽之。

（《嘉慶義烏縣志》卷二十一《藝文》，嘉慶七年刊本）

《道光東陽縣志》五則

政治志六・學校・崇正書院

崇正書院……學諭費家璵《記》，附詳從祀諸人。婺州自吕成公紹中原文獻之傳，倡明道學。其時，朱子相與往復討論。後何、王、金、許四先生繼之，遂成鄒魯之風。而許白雲獨與葉水心並祀者何？水心講學石洞，白雲議學八華。雖生不同時，而學無異道，矧在東邑則一也。其不祀朱、吕者何？成公開婺學之統，非東邑所得私。文公集諸儒之成，並非婺郡所得私也。然葉以麗澤朱、吕，遜膚居東，白雲以師事仁山，追蹤先喆，故舉葉、許而正學之宗傳，從可識矣。其增祀孫石臺者何？有明正、嘉之際，玉湛諸子各鳴其説，幾樹旗幟。石臺折異同，尊洛閩，以闢邪崇正爲己任，故表石臺而婺學之心傳爲不差矣。

（党金衡等修《道光東陽縣志》卷十，民國三年東陽商務石印公司石印本）

八華精舍義田記

應　典

許子之學受之仁山金子，金子受之魯齋王子，王子受之北山何子。三子者之傳，一則曰立志居敬，一則曰省察克治，一則曰涵養擴充，皆一本也，奚許子之獨爾殊哉？迨其晚年有謂「聖賢之學，心學也」，後之學者，雖知明諸心，非諸事，而涵養本原，弗究弗圖，則雖博極群書，修明勵行，而與聖賢之心猶背而馳也。深得延平之旨而弗之及，愚以是知紀摭者之未積也。

（党金衡纂修《道光東陽縣志》卷十，民國三年東陽商務石印公司石印本）

祭陳正道文

陳其蒽

昔吾婺之學，代有宗功，東萊開其始，何、王、金、許暢其風。而姚江一派，則薪傳於盧子一松。洎夫見山子司其鐸，春洲子廣其聰，而五峰一席，復連翩鵲起於吾東。惟先生之勁力，相與切琢而磨礱。商大義，闡微衷。徹本末，貫始終。閩海傳其聲教，吴越應其絲桐。所以芝蘭競秀，桃李陰穠。

（党金衡《道光東陽縣志》卷十八《人物志六·儒林》，民國三年東陽商務石印公司石印本）

日省編自叙

胡以彩

所編次，雖間附以臆見，寔多出於唐虞三代，濂、洛、關、閩大聖大賢之訓辭，與夫何、王、金、許、薛、胡、羅、曹諸先生，以至昭大諸君子之格言。而卷四《考聖學》，則子朱子一生學脈，自始至終，精進深造之功，候畧具焉。是皆學道者所當奉爲圭臬，而佩服弗諼者。倘因是傳播諸同人，不悕爲河漢，而引爲切劘之資於焉。

（党金衡纂修《道光東陽縣志》卷二十五《廣聞志三·文》，民國三年東陽商務石印公司石印本）

朱文公遺像記

樓上層

婺之爲郡，自唐虞迄三代，寔揚州南鄙，罕所著聞。漢以下，若忠若孝，乃頗可表見。然未及文，以禮樂爲世成人也。宋南遷，我東萊吕公寔守中原文獻之傳以迄於婺。其時徽國文公以紹興十七年登進士第，隨訪吕公於武義之明招山，遂抵東陽，寓長衢郭氏。及僞學下，乃講學於郭氏之石洞書院，維時道明學尊。迨公没二百年間，婺中何、王、金、許四先生遂紹厥傳，故至今學者猶知拒楊墨、闢老佛，曰此文公之教也。其餘風俗教習尚厚，罔有僭亂，曰此故文公所遊處，而以爲然者也。論者獨謂東陽未有如四先生比者。正德、嘉靖間，石臺孫公起而闢陽明之謬，曰：「彼乃敢抗我朱子？」然則文公之道，其在天下者固無可紀□，而確而守之者，其吾婺最也。

道學之興，固世所共慕，而亦正不能不有待於其人歟？慶元初，南城吴氏寔畫朱子像。像右頰有七痣，比於列星，繫詩其上，且志曰「庚申二月八日，滄洲病叟朱某仲晦父題」。

樓上層曰：吁！文公之道大矣！萬乘之國治於人才教誨，不得則亡；四民之福生於人倫風俗，不得則亂。維孔子生春秋，天下至今知道；維朱子起南宋，天下至今知學，此皆民之所以生者也。況拜其像者，尚可勿敬歟？九月十五日，蓋公之生辰也。謹記。

（《道光東陽縣志》卷二十七《廣聞志五·逸事》，民國三年東陽商務石印公司石印本）

道光濟南府志·人物十二·趙善慶

趙善慶，字怡齋，德州人。曾祖繼鼎，與盧世榷協謀誅僞官，歷官都御史兼户部侍郎，賜祭葬。祖起睿，順天通判，有廉聲。善慶由貢生官國子監學正，歷户、工二部郎中。出知金華府，以清廉著，建七賢祠，祀朱子、東萊、南軒及何、王、金、許四子，集諸生，肄業其中，著有《重知堂詩集》。

（成瓘《道光濟南府志》卷五十六，道光二十年刻本）

同治廣信府志·人物·隱逸

上饒張景厚，字畏三。天姿卓越，穎悟絶倫，芥視科名，不屑時藝。嘗潛心於先儒性理諸書，兼澈史鑑，爲觀物省身之要。慕金華四先生爲人，訪其書不獲。適友某赴吴郡，道過金華，購其書歸，厚已逝矣。

（蔣繼洙纂修《同治廣信府志》卷九，同治十二年刻本）

光緒寧海縣志·方孝孺從祀議

謹按朱子之道，傳授黄榦，榦傳何基，基傳王柏，柏傳金履祥，祥傳許謙，謙傳宋濂，濂傳方孝孺。查黄榦及金華四子久經從祀文廟，而孝孺學術精純，足爲師表，與從祀之典相符。

（王瑞成修、張浚等纂《光緒寧海縣志》卷十七《藝文外編·議》，光緒二十八年刊本）

光緒漳州府志·人物二·論

論曰：朱子之學，由元入明，盛於淛東。何、王、金、許四先生傳宋潛溪、王義烏，皆稟勉齋之教以爲教者也。其學以講明踐履爲先，切問近思爲要。閩與甌近，觀草澗胡氏之規言矩行以律身，稽古正學以迪士，何其與四先生之心相默契也！布帛之文，菽粟之味，當洪武立國之初，爲閩學開先，此其人矣。仕雖不甚顯，而三世相承，舊德弗替，猶有桓春卿、張伯饒之遺焉。

（李維鈺原本、吴聯熏增纂《光緒漳州府志》卷二十九，光緒三年刻本）

《光緒金華縣志》二則

建置・書院

麗正書院，在北三隅，距縣東二里許，即滋蘭書院址，後圮。康熙六十一年，知府張坦讓重建。凡五層，每層三楹，旁舍二十六楹，名曰麗正，蓋合麗澤、崇正而一之。坦讓《記》略：成化間，僉事辛訪以晦庵朱子、南軒張子爲成公同時創道學於婺，因並入祠，名曰麗澤書院。其繼成公者，在宋則何文定、王文憲、金文安，在元則許文懿，稱金華四先生。元江浙行省建祠在旌孝門外。明憲宗朝，敕名正學祠。神宗十九年，郡守張朝瑞新之，名崇正書院，仍正學之額。此兩書院皆郡士息遊之所，滄海播遷，鞠爲蔬圃。府署之後，舊遺分巡廢署。歲壬申，金邑趙令借爲生童肄業。巡撫張公額以「滋蘭」，迄今三十載，榱桷崩壞，題額無存。近者道缺，奉裁遺址□宫。余於辛丑改建書院，奉七賢以訓多士。於是鳩工庀材，七月肇創，初冬告竣。自大門至後軒，凡五層，每層三楹，正房十五間，耳房各二十六間。祠右三楹，亦經修葺。楓山章先生後裔請復祠，而香溪范先生、同甫陳先生亦請附入，即於此祀之。至合麗澤、崇正

爲一者，因先賢舊額不敢易，故名麗正書院。（鄧鍾玉等纂修《光緒金華縣志》卷四，民國四年鉛印本）

金石志

《北山何文定公祠堂記》，正德乙亥正書，無撰書人姓名，在今府學戟門内。按道光《志》稱知府劉蒞撰，近似。（《光緒金華縣志》卷十五，民國四年鉛印本）

光緒永康縣志・徐宏桓

徐宏桓，字毅威，學有淵源，著作甚富。婺州四賢徹明正學，宏桓稟請學臣具題，始得崇祀孔子廟廷。（李汝爲等修、潘樹棠等纂《光緒永康縣志》卷八，民國二十一年重排印本）

重修天鐘湖葉氏宗譜序

汪由敦

葉氏自受姓迄今，世胄遥遥，所云十朝奉，由括蒼遷雅畈，其次子敬先遷莘溪。閱五世，慶十七公卜居於天鐘湖，是其別子爲祖也。大宗、小宗皆比屋而居，聚族而處，何、王、金、許四先生後，此非其望族歟？

（陳楨修、李蘭增纂《民國文安縣志·補遺·藝文》，民國十一年鉛印本）

朱子祠堂祔祀議

余龍光

光昔計偕入都，道經鄒縣，嘗兩謁孟廟。仰瞻堂廡，列祀孟門弟子，惟樂正子配祀堂上，萬章、公孫丑諸賢皆從祀兩廡，蓋宋政和五年奉詔舉行者也。唐之韓子，因推孟子功不在禹下一言，亦得綴於諸賢之後。竊以爲聖賢之道所以垂範於天下萬世者，既以體諸躬，尤必傳諸其徒。一時師若弟講習討論之功，所關於見知聞知之統者匪細，故孟廟從祀諸賢，實仿孔廟堂廡之例，典弗缺也。因思朱子集周、程、張、邵之大成，紹魯、鄒之道統，星源建廟，實與鄒之孟廟同嚴。而當時門弟子英才林立，若閩、若浙，若江右、新安，其數既倍蓰於伊洛之門，而其純明中正，斷斷焉足爲後學之規矩準繩者，若勉齋、若敬子，若西山父子，若安卿、晦伯、果齋諸子，亦不下於程門之尹、謝、吕、楊。

其後勉齋一脈，遂衍派於金華，轉授浦江、青田，聿開有明一代之治。雖朱子之道，明祖亦未體驗躬行，然其設施亦窺見大概矣。若使當時無諸弟子相與辨析講明，將紫陽盛德幾有孤立之歎，而又何以昭示來許，使孔孟薪傳有以接續於無既哉？故嘗以爲朱門弟子配享從祀之禮，所當仿孟廟舉行，而從前定徽國祠堂祀典未曾議及，似屬缺事也。第諸君子學行風裁與其籍貫履歷，見於《宋史》《道學》、《儒林》二傳，及有著述可稽，與夫别有記載可證者，不難臚舉表章。而其見於文集、語録者，或只標其姓字，而他事無徵，誠恐遺濫之弊，俱所不免。意宋元好學之士，或有著録如《仲尼弟子考》、《伊洛淵源録》之類。同安王力行，字近思，朱子門人，著有《朱氏傳授支派圖》。光愧孤陋寡聞，未能遍及，徒有斯意，未敢以聞於人。

邇因讀先生《述朱質疑》，見夫於朱子一生師友淵源，歲月離合，無不條分縷析，燦若列眉。則是舉也，非先生孰與折衷哉？比來披覽舊籍，舉朱門弟子應升配享、應列從祀者，綜爲一册，各作小傳，疏於姓名之下。將來賊氛埽盪，廟貌重新，應呈請督學使者按册舉行，冀可補從前之缺典，亦藉知朱學之流傳。若夫朱子再傳之後，如何、王、金、許以及吾徽玉齋、雙湖、定宇、環谷諸公，不啻昌黎之於朱子。而當時胡紘、傅伯壽之顯叛師門，直可等諸公伯寮、邢恕之列。許順之之溺於佛老，任伯起之立朝依違，皆未能尊聞行知，卓然有以自立，去取出入，未敢輕斷，統惟高明裁之。

按：此議載余大令龍光所著《朱子祠祀考》。《考》中於配享、從祀、祔祀共擬五十九人，《備考》及《附録》七十七人，不當列祀四人，與閩松溪董其生《學校人物志》所載朱子門人及楚北德安陳廷鈞兄弟所輯《宋儒趙子復言行録》中《師友圖》，互有異同增損，請從祀時當互相考證也。

（葛韻芬修、江峰青纂《民國重修婺源縣志》卷六十六《藝文四》，民國十四年刻本）

寄沈介庵書

游樸

陽明身爲功利之人，而以訓詁、詞章攻擊朱子，以朱子所嘗叮嚀告戒者而反誣之，是以盜誣捕盜者也，不啻冤矣。朱子之傳數百年至何、王、金、許之流，皆能守其師範，以表鄉閭，準繩不失。陽明高第爲錢緒山、王龍溪，所謂深契良知法門者。其所植立，何如也，即此亦可以見初正之效驗。

（羅汝澤修、徐友梧纂《民國霞浦縣志》卷之二十五《藝文》，民國十八年鉛印本）

《民國湯溪縣志》三則

人物上·胡東

（胡）東，字時震，號古愚，正德癸酉舉人，授醴陵縣知縣。銳意造士，有曠宗舜者，果舉湖廣解，時稱得人。東博極群書，爲章楓山先生高弟。先生嘗與書，勗以舉業文字上一層工夫，且曰：「朱、吕兩大儒講學金華，卒啓何、王、金、許四先生之傳，此吾郡重擔也，足下資學甚醇，可屬大任，幸相與勉之。」

（丁燮等修、戴鴻熙等纂《民國湯溪縣志》卷十，民國二十年鉛印本）

九峰書院記

陳鍾炅

余惟書院之設，自宋以來幾遍天下。其時名流輩出，教導鄉里，士之遊其門者，多所造就。而金華爲理學淵藪，香溪實濬其源。嗣是，而東萊、晦庵、南軒三先生重開麗澤書院，講明聖學。迨何、王、金、許恪守師訓，互相觀摩，斯道爲之益振。湯雖僻處偏隅，然船山紹伊洛之淵源，林逸得仁山之宗旨，胡東、章相師事楓山，雖所得有淺深，要皆藝林之翹楚也。

夫學莫大於端品，而端品要在衷諸聖人之道，而後有以峻其閑。自後之爲學者不務殫心性命，僅以文章爲標榜之資，於是處則抱慚於名教，出則貽玷於官箴，其弊在於舍本逐末。而及其流也，遂決去聖賢道義之藩籬，而悍然有所不顧。今聖天子闡明正學，如日麗天，薄海内外，蒸然向化，此都人士其亦爭自洗濯，以步香溪諸君子之後塵焉，安在古今人遂不相及也？

（丁燮等修、戴鴻熙等纂《民國湯溪縣志》卷十七《文徵上》，民國二十年鉛印本）

九峰山歌爲張申伯作

宋紹業

吾觀九峰之山，乃在寶婺芙蓉之西。穹形連天高不極，中有石室開金梯。青松垂陰動千頃，讀書學仙可以永幽棲。昔日葛洪曾留躅，至今山椒丹竈遺。後來酆徐真風繼，飛上萬仞紙落題。先生家此無數里，策杖煙霞養天倪。只今五十顔美好，窮探巖户拾瑶草。豈須服食可長生，譚經飲酒不知老。樓居笏峙擁百城，濂洛源深溯其浩。家傳麗澤振宣公，何、王、金、許資論討。周柱史，陳太丘，古來隱德無爲儔。江海客，身九尺，赤松逍遥子房逸。叢桂吐兮月明多，富貴浮雲於我何。

（丁燮修、戴鴻熙纂《民國湯溪縣志》卷十九《文徵下》，民國二十年鉛印本）

民國禹縣志・官師傳・趙孟

鈞州訓導趙孟，字晋臣，山東掖人。嘉靖三十年由歲貢任。蒞教必正色率禮，日約多士。習舉業、研精義，則以何、王、金、許爲主；撰時文，則以唐、許、薛、瞿爲宗，兩應河南鄉試。

（車雲修、王棽林纂《民國禹縣志》卷十八，民國二十年刊本）

宗譜

厚唐吴氏家乘序

程正誼

明嘉靖初，先大夫方峰公暨石門應公、峴峰周公輩倡明理學於五峰，有槐堂公十一世孫悦夫諱學、惟復諱賢、質夫諱採，暨余夫人之父諱桂、夫人之叔德彰諱用、兄以美諱才者，首先歸向就學於麗澤祠中。於王文成公良知之學審問沉思，必欲見之躬行之實，於是風聲感召，遐邇景從，理學明於婺東，不替何、王、金、許之緒，則諸公實有裨焉。諸公下，俊髦輩出，競秀争賢，文彩筆鋒，雲蒸霞爛。

（《厚唐吴氏宗譜》卷首，清修本）

婺州四賢理學源流論

石舟績

夫源之遠者，則其流必長；源之深者，則其流必久。子在川上而嘆其不舍。後之論道者，一曰淵泉，一曰源泉，豈不以水之貴乎有本哉？吾婺自吕子東萊倡明理學，以河洛爲宗，與朱子紫陽、張子南軒相友善。朱子嘗言學如伯恭，方能變化氣質，其講畫又以開物成務爲先。嗣是，學者始知窮理盡性、立誠居敬之旨，其最著者，莫如何、王、金、許焉。

何氏之學，黄勉齋始教以「必有實心地、刻苦工夫」，臨别又以「熟讀《四書》，使胸次浹洽，道即自見」，遂終身服習，頃刻不忘，確守師訓，故能精義造約。其執贄爲弟子者，則與王氏辯論居多，歷造楊船山、劉撝堂之門。其有疑必質，獨於北山爲兢兢。迄今考其遺緒，謂士生天地間，以萬物皆備之身而不以古今自任、經綸自期，皆自遏其躬而已。唯時尊之爲師者，又有金仁山其人焉，因魯齋而登北山之堂。何示以省察克治，王示以涵養充拓。論者謂何之清介純實似尹和靖，王之高明剛正似謝上蔡，金則親得之於二氏，而並克於己者也，則何、王之學實本於勉齋而得朱子之傳，其授受源流，粹然一出於正。厥後，就聘嚴陵，舉子陵懷仁輔義之説，擴發仁義之藴，學者悉知有義理之學，其教澤之及人爲何如哉？其始語許曰：「士之爲學者，若五味之在和。醯鹽既加，則酸鹹頓異。子來見我已三日矣，而猶夫人也，豈吾之學無以感發子耶？」許聞之惕然。由是又告之曰：「吾儒之學，理一而分殊。理不患其不一，所難者分殊耳。」許由是致其力於分之殊，而要其歸於理之一。又曰：「聖人之道中而已矣。」許由是事事求夫中者而用之，後益肆充闡多所自得，自謂：「吾非有大過人，爲學之功無間斷耳。」四方之士皆以不及白雲之門爲耻，晚尤以涵養本源爲事。

要而論之，自孔子以大聖人爲萬世師，而七十二賢受業於一堂。孟氏私淑於後日，鄒魯之盛蔑以加矣。吾婺四賢崛起，遠接孔孟之傳，近繼考亭之業，其源流如指掌也。四賢雖往，其學猶存，豈無讀其書而探其秘，訪其蹟而得其神者乎？噫，於斯誠有厚望矣。

（《章氏會譜》卷三，道光八年重修本）

送吴朝著歸金華序

戴顒師

金華山水佳地，氣習醇厚，士知所學，載之記乘舊矣。東與台連壤，其風致好尚，大略比吾台人，以故天下論士習者多稱金華云。蓋其先有何、王、金、許所謂四賢，又曰四大儒者也。實以道德文章風天下，後世且不忘，况其鄉之後人霑被遺澤，景仰振發之中，有不興起者乎？……子貢曰文武之道，未墜於地。在人，賢者識其大者，不賢者識其小者，莫不有文武之道焉。顧金華合郡，文獻如何、王、金、許，一邑名儒如徐、林皆鄉先哲也。蓋求道者，取諸其近，以博及於其他，則易矣。

（《屏山慶堂吴氏宗譜》卷首，民國七年重修本）

始修鄭氏譜序三

葉　幹

概自孔孟既没，而道學之緒不絶如綫。及宋河南程氏、建安朱氏相繼有作，而後大明。河南之門，楊、游、尹、謝擅其宗。建安之傳，何、王、金、許世其嫡，此宋朝南北之派也，而鄭氏並與有聞焉。然則鄭氏之族，其所以取重於人人，而爲金華之望者，豈徒以其食指千萬，田連阡陌，屋接甍棟之故哉？

（《筱溪滎陽鄭氏宗譜》卷首，民國十八年重修本）

爲金許二先生請謚諮文始末

元敕賜仁山謚文安公。婺州路照會婺州路總管府承奉江浙等處行中書省劄付：准中書省來諮，據浙東道呈婺州路儒學儒職等言：朱文公倡名濂洛之正學，發揮洙泗之微言，統緒三傳，而得仁山金履祥、白雲許謙二先生，皆婺州人也，未嘗仕進，而私淑之功，及人甚盛，載道之美，垂世有光，宜加贈謚，以勵方來。浙江廉訪司僉事同廉訪副使謄章復請，如蒙備諮都省，特加褒贈，實副朝廷崇儒重道之美意。本身今將浙東道廉訪司牒文並各儒行狀，諮請照詳准此。送據禮部呈。移准太常禮儀院呈：

議得自紫陽朱子，暢濂洛之學於江左，而一時碩儒，多甄其化。若仁山金履祥、白雲許謙，皆傳其業而得其正，光前而啓後者也。夫以仁山之英才大志，而肆力於天文、地理、禮樂、刑兵、陰陽、律曆之書，而俱造其精微，深探聖賢之奧，研精義理之藴，會通古今之變，以成《尚書表注》《大學疏義指義》《論孟集注考證》及《通鑑前編》以示學者。又著詩文曰《昨非存稿》《新稿》《亂稿》《噫稿》，以發其志。其他披摘前書，發揮其藴，又有志而未就者焉。

許謙以羈旅誦習，其功已至，復從仁山由深味道腴，致力於分殊之間，自得於踐履之際。所著書有《讀詩集傳名物鈔》，以足朱子之未備。《讀書集傳叢説》，實與蔡氏有異同。《讀四書集注叢説》以發先儒之逸義，及《治忽幾微》以明古今之大故。至天象地形、禮樂制度之詳，田乘刑法之變，百家諸子之言，靡不窮究。發爲文章，不爲雕刻歌咏之言，得風人旨。有曰《温故管窺》之《春秋》、《三禮》者，皆在人與。若《三傳》、《儀例》、《典禮》、《讀書記》，皆未脱稿者也。

夫以二公博碩該貫之學，淵萃充實之德，涵泳聖涯，潛晦不耀，而聲光益焯，聞望益崇，學者四集，著述皆弘其德業，固不在勉齋之下也。而易名之典，可獨闕乎？在《謚法》「博聞多見曰文，造道自得曰安」，宜合二字爲金公之謚。又按《謚法》，「忠信接禮曰文，令德充實曰懿」，宜合二字爲許公之謚。具呈照詳照驗，准此。

本郡得江浙省浙東道呈婺州路金履祥、許謙，學貫《五經》之精微，道接千載之統緒，隱居求志，著書立言。移准太常禮儀院關：「夫二公以博碩該貫之學，淵萃充實之德，涵泳聖涯，潛晦不耀，博聞多見曰文，造道自得曰安，宜合二字爲金公之謚；忠信接禮曰文，令德充實曰懿，宜合二字爲許公之謚。」詳上項事理，合准本院所擬，以爲先生之號。如蒙准呈，宜從都省回諮本省，依上施行。

本路儒學依奉省府劄付施行。賢祠安奉二先生神主，並下令府州司縣，依上施行。又承奉宣慰使司都元帥府劄付，亦爲前事，仰上施行，須至照會。金履祥謚曰文安，許白雲謚曰文懿。右照會金文安公本家，准此。

（《桐陽金氏宗譜》卷一，宣統三年重修本）

龍門倪氏族譜

心齋子（燾）曰：按記爲墓祠作，立石學宮，所以告夫後之君子，不忘乎此。祠記爲何公作，中及王、金、許，所以告夫後之君子，當加崇重也。今祠屋將頽，樵□無禁，四賢道緒，絶口勿言，附録於兹，惟以還南山之故物云耳。

國朝崇儒重道，雍正二年以四大儒從祀廟庭。乾隆壬戌，郡守鄭公遠、邑侯程公煜釐復北山先生祀田，於墓前重構享堂，族内文學多踴躍捐貲。今邑庠明倫堂東勒石書名，足垂不朽矣。四修附記。

（《龍門倪氏族譜》卷四十一，民國十四年重修本）

朝鮮文獻所載四先生史料

朝鮮王朝世宗實録·十七年八月二十四日

癸亥，遣刑曹參判南智如京師賀聖節。上率王世子及群臣拜表於景福宫如儀。仍奏請胡三省音注《資治通鑑》、趙完璧《源委》，及金履祥《通鑑前編》、陳桱《歷代筆記》、丞相脱脱撰進《宋史》等書。其從事官齎去事目。

一、太宗皇帝朝，撰集《四書五經大全》等書久矣，本國初不得聞，逮至庚子，敬寧君赴京受賜，其後累蒙欽賜，披閲觀覽，詳悉精微，實無餘藴。乃知朝廷所撰書史，類此者應多，但未到本國耳。須細問以來，可買則買。

一、今奏請胡三省音注《資治通鑑》、趙完璧《源委》、金履祥《通鑑前編》、陳桱《歷代筆記》等書，若蒙欽賜，則不可私買。禮部如云御府所無，則亦不可顯求。

一、理學，則《五經四書性理大全》無餘藴矣。史學則後人所撰，考之該博，故必過前人，如有本國所無有益學者則買之。《綱目》書法，國語亦可買來。凡買書必買兩件，以備脱落。

一、北京若有《大全》板本，則措辦紙墨可私印與否？并問之。

一、曩者傳云已撰《永樂大傳》簡帙甚多，未即刊行。今已刊行與否？及書中所該，亦并細問。

一、本國鑄字用蠟功頗多，後改鑄字，四隅平正，其鑄字體制二樣矣。中朝鑄字字體，印出施爲，備細訪問。

（《朝鮮王朝世宗實録》卷六十九）

朝鮮王朝宣祖實録·三年七月十七日

癸未，有晝講。經筵官柳希春、柳濤，右承旨朴承任、特進官南應雲、柳景深入侍，講《大學或問》「格物致知章」。希春説「補亡章」之義曰：「《大學》《中庸》二篇，元在漢儒戴聖所記四十九篇之中，至二程子表章之，遂爲千萬世道學之淵源。伊川程子又説格物之方，朱子盡收來，而又加修飾潤色，使學者讀之，而文從字順，易以興起。蓋朱子竭平生精力於《大學》，嘗自言見得前賢所未到處。蓋三綱統八目，八目隷三綱，及知格物致治之傳亡，而補之爲章句。又爲《或問》，十分精盡，無餘蘊矣。而世之儒名，乃以爲第五章實不亡，割裂穿鑿，務以求勝。此所謂井蛙示天者也。」又言：「讀書，講明道義，宜莫若《四書》《小學》《近思録》《大學衍義》《通鑑綱目》八書。朱子之道學，一傳於黄榦，黄榦傳於何基，何基傳於王柏，王柏傳於金履祥，金履祥傳於許謙。金履祥嘗著《四書考證》，許謙序之曰：『聖人之心，盡在《四書》，而《四書》之義，備於朱子。顧其立言，辭約意廣，讀者咸得其粗，而不能悉究其意。或以一偏之致自異，而初不知未離其範圍，世之詆訾貿亂，務爲新奇者，其弊正坐此耳。此金先生《考證》之所由作也。』元大儒許衡嘗曰：『朱文公《小學》、四書，吾敬信如神明。』本末甚備，有王者起，必須取法，能明此，他書雖不治，可也。」上曰：「許衡何如人耶？」希春對曰：「衡人品甚高，得不傳之學於遺經，一以朱子之言爲師，興起斯文，粹然無瑕玷，大賢也。」上曰：「薛公清極贊許衡，其説誠然乎？」希春對曰：「信知言矣。」上曰又問：「薛公清何如人耶？」希春對曰：「有德有學，粹美無間然之人也。」希春又因或論古今人物，而剔其是非而言曰：「人君知人最難，用人亦難。朱子嘗言：『人材最難全，懲其所短，則遺其所長；取其所長，則雜其所短。』此事理之至當也。」

（《朝鮮王朝宣祖實録》卷四）

朝鮮王朝宣祖實録・三十七年六月三日

慶尚道生員臣金允安等，伏以惟我東方文獻無徵，經歷數千載，號爲儒者，鮮有其人。至於我列聖相承，崇奬儒臣，以爲多士之標準，故有以道學自任者，前後輩出，以啓我蒙學之士，使之知有向方。此無非列聖……白首窮涯，丹心益堅，嘗以事君親有未誠，爲按上自戒之辭，則其一向愛君，無所怨悔，亦足可見，而如《九經衍義》、《進修八規》及《求仁録》、《奉先雜儀》等書，皆其摘中所撰，則其確然自守，夷險如一，而以道自任，死生不貳者，雖在古人，亦無以加矣。若其易置《大學》章句，則董槐、王柏、方孝孺，已有此論，而所見相符，則非始於彦迪也。蓋彦迪，積學玩索之餘，有得於心，而求諸經義，或因舊本，或依程子編次，參以己見，求正於後之君子，是豈鑿空杜撰，立異於朱子之論也？臣等竊觀玉堂劄子批答，則虚其懷抱，發其淵衷，以示前日下教之意，或未能得其詳而盡其實，則益見大聖人處事應物之際，固皆廓然大公，而無一毫私吝之念，或介於其間矣。臣等咸仰右文之盛意，而亦不任感激之至矣。我皇明高皇帝，命去孟子位版，小臣錢唐，抵死敢諫，甘於受箭而不悔，高皇帝即覺悟，遂仍其舊，比如日月重明，萬景俱曜。興學之化，固無少嫌於高皇，而孟子之道，亦無毫髮之損益，則聖人所作爲，固非常情之所可測。

（《朝鮮王朝宣祖實録》卷一百七十五）

朝鮮王朝肅宗實録・三十年八月三十日

丁酉，奉事洪禹行等十三人，稱以朴世堂門人，上疏曰：夫攻斥世堂所著《思辨録》者，或謂之毁經，或謂之侮聖，凡此二者，皆不成説。朱子之爲箋解也，闡發微奥，宜無遺憾。然而教人讀經之法，猶曰：「不要留一字先儒注説，惟本文之意是求。」且於辨釋經義之際，有曰：「未詳孰是。」曰：「兩説皆通，不敢强解，以俟知者。」若此類甚多。誠爲義理無窮，微言難析，而亦所以公此道於天下，而起後人於千古也。王柏、饒魯、金履祥諸儒，皆朱門淑艾之人，而其於篇章之合分，學問之論辨，不遵閩中之緒言者多矣。然而論者，至許以儒家嫡傳。

（《朝鮮王朝肅宗實録》卷四十）

雜識

尹鍾燮

朱子道統，一傳黄勉齋，再傳何北山，三傳王文憲，四傳金仁山，五傳許白雲。兩賢以有宋遺民，畢生自靖於元。六傳宋文憲，大明之中贊，一初之製作，猗歟其功。七傳方正學，任綱常之重。爲紫陽之所究竟，蓋紫陽之道學正大，不絶如是。

（尹鍾燮《温裕齋集》卷六，韓國首爾大學奎章閣藏本）

看史剩語

李　榘

自朱夫子既没之後，門第弟子傳相授受，以壽道脈者甚衆。而胡元御世，天下蕩然，無復禮義，猶幸於大賢遺化之地，儒師繼起，隱居講明，私淑諸人。如白雲得之於仁山，仁山得之於魯齋，魯齋得之於北山，北山實得之於勉齋。的有來承，斷無他惑。雖其所至有高下，所得有淺深，要不失其統緒。

（李榘《活齋集》卷五，韓國首爾大學奎章閣藏本）

東文問答

金春澤

朱子以後，中華道學之變，蓋自何北山、王魯齋，以及金仁山以下諸儒與元代相終始者，皆朱子之學也。明興而宋景濂、王子充則佐文治，方希直則樹臣節，又此學之餘也，可謂盛矣。

（金春澤《北軒集》卷十八，韓國首爾大學奎章閣藏本）

圖書在版編目(CIP)數據

北山四先生全書外編 / 黄靈庚,李聖華主編;金曉剛編. —上海:上海古籍出版社,2022.12
(北山四先生全書)
ISBN 978-7-5732-0543-8

Ⅰ. ①北… Ⅱ. ①黄… ②李… ③金… Ⅲ. ①儒學—研究—中國—宋代 Ⅳ. ①B222.05 ②B244.05

中國版本圖書館 CIP 數據核字(2022)第 216649 號

北山四先生全書
北山四先生全書外編
黄靈庚　李聖華　主編
金曉剛　編
上海古籍出版社出版發行
(上海市閔行區號景路 159 弄 1-5 號 A 座 5F　郵政編碼 201101)
(1) 網址:www.guji.com.cn
(2) E-mail:guji1@guji.com.cn
(3) 易文網網址:www.ewen.co
上海展强印刷有限公司印刷
開本 890×1240　1/32　印張 12.75　插頁 5　字數 254,000
2022 年 12 月第 1 版　2022 年 12 月第 1 次印刷
印數 1-1,300
ISBN 978-7-5732-0543-8

B.1289　定價:72.00 元
如有質量問題,請與承印公司聯繫
電話:021-66366565